Sie führen ein Leben am Rand der Gesellschaft. Sie werden ausgegrenzt, übersehen, vergessen. Den meisten fehlt es an den wichtigsten Dingen. Sie haben nicht genug zu essen, keine medizinische Versorgung, geschweige denn einen Platz in der Schule. Der UNICEF-Jahresbericht *Zur Situation der Kinder in der Welt 2006* lenkt den Blick auf das Schicksal der ärmsten Kinder: arbeitende Mädchen und Jungen, Straßenkinder, Opfer von Kinderhandel und Sklavenarbeit, Flüchtlinge, Kindersoldaten.

Eine Kindheit, um gesund aufzuwachsen, zu lernen und zu spielen, gibt es für diese Kinder nicht. Viele von ihnen existieren offiziell nicht einmal: Die Geburt jedes zweiten Kindes in den Entwicklungsländern wird nicht registriert. Jährlich erhalten rund 48 Millionen Jungen und Mädchen keine Geburtsurkunde, die aber Voraussetzung für einen Platz in der Schule und viele soziale Dienstleistungen ist.

Kinder verschwinden als Dienstmädchen hinter den Mauern fremder Häuser. Sie werden für härteste Arbeit in Minen und Steinbrüchen oder für den Kampf in blutigen Bürgerkriegen missbraucht – mit körperlichen und seelischen Folgen für das ganze Leben. Mehr als 70 Millionen arbeitende Kinder sind nicht einmal zehn Jahre alt.

143 Millionen Kinder haben Mutter, Vater oder beide Eltern verloren – eine wachsende Zahl durch die Aids-Epidemie. Viele haben keine Wahl, als sich für Nahrungsmittel oder etwas Geld zu prostituieren. Auf mehr als 100 Millionen wird die Zahl der Kinder geschätzt, die sich in den Großstädten der Welt auf der Straße durchschlagen. Sie werden verjagt, verprügelt, ins Gefängnis gesteckt – oder von Bewaffneten ermordet, die ihre Städte »säubern« wollen.

UNICEF befürchtet, dass diese Kinder am Rande der Gesellschaft bei den internationalen Anstrengungen im Kampf gegen die Armut übersehen werden. Der UNICEF-Bericht ist ein Appell, für die ärmsten Kinder mehr zu tun. Er skizziert Strategien und Programme, um sie zu schützen und ihnen die Chance für ein sicheres Aufwachsen zu geben. Damit sie keine Kinder ohne Kindheit bleiben.

Zur Situation der Kinder in der Welt 2006

Kinder ohne Kindheit

Ann M. Veneman
UNICEF-Direktorin

Herausgegeben
vom Deutschen Komitee für UNICEF

Fischer Taschenbuch Verlag

Deutsche Erstausgabe
Veröffentlicht im Fischer Taschenbuch Verlag,
einem Unternehmen der S. Fischer Verlag GmbH,
Frankfurt am Main, Januar 2006

Deutsche Ausgabe:
Deutsches Komitee für UNICEF
Höninger Weg 104, 50969 Köln
Christian Schneider (verantwortlich)
Silke Fröndhoff, Helga Kuhn, Rudi Tarneden
Übersetzung: Angelika Söhne
Satz: Fotosatz Otto Gutfreund GmbH, Darmstadt
Druck und Bindung: Clausen & Bosse, Leck
Printed in Germany
ISBN-13: 978-3-596-16909-2
ISBN-10: 3-596-16909-7

Inhalt

Tabellen

Vorwort des UN-Generalsekretärs

© UN/DPT/Sergey Bormeniev

Seit ihrer Gründung streben die Vereinten Nationen danach, eine bessere, sicherere, friedlichere Welt für Kinder zu schaffen und Regierungen mit Nachdruck dazu zu bewegen, ihrer Verantwortung für die Freiheit und das Wohl ihrer jungen Staatsbürger nachzukommen.
Indem wir anlässlich des 60. Jahrestages der Gründung der Vereinten Nationen unser Bekenntnis zur Millenniums-Erklärung und den Millenniums-Entwicklungszielen erneuert haben, bekräftigen wir auch, dass die Kinder im Zentrum aller unserer Anstrengungen stehen. Mehr noch als für unsere eigene existieren die Vereinten Nationen für die nachwachsenden Generationen.
Die Veröffentlichung dieses Berichtes *Zur Situation der Kinder in der Welt* fällt mit dem 60. Geburtstag von UNICEF zusammen. Der Bericht beleuchtet die Lebenssituation von Kindern, die kaum sichtbar ist oder nicht beachtet wird – in einer Welt, die von Schutzlosigkeit und Ausgrenzung geprägt ist. Der Bericht ruft uns alle auf, unsere Stimme für die Rechte der Kinder zu erheben und uns für die Interessen derer einzusetzen, die unseren Schutz brauchen.
Nach fünf Jahren Arbeit an der Verwirklichung der Millenniums-Entwicklungsziele sehen wir, auf welch vielfältige Weise es dabei immer wieder um Kinder geht. Wenn wir unsere Versprechen erfüllen und jedem Kind sein Recht auf eine Kindheit, auf Gesundheit, Bildung, Chancengleichheit und Schutz sichern –, dann können wir eine bessere Welt für Menschen in jedem Alter schaffen. Ich bin überzeugt, dass uns dies gelingen wird.

Kofi A. Annan
Generalsekretär der
Vereinten Nationen

Einführung: Fahrplan für eine bessere Zukunft

© UN/DPT/HQ05-0653/Nicole Toutouny

In der Vergangenheit standen spezifische Themen wie Aids, Mädchenbildung, Ernährung, Kinderarbeit oder frühkindliche Entwicklung im Mittelpunkt des jährlichen UNICEF-Berichts *Zur Situation der Kinder in der Welt*. Dies war zusammen genommen auch eine Geschichte großer Errungenschaften für Kinder. Gleichwohl gibt es Bereiche, in denen Fortschritt dringend notwendig ist. In diesem Jahr hebt der Bericht deshalb die Situation von Millionen Kindern hervor, die von dem bisher Erreichten nicht profitiert haben, die ausgegrenzt oder »unsichtbar« sind. Diesen Kindern fehlt angemessener Zugang zu Bildung, lebensrettenden Impfungen und Schutz. Trotz der gewaltigen Anstrengungen, Kinder mit den notwendigen Hilfen und Leistungen zu erreichen, sterben jedes Jahr weiterhin Millionen Kinder.

Mit den aus der Millenniums-Erklärung hervorgegangenen Entwicklungszielen, die im Jahr 2000 von 189 Ländern verabschiedet worden sind, hat sich die Welt auf einen Fahrplan für eine bessere Zukunft verständigt. Diese Ziele setzen messbare Vorgaben, um gegen extreme Armut und Hunger, Kinder- und Müttersterblichkeit, Aids und andere Krankheiten vorzugehen und gleichzeitig bis zum Jahr 2015 Grundbildung für alle, gleiche Chancen für beide Geschlechter bei der Bildung, nachhaltigen Umweltschutz und eine weltweite Partnerschaft für Entwicklung voranzubringen. Die Millenniums-Entwicklungsziele dienen als Rahmen, mit dem die Vision der Millenniums-Erklärung von einer Welt des Friedens, der Sicherheit, der Solidarität und der gemeinsam getragenen Verantwortung verwirklicht werden soll.

Wir befinden uns mit den internationalen Anstrengungen, diese Vision zu verwirklichen, an einem kritischen Punkt. Es steht viel auf dem Spiel: Gelingt es, die Millenniums-Entwicklungsziele zu erfüllen, so könnten bis zum Jahr 2015 schätzungsweise 500 Millionen Menschen der Armut entkommen. 250 Millionen könnten vor Hunger bewahrt werden. Und 30 Millionen Kinder, die ihren fünften Geburtstag nicht erlebt hätten, könnten überleben.

Jedes Millenniums-Entwicklungsziel ist eng mit dem Wohl der Kinder verbunden – von der Beseitigung der extremen Armut und des Hungers bis zur Versorgung mit sauberem Trinkwasser. Ein Scheitern hätte verheerende Folgen für die Kinder der jetzigen Generation und für die Erwachsenen, die einmal aus ihnen werden – falls sie ihre Kindheit überhaupt überleben.

Wenn es in diesem Tempo weiterginge, werden im Jahr 2015 noch immer etwa 8,7 Millionen Kinder vor Erreichen des fünften Lebensjahres sterben. Gelingt es hingegen, die Kindersterblichkeit wie angestrebt zu senken, so könnten weitere 3,8 Millionen gerettet werden. Die Verwirklichung der Ziele ist deshalb für Millionen von Kindern eine Frage von Leben und Tod. Sie entscheidet auch über die Entwicklung der Länder und Gesellschaften, in denen diese Kinder leben.

Unsere Konzentration auf die Umsetzung der Millenniums-Entwicklungsziele darf jedoch nicht dazu führen, dass wir die Millionen Kinder übersehen, die auch dann noch ausgeschlossen bleiben, wenn diese Ziele erreicht werden. Diese Kinder brauchen uns am meisten: die ärmsten, die am stärksten gefährdeten Kinder, die ausgebeuteten und missbrauchten. Die Integration dieser Kinder, von denen sich viele außerhalb der Reichweite von Gesetzen, von Regierungsprogrammen, Entwicklungsprojekten und Wissenschaft befinden, ist eine Herausforderung. Doch die Erfüllung unserer Verpflichtungen gegenüber Kindern ist nur möglich, wenn wir diese Herausforderung angehen.

Die Millenniums-Entwicklungsziele sind ein Katalysator, um für Kinder den Zugang zu lebensnotwendigen sozialen Diensten, zu Schutz und Beteiligung zu verbessern. Sie sind aber kein Selbstzweck. Kinder auf der ganzen Welt verdienen es, dass wir uns dafür engagieren und einsetzen, die Welt zu einem besseren Ort für Kinder zu machen.

Ann M. Veneman
UNICEF-Direktorin

1 Eine Agenda für Kinder

Millionen Kinder leben in extremer Armut. Viele sind auf sich allein gestellt. Sie wachsen ohne ausreichende Ernährung auf, werden in der Bildung benachteiligt, sind vernachlässigt und schutzlos. Für diese Kinder ist das Leben ein täglicher Kampf ums Überleben. Gleichgültig, ob sie in Großstädten oder ländlichen Randgebieten leben, sie laufen Gefahr, ihrer Rechte und ihrer Kindheit beraubt zu werden. Sie haben keinen Zugang zu grundlegenden sozialen Einrichtungen wie Krankenhäuser oder Schulen. Ohne den Schutz ihrer Familien und Gemeinden sind sie von Ausbeutung und Missbrauch bedroht. Kindheit als eine Zeit zu lernen, zu spielen und in Sicherheit heranzuwachsen existiert für diese Kinder nicht.

Die Erwachsenen werden ihrer Verantwortung gegenüber Kindern nicht gerecht, wenn Millionen Mädchen und Jungen die Kindheit und ihre wichtigsten Rechte vorenthalten werden. Die internationale Gemeinschaft hat eine Reihe verbindlicher Erklärungen abgegeben, um dafür zu sorgen, dass die Kinderrechte eingehalten werden. Die weit reichendste und umfassendste Verpflichtung ist die Konvention über die Rechte des Kindes. Sie wurde 1989 von der UN-Generalversammlung verabschiedet und inzwischen von praktisch allen Staaten ratifiziert, ausgenommen den USA und Somalia, und ist damit das weltweit am häufigsten anerkannte Menschenrechtsabkommen in der Geschichte. Die Konvention legt zusammen mit ihren Zusatzprotokollen die rechtlichen Pflichten der Regierungen gegenüber Kindern fest. Das Überleben von Kindern, ihre Entwicklung und ihr Schutz sind mit Inkrafttreten des Abkommens nicht länger eine Sache wohltätigen Engagements, sondern eine moralische und rechtliche Verpflichtung. Die Regierungen haben vereinbart, gegenüber einem internationalen Gremium, dem UN-Ausschuss für die Rechte des Kindes, regelmäßig Rechenschaft über die Umsetzung der Kinderrechte abzulegen.

In den letzten Jahren haben die Staats- und Regierungschefs konkrete Ziele vereinbart und einen termingebundenen Handlungsrahmen entworfen, um diese zu erreichen. Dazu zählen die im September 2000 beschlossenen Millenniums-Entwicklungsziele sowie die Deklaration »Eine kindgerechte Welt«, die beim Weltkindergipfel im Mai 2002 verabschiedet wurde. Diese beiden Dokumente bilden zusammen eine Agenda zum Schutz der Kindheit am Beginn des 21. Jahrhunderts.

In diesem Jahr lenkt der UNICEF-Bericht *Zur Situation der Kinder in der Welt* die Aufmerksamkeit auf die

Millionen Kinder, die bisher kaum Aussicht auf Erfüllung dieser Versprechen haben. Der Bericht untersucht die weltweiten Anstrengungen zur Verwirklichung der Millenniums-Entwicklungsziele und zeigt, wie sich ihre Umsetzung auf das Leben der Kinder und zukünftiger Generationen auswirken würde. Doch während sich die Welt auf die Verringerung der Armut und die Umsetzung der Millenniumsziele konzentriert, die vor allem an nationalen Durchschnittswerten gemessen werden, drohen die ärmsten Kinder am Rand der Gesellschaft in Vergessenheit zu geraten. Sie bleiben außen vor, wenn es um die soziale Grundversorgung wie Gesundheit, Bildung und Schutz geht. Kinder, deren Geburt und damit ihre Existenz nicht einmal offiziell registriert werden; Kinder, die früh verheiratet werden, die bewaffneten Konflikten oder gefährlicher Arbeit ausgesetzt sind – sie alle sind besonders gefährdet, von den weltweiten Fortschritten im Kampf gegen die Armut ausgeschlossen zu bleiben. Diesen vergessenen Kindern widmet sich der vorliegende Bericht.

Erreichbare Ziele für Kinder

Die Millenniums-Erklärung ist visionär und pragmatisch zugleich. Ihre Vision ist eine Welt, in der den Schwächsten, insbesondere den Kindern, besondere Fürsorge und Aufmerksamkeit zuteil wird[1]. Ihr Pragmatismus besteht in ihrer zentralen Grundannahme: Fortschritt lässt sich am besten mit Hilfe konkreter, zeitlich festgelegter Zielvorgaben erreichen, die verhindern sollen, dass Regierungen ihre Verantwortung auf zukünftige Generationen abwälzen. Im Mittelpunkt stehen daher konkrete Vorgaben – die Millenniums-Entwicklungsziele (*siehe* Tabelle, S. 21) – mit einer klaren Frist für die Umsetzung bis zum Jahr 2015. Diese Ziele konzentrieren sich auf die weltweit dringendsten Anliegen: Reduzierung der Kindersterblichkeit, Bekämpfung von Armut und Hunger, Bildung, Gleichberechtigung der Geschlechter, Gesundheit von Müttern, Zugang zu sauberem Trinkwasser, Kampf gegen HIV/Aids, Malaria und andere gefährliche Krankheiten.

Jedes dieser Ziele ist auf das Wohl der Kinder bezogen – von der Beseitigung der extremen Armut und des Hungers bis hin zur Bewahrung der Umwelt für zukünftige Generationen. Die internationale Gemeinschaft hat mit der Einigung auf gemeinsame Entwicklungsziele einen klaren Fahrplan zur Verbesserung der Lebensbedingungen der Kinder geschaffen, die heute 40 Prozent der Bevölkerung in den Entwicklungsländern und die Hälfte der Bevölkerung in den am wenigsten entwickelten Ländern der Welt stellen[2]. Die Erklärung »Eine kindgerechte Welt« zum Abschluss des Weltkin-

Abbildung 1.1: **Die Verwirklichung der Millennniums-Entwicklungsziele könnte das Leben von Millionen Kindern bis 2015 verändern**

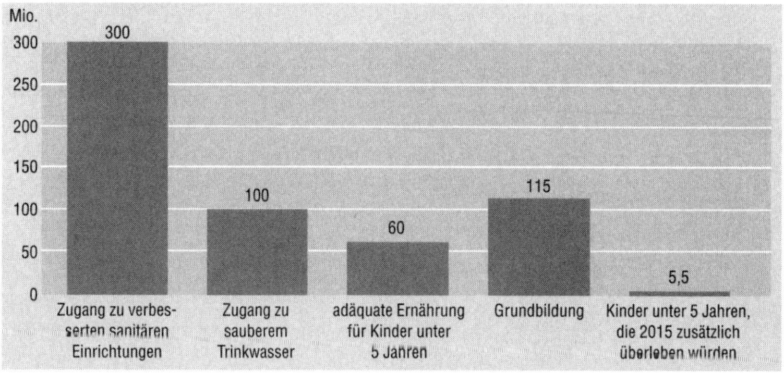

Quellen: UNICEF-Projektionen, basierend auf den Tabellen 1–10, S. 158ff.

dergipfels ergänzt und bekräftigt die ehrgeizigen Ziele der Millenniums-Erklärung. Sie betont, dass bei allen Maßnahmen der Regierungen das Wohl der Kinder vorrangig zu berücksichtigen ist. Für jedes Kind muss gesorgt werden, kein Kind darf ausgeschlossen bleiben[3]. Vier Kernziele prägen die Erklärung: Es geht darum, gesundes Aufwachsen zu fördern, eine gute Schulbildung zu ermöglichen, Aids zu bekämpfen und Kinder vor Missbrauch, Ausbeutung und Gewalt zu schützen.

Überleben für Millionen Kinder sichern

Wenn es gelingt, die Millenniums-Entwicklungsziele in den nächsten zehn Jahren zu verwirklichen, würden Millionen Kinder vor Krankheit und frühzeitigem Tod, vor extremer Armut und Hunger bewahrt. Sie könnten eine gute Schulbildung erhalten sowie Zugang zu sauberem Trinkwasser und ausreichenden sanitären Einrichtungen (*siehe* Abbildung 1.1).

Schwerwiegende Versäumnisse

Ein Verfehlen der Millenniums-Ziele hätte andererseits verheerende Folgen für die Kinder der heutigen und der kommenden Generationen. Wenn die Umsetzung so schleppend vorangeht wie bisher, würden im Jahre 2015 noch immer 8,7 Millionen Kinder unter fünf Jahren pro Jahr sterben. Würde die Zielvorgabe erfüllt, könnten allein im Jahr 2015 3,8 Millionen Leben gerettet werden[4]. Ähnliche Berechnungen lassen sich auch für die meisten anderen Millenniums-Entwicklungsziele

Abbildung 1.2: **Weltweite Reduzierung der Kindersterblichkeitsrate um zwei Drittel**

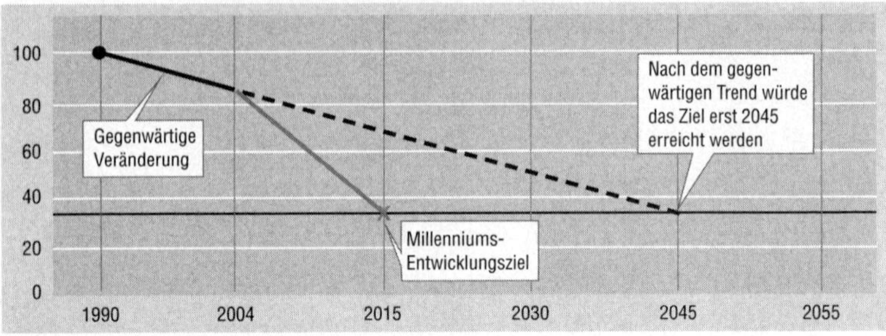

Quellen: UNICEF-Projektionen, basierend auf den Tabellen 1–10, S. 158 ff.

anstellen (*siehe* Abbildung 1.3). Ihre Verwirklichung ist für Millionen Kinder eine Frage von Leben oder Tod.

Millionen weitere Kinder werden ihr Leben lang beeinträchtigt sein. Das gilt besonders für die Jüngsten: In den ersten Lebensjahren sind Kinder besonders verletzlich. Werden sie in dieser Phase vernachlässigt oder missbraucht, tragen sie Schäden davon, von denen sie sich häufig nie wieder vollständig erholen. Sie werden weder als Jugendliche noch als Erwachsene ihre vollen Fähigkeiten entfalten können.

Mangelernährung schwächt Kinder nicht nur körperlich, sondern beeinträchtigt auch ihre Lernfähigkeit. Kinder, die nicht einmal die Grundschule abschließen, werden wahrscheinlich nie richtig Lesen, Schreiben und Rechnen lernen und weitere wichtige Kenntnisse für den Alltag erwerben. Entsprechend schlecht sind ihre Aussichten, als Erwachsene über ein ausreichendes Einkommen zu verfügen. Aids-Waisen haben oft keine Chance, zur Schule zu gehen. Immer mehr von ihnen wachsen angesichts des enormen Ausmaßes der Epidemie, insbesondere in Afrika südlich der Sahara, ohne den Schutz einer Familie auf. Kinder, die Gewalt, Missbrauch und Ausbeutung ausgesetzt sind, leiden oftmals ihr Leben lang unter seelischen Traumata.

Aber nicht nur Kinder werden leiden, wenn die Millenniums-Entwicklungziele verfehlt werden. Ganze Länder werden in ihrer Entwicklung behindert, wenn ihre Staatsbürger unzureichend ernährt und ausgebildet heranwachsen oder durch Krankheiten geschwächt werden. So bleibt es bei Armut und niedriger Produktivität. Die Folge sind oft instabile politische Verhältnisse, die schnell in Gewalt und bewaffnete Auseinandersetzungen umschlagen können. Die gesunde Entwicklung der Kinder würde dagegen nicht nur deren Wohlergehen sichern, sondern wäre auch die beste Garantie für zukünftigen Frieden, Wohlstand und Sicherheit.

Sofortiges Handeln ist gefordert

Obwohl die bisherigen Anstrengungen vieler Länder bei weitem nicht ausreichen, um die Millenniums-Entwicklungsziele tatsächlich zu erreichen, herrscht Konsens darüber, dass dies nach wie vor möglich ist. Dafür bedarf es aber eines deutlich stärkeren politischen Willens und seiner Umsetzung.

Im Jahr 2005 haben sich die Mitgliedstaaten der Vereinten Nationen auf eine Reihe von Initiativen verständigt. Dazu gehören kurz- und langfristige Maßnahmen, die dazu beitragen sollen, die Verwirklichung der Millenniums-Entwicklungsziele voranzutreiben und die erreichten Fortschritte zu sichern.

Zunächst muss mit massiven Anstrengungen durchgesetzt werden, dass auch die bisher von der sozialen Grundversorgung ausgeschlossenen Kinder und Familien dazu Zugang erhalten. Diese Sofortmaßnahmen wurden ausführlich im Bericht des Millenniums-Projekts von 2004 dargestellt, im Bericht des UN-Generalsekretärs empfohlen[5] und während des Millenniums-Gipfels 2005 von den Regierungschefs verabschiedet. Ihre Umsetzung würde im Kampf gegen die Armut rasche und wichtige Erfolge bringen.

Abbildung 1.3: **Millionen Kinder werden bis 2015 von Fortschritten ausgeschlossen sein, wenn nicht mehr getan wird, die Millenniums-Entwicklungsziele zu erreichen**

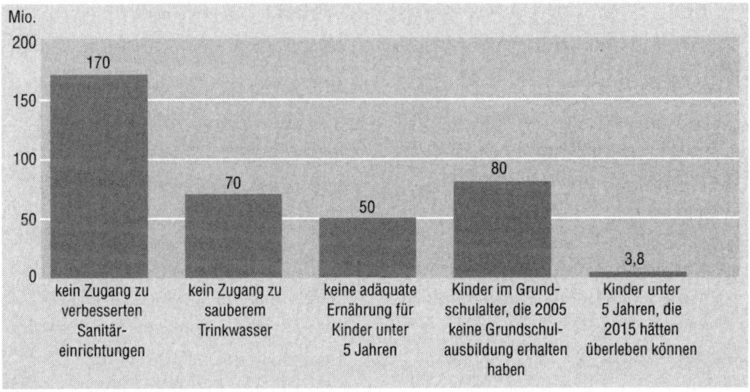

Quellen: UNICEF-Projektionen, basierend auf den Tabellen 1–10, S. 158ff.

Sie sind aber nur ein erster Schritt, eine wirkungsvolle »Starthilfe«. Gleichzeitig müssen längerfristige Initiativen, die immer auch die Beachtung der Menschenrechte im Blick haben, verstärkt oder gestartet werden. Viele davon sind bereits auf den Weg gebracht. Und nur so wird sichergestellt, dass die Sofortmaßnahmen nachhaltig sind. Erfahrungen haben gezeigt, dass von oben nach unten ausgerichtete, von den Ideen der Geberländer ausgehende Entwicklungsansätze auf Dauer nicht tragfähig sind – auch wenn sie kurz- und mittelfristig eine bessere Versorgung der Bevölkerung bewirken. Wo keine eigenen staatlichen Strukturen aufgebaut werden und die Entwicklung nicht von den jeweiligen Regierungen und lokalen Gemeinden mit vorangebracht wird, drohen auf lange Sicht selbst zunächst erfolgreiche Maßnahmen zu scheitern, sobald die internationale Unterstützung beendet wird.

Die vergessenen Kinder

Doch selbst wenn es gelingt, mit Sofortmaßnahmen und langfristigen Strategien die Lebenssituation vieler Menschen nachhaltig zu verbessern, werden Millionen Kinder von diesen Erfolgen nicht profitieren.
Es sind vergessene, ausgegrenzte Kinder, die bislang weder von Gesetzen noch von staatlichen Haushalten, Forschungsprojekten oder Sozialprogrammen ausreichend erfasst werden (*siehe* Kasten »Ausgrenzung von Kindern«). Sie werden kaum medizinisch versorgt, gehen selten oder gar nicht zur Schule, haben oft keinen Zugang zu sauberem Trinkwasser oder Sanitäranlagen. Diese Kinder werden von der Gesellschaft übersehen – und sie werden wahrscheinlich auch als Erwachsene ausgeschlossen bleiben. Viele werden bereits als Kind Opfer von Gewalt und Missbrauch und laufen dadurch umso mehr Gefahr, ausgegrenzt und an den Rand gedrängt zu werden. Um diese »unsichtbaren« Kinder zu erreichen, muss die Gesellschaft, müssen Regierungen, Fachleute und Organisationen ihnen mehr Aufmerksamkeit widmen. Es muss sichergestellt werden, dass gesellschaftliche Fortschritte auch ihnen zugute kommen. Es darf nicht hingenommen werden, dass Kinder von der ihnen zustehenden sozialen Grundversorgung ausgeschlossen werden. Die Grundsätze der universellen Gültigkeit und Nicht-Diskriminierung, die der Kinderrechtskonvention, der Millenniums-Erklärung und der Erklärung »Für eine kindgerechte Welt« zugrunde liegen, müssen den Bezugsrahmen bilden, um wirklich alle Kinder zu erreichen. Mit der Ratifizierung dieser international verbindlichen Vereinbarungen haben nationale Regierungen – ebenso wie die internationalen Institutionen und Organisationen, die sie bei ihren Bemühungen um die Rechte der Kinder unterstützen – die mora-

lische und rechtliche Verpflichtung übernommen, alles zu unternehmen, dass kein Kind ausgeschlossen wird.

Die Millenniums-Entwicklungsziele sind dabei eine treibende Kraft mit dem Meilenstein ihrer geplanten Umsetzung im Jahr 2015. Jene Länder, die bei der Verwirklichung zurückliegen, müssen jetzt dringend ihre Anstrengungen verdoppeln. Gleichzeitig dürfen die Länder, die auf dem besten Weg sind, einige oder alle Ziele zu erreichen, sich nicht auf ihren Lorbeeren ausruhen. Sie müssen sich bemühen, über die nur auf nationale Durchschnittswerte bezogenen Zielvorgaben hinauszugehen, um wirklich alle Kinder in ihrem Land zu erreichen.

Der Bericht *Zur Situation der Kinder in der Welt* beleuchtet insbesondere die Situation von Kindern, die in Gefahr sind, vergessen zu werden, während die internationale Gemeinschaft sich darauf konzentriert, die Millenniums-Entwicklungsziele zu erreichen. Es sind aber gerade diese Kinder – die ärmsten und schutzlosesten, die ausgebeuteten und missbrauchten –, die Fürsorge und Schutz am dringendsten benötigen. Wer die in der Millenniums-Erklärung skizzierte Vision verwirklichen will, darf nicht zulassen, dass gerade diese ausgegrenzten, benachteiligten und oftmals »unsichtbaren« Kinder auf der Strecke bleiben.

Zusammenfassung

Wenn die Millenniums-Entwicklungsziele verwirklicht werden, würde dies die Lebenssituation der Kinder weltweit grundlegend verbessern. Millionen Kinder könnten vor Krankheit und vorzeitigem Tod bewahrt werden, extremer Armut und Hunger entkommen, die Grundschule abschließen und würden Zugang zu sauberem Wasser und Sanitäranlagen haben. Auch wenn einige Regionen noch weit hinter den Vorgaben der Millenniums-Entwicklungsziele zurückliegen, sind sie nach wie vor in Reichweite.

Die Mitgliedstaaten der UN haben sich auf ein Paket von Kernmaßnahmen verständigt. Dazu müssen dringend zusätzliche Finanzmittel bereitgestellt werden. Der UNICEF-Bericht appelliert an die Regierungen, sich bei ihren Anstrengungen stärker darauf zu konzentrieren, auch jene Kinder zu erreichen, die gegenwärtig noch von sozialer Grundversorgung ausgeschlossen sind und denen Schutz und Beteiligung verwehrt werden. Diese Kinder leben in den ärmsten Ländern und dort in den besonders benachteiligten Gemeinden. Es sind Kinder, die aufgrund ihres Geschlechts, ihrer ethnischen Herkunft, ihrer Zugehörigkeit zu einer indigenen Gruppe oder aufgrund einer Behinderung diskriminiert werden; Kinder, die an bewaffneten Konflikten beteiligt sind oder an den Folgen von HIV / Aids leiden;

Ausgrenzung von Kindern – eine Definition

Kinder werden als ausgegrenzt betrachtet, wenn ihnen eine Umgebung fehlt, in der sie vor Gewalt, Missbrauch und Ausbeutung geschützt sind. Oder wenn sie keinen Zugang zu wichtigen Leistungen und Gütern haben. Oder wenn sie nicht gleichberechtigt an der Gesellschaft teilhaben können. Ausgrenzung kann von ihren Familien, der Gemeinde, der Regierung, der Zivilgesellschaft, den Medien, der Wirtschaft oder auch anderen Kindern ausgehen. Wie beim Begriff der Armut gibt es jedoch keine allgemein akzeptierte Definition sozialer Ausgrenzung, obwohl es sich um ein hinlänglich bekanntes Phänomen handelt. Regierungen, Institutionen, Wissenschaftler und internationale Organisationen sehen Ausgrenzung unterschiedlich. Dennoch gibt es zumindest eine gewisse Einigkeit in Bezug auf deren Hauptursachen und Aspekte. Weit gehende Übereinstimmung besteht darin, dass Ausgrenzung ein vielschichtiges Phänomen ist, das Entbehrungen wirtschaftlicher, sozialer, geschlechtsspezifischer, kultureller und politischer Rechte beinhaltet. Ausgrenzung geht damit weit über bloße materielle Armut hinaus. Das Konzept der Ausgrenzung umfasst die verstärkenden sozialpolitischen Faktoren, die die Grundlage von Diskriminierung und Benachteiligung innerhalb der Gesellschaft bilden. Dieser Ansatz erfordert eine stärkere Konzentration auf die Prozesse und Akteure, die Ausgrenzung bedingen, um Integration und Chancengleichheit gewährleisten zu können.

- Ausgrenzung kann nur beurteilt werden, wenn man die Lebensbedingungen von Individuen, Gruppen und Gemeinden im Verhältnis zu anderen an einem gegebenen Ort und zu einer gegebenen Zeit vergleicht.
- Menschen werden ausgegrenzt durch das Tun anderer Menschen. Diese Perspektive kann dazu beitragen, die Ursachen von Ausgrenzung festzustellen und Lösungen zu entwickeln.
- Ausgrenzung beruht nicht nur auf den gegenwärtigen Bedingungen, sondern auch auf mangelnden Zukunftsperspektiven.

Ausgrenzung von grundlegenden Leistungen und Gütern, wie angemessener und ausreichender Nahrung, Gesundheitsversorgung und Schulbildung, beeinträchtigt Kinder massiv. Sie werden jetzt und in der Zukunft eingeschränkt. Sie werden der Chancen beraubt, aktiv an ihren Gemeinden und Gesellschaften teilzuhaben und mitzuwirken. Es gibt aber noch weitere Rechtsverletzungen, die die Freiheit und die Entfaltungsmöglichkeiten von Kindern stark behindern. Allen voran sind Verstöße gegen den Kinderschutz und die staatliche Vernachlässigung von Kindern zu nennen, die außerhalb ihrer familiären Umgebung aufwachsen – zum Beispiel Kinder in Institutionen. Im Extremfall werden die so ausgegrenzten Kinder »unsichtbar«. Sie werden ihrer Rechte beraubt, werden übersehen, haben keine Chance zur Schule zu gehen und werden von den Behörden nicht wahrgenommen, weil sie in keiner Statistik auftauchen und in politischen und sozialen Programmen nicht vorkommen.

Die Millenniums-Entwicklungsziele

Ziel	Zielvorgabe bis 2015
1 Extreme Armut und Hunger beseitigen	Halbierung des Anteils der Menschen, die von weniger als einem US-Dollar pro Tag leben müssen. Halbierung des Anteils der Menschen, die an Hunger leiden.
2 Grundbildung für alle	Für alle Jungen und Mädchen Abschluss der Grundschule.
3 Gleichstellung der Geschlechter	Beendigung der Diskriminierung von Mädchen in Grund- und weiterführenden Schulen bis 2005, auf allen Ebenen bis 2015.
4 Senkung der Kindersterblichkeit	Reduzierung der Sterbefälle von Kindern unter fünf Jahren um zwei Drittel.
5 Bessere Gesundheitsversorgung für Mütter	Reduzierung der Todesfälle durch Schwangerschaft und Geburt um drei Viertel.
6 Kampf gegen HIV/Aids, Malaria und andere Krankheiten	Eindämmung der Ausbreitung von Aids. Zurückdrängen von Malaria und anderen häufigen Krankheiten.
7 Ökologische Nachhaltigkeit	Halbierung des Anteils der Menschen, die keinen Zugang zu sauberem Trinkwasser und Sanitäranlagen haben. Erhebliche Verbesserung der Lebensbedingungen von mindestens 100 Millionen Slumbewohnern bis zum Jahr 2020.
8 Aufbau einer weltweiten Entwicklungspartnerschaft	Ein offenes Handels- und Finanzsystem weiter entwickeln, das auf fairen und verlässlichen Regeln beruht und zu guter Staatsführung verpflichtet sowie zur Entwicklung und zur Beseitigung der Armut auf nationaler wie auf internationaler Ebene. Berücksichtigung der besonderen Bedürfnisse der am wenigsten entwickelten Länder wie auch der Bedürfnisse von Binnen- und kleinen Inselentwicklungsländern. Die Schuldenprobleme der Entwicklungsländer auf nationaler und internationaler Ebene umfassend angehen und langfristig tragfähig werden lassen. In Zusammenarbeit mit den Entwicklungsländern Schaffung von menschenwürdiger und produktiver Arbeit für junge Menschen. In Zusammenarbeit mit den Pharmaunternehmen dafür sorgen, dass lebenswichtige Medikamente für alle Menschen in den Entwicklungsländern zugänglich und bezahlbar sind. In Zusammenarbeit mit der Wirtschaft sicherstellen, dass alle Menschen die Vorteile der neuen Technologien, insbesondere der Informations- und Kommunikationstechnologien, nutzen können.

Quelle: Millenniums-Erklärung der UN 2000 sowie andere UN-Organisationen

Kinder, denen eine offizielle Identität fehlt, weil ihre Geburt nie registriert wurde oder die vorzeitig wie Erwachsene arbeiten müssen. Diese Kinder sowie die Ursachen, die zu ihrer Ausgrenzung führen, und die zu ergreifenden Maßnahmen, um sie zu schützen und zu integrieren, stehen im Mittelpunkt des UNICEF-Berichts *Zur Situation der Kinder in der Welt*.

Drei Schritte sind erforderlich, um die Millenniums-Agenda für alle Kinder, auch die ausgegrenzten und »unsichtbaren«, zu verwirklichen.

- Zunächst müssen die Kinder und ihre Familien Zugang zu den wichtigsten sozialen Grunddiensten erhalten. Dazu müssen Sofortmaßnahmen zur Bekämpfung der Armut ergriffen werden.
- Zeitgleich müssen längerfristige Strategien, die sich an den Menschenrechten orientieren, verstärkt oder in Gang gebracht werden, um dauerhafte Erfolge sicherzustellen. Der Aufbau eigener Kapazitäten bei den nationalen Regierungen und den Gemeinden ist die sicherste Methode, um auf lange Sicht die Nachhaltigkeit dieser Maßnahmen zu gewährleisten.
- Schließlich müssen weiter reichende Strategien eingesetzt werden, die auf die besonders gefährdeten Kinder ausgerichtet sind. Dies erfordert die Mitwirkung der Regierungen – durch entsprechende Gesetzgebung, Haushaltspläne, Forschung und Programme – und die Unterstützung von Geberländern, internationalen Organisationen, von der Zivilgesellschaft und den Medien. Nur so können jene Kinder erreicht werden, die in Gefahr sind, bei der Umsetzung der Millenniums-Entwicklungsziele außen vor zu bleiben.

2 Warum Kinder ausgegrenzt werden

© UNICEF/HQ99–0808/Roger LeMoyne

Kinder, deren Rechte schwerwiegend verletzt werden, finden sich in allen Ländern, Gesellschaften und Gemeinschaften. Ein Kind, das in einem Großstadtslum in Venezuela lebt und für vier Geschwister sorgt. Ein Junge in Botsuana, der seine Mutter durch Aids verloren hat. Ein jordanischer Teenager, der arbeiten muss, um seine Familie zu unterstützen – und keine Zeit zum Spiel mit Freunden hat. Ein Mädchen in Nepal, das als Dienstmädchen arbeiten muss. Ein Kind in Usbekistan, das die Schule nicht besuchen kann, weil es an den Rollstuhl gefesselt ist. Auf den ersten Blick scheinen Welten zwischen den Lebensbedingungen dieser Kinder zu liegen. Jedes von ihnen ist mit anderen Verhältnissen konfrontiert, jedes mit anderen Schwierigkeiten. Etwas haben jedoch alle Kinder gemeinsam: Sie sind ausgeschlossen von lebenswichtigen Gütern und Diensten. Sie haben kaum Zugang zu medizinischer Versorgung, erhalten kein ausreichend gesundes Essen, kein sauberes Wasser, gehen nicht zur Schule. Niemand schützt sie vor Ausbeutung, Gewalt, Missbrauch und Vernachlässigung.

Ausgrenzung auf vielen Ebenen

Massenarmut, schlechte Regierungsführung, die ungebremste Ausbreitung schwerer Krankheiten wie HIV/Aids, aber auch bewaffnete Konflikte sind strukturelle Ursachen dafür, dass Kinder in zahlreichen Ländern von sozialer Grundversorgung (Gesundheit und Bildung) ausgeschlossen sind. Armut der Eltern, die Tatsache, dass sie in schwer zugänglichen Regionen leben, ihr Geschlecht, ihre Herkunft oder eine Behinderung sind weitere Ursachen von Ausgrenzung.

Kinderrechtsverletzungen kommen hinzu wie der Verlust oder das Fehlen einer offiziellen Identität, weil nie eine Geburtsurkunde ausgestellt wurde, die mangelnde staatliche Fürsorge für Kinder, denen eine sichere familiäre Umgebung fehlt, die kriminelle Ausbeutung von Kindern oder der Zwang, schon früh die Rolle eines Erwachsenen zu übernehmen.

Im Mittelpunkt dieses Kapitels stehen strukturelle Faktoren auf staatlicher und gesellschaftlicher Ebene, die die Ausgrenzung von Kindern bewirken. Dabei geht es vor allem um Hindernisse im Bereich Gesundheitsversorgung und Bildung. Oft stehen hier langlebige und tief verwurzelte Hemmnisse im Weg. Diese sind jedoch keine zufälligen Erscheinungen, sondern Ergebnis wirtschaftlicher, sozialer und kultureller Entwicklungen. Doch sie können angegangen oder zumindest in ihren Auswirkungen abgemildert werden. Die vielschichtigen Faktoren, die überdies auf der individuellen Ebene des einzelnen Kindes oder der einzelnen Familie dazu führen, dass Kinder von sozialer Grundversorgung und Schutz zugleich ausgeschlossen bleiben, werden ausführlich in Kapitel 3 »Unsichtbare Kinder«, untersucht.

Strukturelle Ursachen

Armut, bewaffnete Konflikte und HIV/Aids gelten als die drei größten Bedrohungen der Kindheit.[1] Sie gehören auch zu den Haupthindernissen für die Umsetzung der Millenniums-Ziele für Kinder auf der regionalen und der Länderebene. Statistische Untersuchungen der Schlüsselindikatoren – wie Kindersterblichkeitsrate, Anzahl der mangelernährten Kinder und Einschulungsraten in der Grundschule – ergeben ein düsteres Bild: Einige Länder bleiben weit zurück. Gleichzeitig wächst die Kluft zwischen diesen ärmsten Ländern und anderen Entwicklungsländern. Ohne massive gemeinsame Anstrengungen werden die Kinder, die in den am wenigsten entwickelten, von Kriegen zerstörten oder durch HIV/Aids heimgesuchten Ländern aufwachsen, in den nächsten zehn Jahren noch weiter hinter den Gleichaltrigen in den übrigen Entwicklungsländern zurückfallen.

Die Ärmsten bleiben zurück

Kinder sind besonders häufig arm. In den am wenigsten entwickelten Ländern gibt es tendenziell die jüngste Bevölkerung, gleichzeitig haben Familien mit geringem Einkommen zumeist mehr Kinder als reichere (*siehe* Abbildung 2.1). Kinder aus armen Familien müssen häufiger arbeiten. Die Folge für viele dieser Kinder ist, dass sie nicht zur Schule gehen und kaum Aussicht darauf haben, jemals dem Teufelskreis der Armut zu entfliehen.[2] Da ihnen auch Informationen, soziale Kompetenzen und das wichtigste Wissen fehlen, um im Alltag zurechtzukommen, sind sie besonders anfällig für Missbrauch und Ausbeutung.
Armutsbekämpfung ist ein zentrales Anliegen der Millenniums-Ziele. Einkommen durch Wirtschaftswachstum zu erhöhen, ist ein wesentlicher Grundzug aller Strategien zur Armutsbekämpfung – dies gelang besonders seit 1990 in Asien erfolgreich.[3] Aber Wachstum allein reicht nicht aus, um Kinderarmut zu beseitigen. Kinder erleben Armut als vielgestaltigen Mangel an grundlegenden Dienstleistungen und Gütern. Das Ausmaß der Entbehrungen ist erschreckend: Mehr als eine Milliarde Kinder leidet unter einer oder mehreren Formen massiven Mangels in den Bereichen Ernährung, sauberes Trinkwasser, Sanitäreinrichtungen, Gesundheitsversorgung, Unterkunft, Bildung und Information.[4]

Abbildung 2.1: **Arme Länder – viele Kinder**

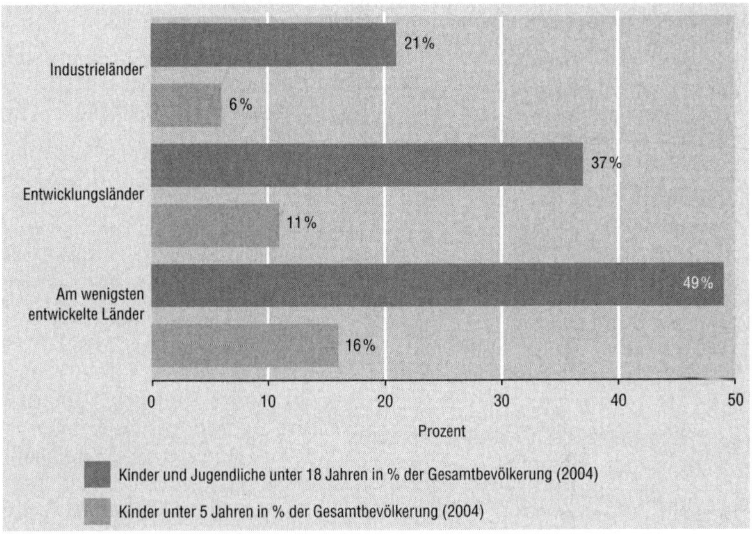

Quelle: Berechnungen von UNICEF, basierend auf Daten der Bevölkerungsabteilung der UN

Kinder in den am wenigsten entwickelten Ländern leiden am ehesten unter den verschiedenen Formen massiven Mangels. Sie sind daher am meisten gefährdet, bei der Verwirklichung der Millenniums-Entwicklungsziele außen vor zu bleiben. Die statistischen Aussagen über das Ausmaß ihrer Armut sind alarmierend. Das gilt insbesondere für die Indikatoren, die sich auf die Entwicklung und das Wohl von Kindern und Frauen beziehen (*siehe* Tabelle, S. 28 f.). In fast allen Fällen hinken die am wenigsten entwickelten Länder hinter den übrigen Entwicklungsländern her.

Die Kindersterblichkeitsrate und der Anteil der Schüler, die die Grundschule abschließen – diese Indikatoren verdeutlichen die Lage der Kinder in den am wenigsten entwickelten Ländern. Obwohl die Kinder unter fünf Jahren dort nur 19 Prozent aller Kinder weltweit in dieser Altersgruppe stellen, entfallen auf sie mehr als 40 Prozent der Todesfälle unter fünf. Von denen, die überhaupt das Schulalter erreichen, werden 40 Prozent der Jungen und 45 Prozent der Mädchen nicht die Grundschule besuchen. Ein Drittel der Kinder, die doch zur Schule gehen können, wird schon vor der fünften Klasse abbrechen; 80 Prozent aller Kinder im Sekun-

Wie Kinder in den am wenigsten entwickelten Ländern Gefahr laufen, noch weiter benachteiligt zu werden

	Am wenigsten entwickelte Länder	Entwicklungsländer	Welt
Überleben			
Sterblichkeitsrate bei Kindern unter fünf Jahren (bezogen auf 1000 Lebendgeburten; 2004)	155	87	79
Säuglingssterblichkeitsrate (bezogen auf 1000 Lebendgeburten; 2004)	98	59	54
Ernährung			
Anteil der Kinder unter fünf Jahren, die an leichtem oder starkem Untergewicht leiden (in Prozent; 1996–2004*)	36	27	26
Anteil der Kinder unter fünf Jahren, die unter leichten oder schweren Entwicklungsstörungen leiden (in Prozent; 1996–2004*)	42	31	31
Impfschutz			
Anteil der einjährigen Kinder, die dreimal gegen Diphtherie, Tetanus und Keuchhusten geimpft wurden (in Prozent; 2004)	75	76	78
Anteil der einjährigen Kinder, die dreimal gegen Hepatitis B geimpft wurden (in Prozent; 2004)	28	46	49
Gesundheitsversorgung			
Anteil der Kinder unter fünf Jahren, die bei einer akuten Atemwegsinfektion angemessene medizinische Behandlung erhalten haben (in Prozent; 1998–2004*)	38	54**	54**
Anteil der Kinder unter fünf Jahren, die bei Durchfallerkrankungen mit der oralen Rehydratationstherapie behandelt und ausreichend ernährt wurden (1996–2004*)	36	33**	33**
HIV/Aids			
Anteil der HIV-Infizierten zwischen 15 und 49 Jahren (in Prozent; Ende 2003)	3,2	1,2	1,1
Zahl der Erwachsenen und Kinder zwischen 0 und 49 Jahren, die mit HIV leben (in Tausend; 2003)	12 000	34 900	37 800

	Am wenigsten entwickelte Länder	Entwicklungsländer	Welt
Bildung und Gleichstellung der Geschlechter			
Anteil der Schulanfänger, die die 5. Klasse erreichen (amtliche Angaben, in Prozent; 2000–2004)	65	78	79
Anteil der Jungen, die die Grundschule besuchen (Werte bereinigt, in Prozent; 1996–2004*)	60	76	76
Anteil der Mädchen, die die Grundschule besuchen (Werte bereinigt; in Prozent; 1996–2004*)	55	72	72
Schulbesuch von Jungen an weiterführenden Schulen (Werte bereinigt, in Prozent; 1996–2004; Anmeldungen gesamt)	21	40**	40**
Schulbesuch von Mädchen an weiterführenden Schulen (Werte bereinigt, in Prozent; 1996–2004*, Anmeldungen gesamt)	19	37**	37**
Demographische Indikatoren			
Lebenserwartung zum Zeitpunkt der Geburt (in Jahren; 2004)	52	65	67
Anteil der städtischen Bevölkerung (in Prozent; 2004)	27	43	49
Frauen			
Alphabetisierungsrate bezogen auf die alphabetisierte männliche Bevölkerung (in Prozent; 2000–2004*)	71	84	86
Schwangerschaftsvorsorge (in Prozent; 1996–2004*)	59	71	71
Anteil der Geburten mit ausgebildeten Geburtshelfern (in Prozent; 1996–2004*)	35	59	63
Todesfallrisiko von Müttern (1 von .. Geburten; 2000)	17	61	74

* Werte beziehen sich auf das aktuellste Jahr, für das innerhalb des genannten Zeitraums Daten verfügbar sind.

** China ausgenommen

Quellen: Siehe Tabellen, S. 158ff.

darstufen-Alter werden keine Sekundarschule besuchen (*siehe* Abbildung 2.2).[5]

Kriege und schlechte Regierungsführung

Bewaffnete Konflikte berauben Kinder ihrer Kindheit. Viele werden als Soldaten rekrutiert, vertrieben oder von ihren Familien getrennt. Der Krieg erhöht das Risiko, dass Kinder Opfer von Missbrauch, Gewalt und Ausbeutung werden. Zunehmend wird sexuelle Gewalt gezielt als Kriegswaffe eingesetzt.[6] Zerstörungen der Infrastruktur, insbesondere des Gesundheits- und Bildungssystems, gefährden Überleben und Zukunftschancen auch der Kinder, die zu Hause bei ihren Familien bleiben können. Allerdings sind auch sie durch direkte Kämpfe in ihrer Umgebung oder deren Hinterlassenschaften – wie Landminen und Blindgänger, bedroht.

Konkrete Belege über die Auswirkungen bewaffneter Konflikte auf Kinder sind nur begrenzt vorhanden. Es gibt Lücken bei der Datenerhebung über die Anzahl der

Abbildung 2.2: **Schulbildung für Mädchen und Jungen – keine Selbstverständlichkeit in Entwicklungsländern**

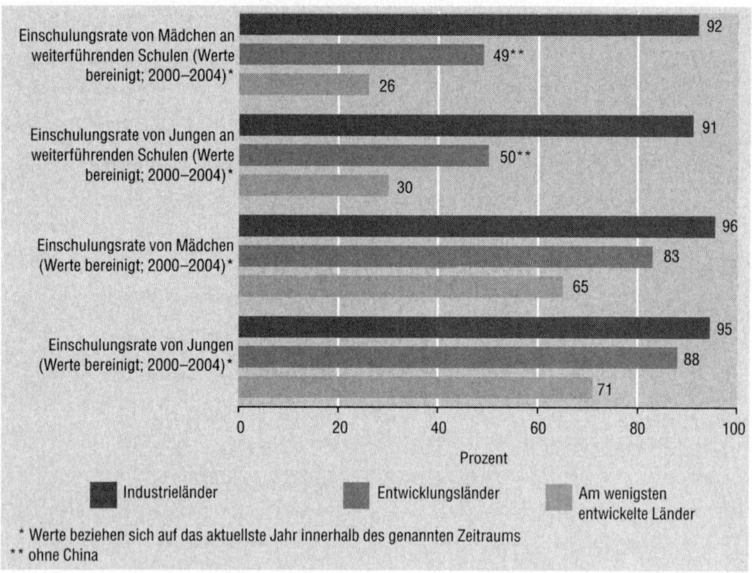

Quellen: Demographic and Health Surveys (DHS) und Multiple Indicator Cluster Surveys (MICS)

Abbildung 2.3: **Bewaffnete Konflikte seit 1999 und Kindersterblichkeitsrate**

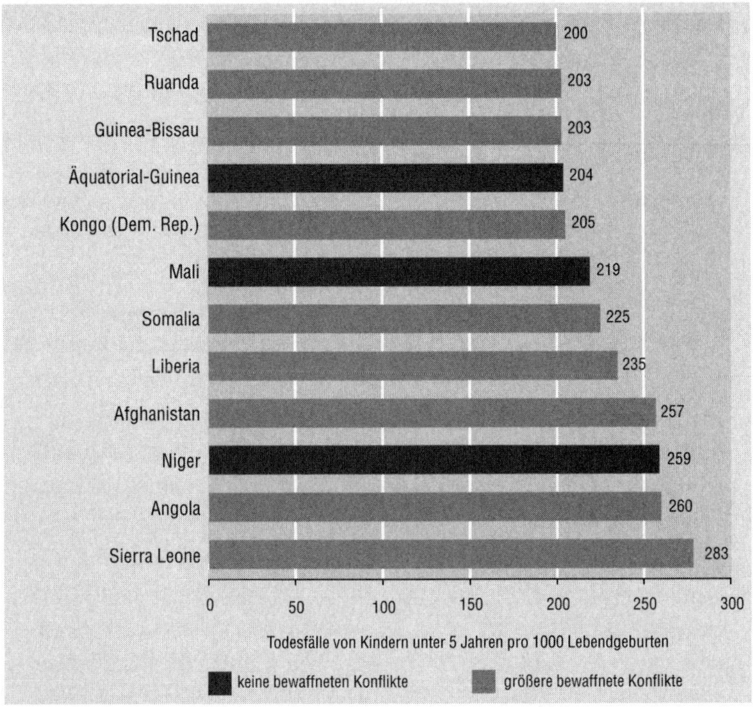

Quellen: Kindersterblichkeitsrate: UNICEF, Bevölkerungs- bzw. Statistikabteilung der UN; Angaben über größere kriegerische Auseinandersetzungen: Stockholm International Peace Research Institute, SIPRI Yearbook 2005

Kinder, die in bewaffnete Konflikte verwickelt sind und bei der Erforschung ihrer Situation. Aber auch die erkennbaren Zusammenhänge sind alarmierend. Von jenen zwölf Ländern, in denen 20 Prozent oder mehr Kinder vor Vollendung des fünften Lebensjahres sterben, fand in neun in den zurückliegenden fünf Jahren ein schwerer bewaffneter Konflikt statt (*siehe* Abbildung 2.3). In elf der 20 Länder mit den höchsten Kindersterblichkeitsraten gab es seit 1990 größere Konflikte. Auch auf die Einschulung und den tatsächlichen Schulbesuch haben kriegerische Auseinandersetzungen verheerende Auswirkungen. So haben neun der von Konflikten betroffenen Staaten, in denen besonders viele Kinder unter fünf Jahren sterben, eine Schulbesuchsrate von nur 51 Prozent bei den Jungen und 44 Prozent bei den Mädchen (bereinigte Werte). Damit liegt sie nochmals deutlich unter dem Durchschnitt der am wenigsten entwickelten Länder mit 60 beziehungsweise 55 Prozent.[7]

Bewaffnete Konflikte sind aber nicht die einzige Form staatlichen Versagens. Schwache staatliche Institutionen mit einem hohen Grad an Korruption, politischer Instabilität und mangelnder Rechtsstaatlichkeit sind kennzeichnend für instabile Staaten. Die Regierungen dieser Staaten sind oft nicht in der Lage, ihre Bürger mit den wichtigsten sozialen Dienstleistungen zu versorgen (*siehe* Abbildung 2.4). Der Lebensstandard in diesen Ländern kann sich sowohl plötzlich als auch dauerhaft verschlechtern.

Mehr noch: Die Versäumnisse der Regierungen in solchen Staaten führen dazu, dass Kinder immer stärker von grundlegenden sozialen Leistungen ausgeschlossen werden. Ein solches Land ist Haiti, ohnehin das ärmste Land des amerikanischen Kontinents, dessen jüngere Geschichte vorwiegend von politischer Gewalt geprägt war. Während der politischen Wirren der vergangenen Jahre hat sich die Situation der Kinder dort noch weiter verschlechtert. So sind die Schulgebühren sprunghaft gestiegen. Rund 60 Prozent der Haushalte auf dem Land leiden zudem unter chronischer Lebensmittelknappheit, 20 Prozent leben in extremer Armut.

Ein weiteres Beispiel ist Somalia, ein Land, das seit langem zu den am wenigsten entwickelten Ländern gehört. Seit 1991 gibt es keine funktionierenden staatlichen Strukturen, da rivalisierende Kriegsparteien die Herrschaft über bestimmte Gebiete für sich beanspruchen. Die Folgen für Kinder macht eine Zahl aus dem Bildungssektor deutlich: Gerade einmal 12 Prozent der Jungen und zehn Prozent der Mädchen besuchen dort eine Grundschule, das ist die niedrigste Rate weltweit.[8] Mit internationaler Unterstützung konnte kürzlich der Schulunterricht in vielen Gemeinden endlich wieder aufgenommen werden. Doch die über Jahre zu niedrigen Investitionen haben Somalia weit zurückfallen lassen.

Staatliche Institutionen in schwachen Staaten müssen gestärkt werden, um die Millenniums-Ziele für Kinder zu verwirklichen. Geberländer und internationale Organisationen mögen einer stärkeren nicht-humanitären Unterstützung gerade für die Regierungen dieser schwachen Staaten zwar skeptisch gegenüberstehen. Doch wer gerade den ärmsten Kindern helfen und ihre Rechte verwirklichen will, muss mit ihnen zusammenarbeiten. Die schlichte Wahrheit lautet: Die Kinder können nicht warten, bis die Regierungsführung besser wird.

Abbildung 2.4: **Armut und Reichtum – der Einfluss staatlicher Strukturen**
Bruttonationaleinkommen (BNE) pro Einw. in US-$, 2004

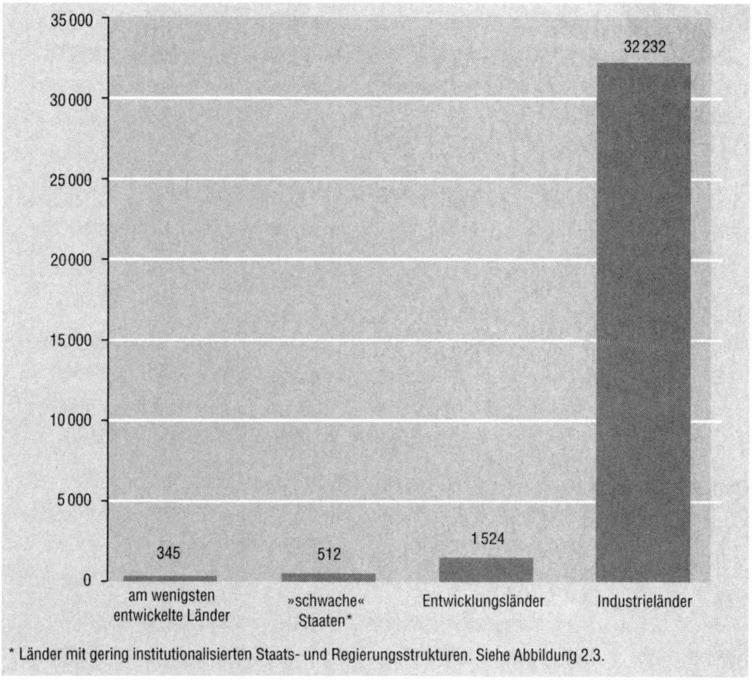

Quellen: Weltbank: 2004 Country Policy and Institutional Assessment (CPIA), Overall Rating, Fourth and Fifth Quintiles; World Development Indicators 2005

Kinder und Aids

Für Kinder, die mit dem HI-Virus infiziert sind, bereits an den Folgen von Aids erkrankt sind oder in Ländern mit hohen Ansteckungsraten leben, ist die Gefahr der Ausgrenzung besonders hoch. Die HIV/Aids-Epidemie zerstört den sozialen, kulturellen und wirtschaftlichen Zusammenhalt von Familien, Gemeinden, Regionen und ganzen Völkern. Sie gefährdet den Zugang von Kindern zu Fürsorge, Versorgung und Schutz, weil immer mehr Eltern, Lehrer, Krankenschwestern, Ärzte und Mitarbeiter anderer sozialer Einrichtungen krank werden und schließlich sterben. Rund 15 Millionen Kinder haben bereits einen oder beide Elternteile durch die Krankheit verloren – so viele Kinder wie in ganz Deutschland leben.[9] 12,1 Millionen, mehr als 80 Prozent dieser Waisen, leben in den afrikanischen Ländern südlich der Sahara.[10]

Die langwierige Krankheit und schließlich der Tod der Eltern belasten Kinder außerordentlich. Oftmals sind sie gezwungen, bei der Pflege der kranken Angehörigen und der Versorgung der Familie die Rolle von Erwachsenen zu übernehmen. Überlebende Geschwister leiden oft unter Stigmatisierung und Diskriminierung. Sie sind verstärkt Gewalt, Missbrauch und Ausbeutung ausgesetzt und brechen oft die Schule ab, weil sie keine Zeit für den Unterricht haben oder weil das Geld für Schulgebühren, -material oder selbst für einfachste Kleidung fehlt.

HIV/Aids bedroht heute aber auch immer mehr junge Menschen unmittelbar (*siehe* Abbildung 2.5). Jeden Tag infizieren sich über 1800 Kinder unter 15 Jahren mit dem Virus[11]. 13 Prozent der neuen HIV-Infektionen weltweit entfallen auf Kinder unter 15 Jahren, und mehr als 500 000 Kinder sterben jährlich an den Folgen von Aids, das entspricht 17 Prozent der jährlich durch Aids verursachten Todesfälle.[12] HIV/Aids hat in einigen Ländern die Erfolge, die in den 1960er und 1970er Jahren bei der Senkung der Kindersterblichkeit erreicht wurden, zunichte gemacht. Die durchschnittliche Lebenserwartung in den am stärksten betroffenen Ländern, vor allem im südlichen Afrika, ist deutlich gesunken.[13]

Da sich die Epidemie in immer mehr Ländern und immer weiteren Bevölkerungsgruppen ausbreitet, stehen die schlimmsten Konsequenzen für Kinder erst noch bevor. Schätzungen zufolge haben sich im Jahr 2004 fast fünf Millionen Menschen neu mit HIV infiziert – das ist die höchste Zahl innerhalb eines einzigen Jahres seit Beginn der Epidemie Anfang der 1980er Jahre. 6,5 Millionen Menschen brauchten antiretrovirale Behandlung, doch bislang wurden nur eine Million mit entsprechenden Medikamenten versorgt. Dies ist das Hauptargument dafür, dass es noch bis zu zehn Jahre dauern kann, bevor die Zahl der Todesfälle durch Aids abnimmt. Bis dahin wird auch die Zahl der Waisen weiter steigen.

Junge Menschen zwischen 15 und 24 Jahren machen heute rund ein Drittel der Menschen aus, die mit HIV/Aids leben.[14]

In Ländern, in denen sich Aids bereits in epidemischem Ausmaß ausgebreitet hat – insbesondere im östlichen und südlichen Afrika –, muss der Kampf gegen die Immunschwächekrankheit absolut vorrangig sein. Ziel muss es dabei sein, den enormen Anstieg der Kindersterblichkeitsrate in einigen Ländern wieder zu stoppen. Gleichzeitig müssen auch Schutz und Betreuung für die Waisen gesichert werden, und es muss Sorge dafür getragen werden, dass die auf unterschiedliche Weise von HIV/Aids betroffenen Kinder weiter zur Schule gehen können.

Abbildung 2.5: **Anteil der Kinder unter den HIV-Infizierten steigt**

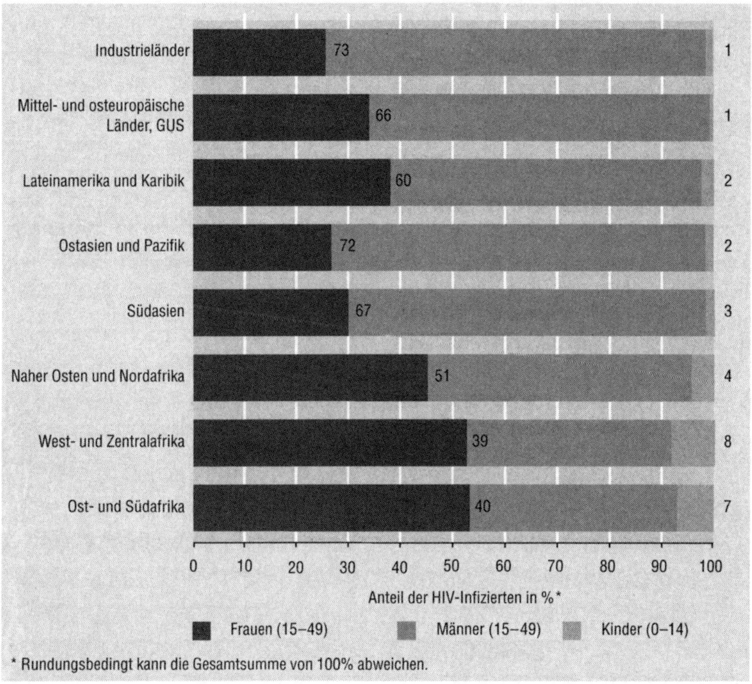

Quelle: UNICEF-Berechnungen, basierend auf Daten des Joint United Nations Programme on HIV/Aids, Report on the Global HIV/Aids Epidemic, 2004

Kein vollständiges Bild

Bewertungen der Lage von Kindern werden überwiegend auf nationaler Ebene vorgenommen. Dafür gibt es eine ganze Reihe von Gründen: Schätzungen nationaler Gesamtdaten sind meist in größerem Umfang vorhanden als Zahlen zu einzelnen Bevölkerungsgruppen. Oft ist es aber auch nur auf der Länderebene und mit Finanzmitteln aus dem Staatshaushalt möglich, überhaupt standardisierte Datenerhebungen aufzubauen. Ebenso greifen auch im Hinblick auf die Umsetzung der Millenniums-Ziele internationale Organisationen auf nationale Daten zu Schlüsselindikatoren zurück. Die nationalen Regierungen sind zudem die Unterzeichner internationaler Abkommen wie der Kinderrechtskonvention und damit die Hauptverantwortlichen für deren Umsetzung.

Nationale Durchschnittswerte sind naturgemäß zusammengefasste statistische Ergebnisse, die zwar die Situation der Mehrheit der Bevölkerung abbilden, aber kein vollständiges Bild liefern. Um zu erfassen, inwieweit bestimmte Kinder innerhalb eines Landes ausgegrenzt werden, ist eine Aufgliederung der Daten aus Landesstatistiken oder Haushaltserhebungen notwendig. Informationen, die nach Region, Geschlecht, der Zugehörigkeit zu ethnischen Gruppen und anderen aussagekräftigen Dimensionen aufgeschlüsselt sind, stellen die Grundlage dar, um das Risiko der Ausgrenzung von Kindern in einer Gesellschaft ermitteln zu können. Ohne sie ist es zugleich schwierig, wirkungsvolle Programme für diese Kinder aufzubauen oder gezielt Einfluss auf die Politik in einem Land zu nehmen.

Differenzierte Landesstatistiken oder Haushaltserhebungen zur Situation der Kinder sind zwar nicht in allen Ländern vorhanden. Doch es gibt bereits umfassendes Material, das auf der Basis von Bevölkerungs- und Gesundheitserhebungen (Demographic and Health Surveys/DHS) und durch mit Mehrfachindikatoren arbeitende Clusteruntersuchungen (Multiple Indicator Cluster Surveys/MICS) gesammelt wurde. Diese Datensammlungen belegen eindeutig, dass innerhalb der einzelnen Länder häufig bedeutende Ungleichheiten im Hinblick auf das Wohl und die Entwicklung von Kindern bestehen. So kann es in einem Land mit einer hohen durchschnittlichen Einschulungsrate aufgrund der Benachteiligung bestimmter Bevölkerungsgruppen dennoch starke interne Schwankungen hinsichtlich der Schulbesuchsrate geben. Ein solches Land ist zum Beispiel Venezuela. Im Schnitt gehen dort 94 Prozent der Kinder im Grundschulalter zur Schule. Allerdings haben die Mädchen und Jungen, die in den ärmsten 20 Prozent der Haushalte aufwachsen, häufig dennoch keine Chance auf Schulbildung. 15 Prozent von ihnen werden nicht eingeschult. Bei den Haushalten mit dem höchsten Einkommen liegt diese Rate nur bei zwei Prozent.

Durch die Ausrichtung der Millenniums-Entwicklungsziele auf nationale Durchschnittswerte können solche Ungleichheiten innerhalb eines Landes verborgen bleiben.

Das Ausmaß dieser Unterschiede kann beträchtlich sein. Außerdem besteht die Gefahr, dass die Ungleichheiten vernachlässigt werden – vor allem in jenen Ländern, in denen die Mehrheit der Kinder das in den Millenniums-Zielen vorgegebene Minimum an Gesundheitsversorgung und Bildung erhält. Das nach nationalen Statistiken bemessene Erreichen eines Ziels kann gerade für die ärmsten Kinder fatale Folgen haben. Vor allem sie, die besonders dringend auf medizinische Versorgung, Schulbildung und andere Leistungen des Staates angewiesen sind, laufen Gefahr, weiter übersehen zu werden.

Armut tötet

In jedem Entwicklungsland, für das nach Haushaltseinkommen differenzierte Daten vorliegen, gilt: für die Kinder der Ärmsten besteht ein größeres Risiko früh zu sterben.[15] Bei Kindern, die in den ärmsten 20 Prozent der Haushalte leben, ist die Wahrscheinlichkeit, den fünften Geburtstag nicht zu erleben, deutlich höher als für Kinder aus Familien, die zu den 20 Prozent mit den höchsten Einkommen gehören.

Die Länder Lateinamerikas und der Karibik weisen regional gesehen die größten Unterschiede bei der Kindersterblichkeitsrate auf. Ein extremes Beispiel ist Peru. Dort haben Kinder aus dem ärmsten Fünftel der Bevölkerung ein fünfmal höheres Risiko, vor ihrem fünften Geburtstag zu sterben als Kinder aus den reichsten 20 Prozent der Bevölkerung.

Aber auch in Regionen, in denen Unterschiede bei der Kindersterblichkeit nicht so groß sind, gibt es ein deutliches Gefälle. In Ostasien und der Pazifikregion haben Kinder, die in die ärmsten 20 Prozent der Familien hineingeboren werden, ein dreimal höheres Risiko zu sterben als Kinder aus dem reichsten Fünftel der Bevölkerung. Im Nahen Osten und Nordafrika ist die Wahrscheinlichkeit zweieinhalb so hoch. In Südasien, Mittel- und Osteuropa und den GUS-Staaten haben einige Länder Fortschritte gemacht, trotzdem sterben auch dort doppelt so häufig arme Kinder wie Kinder aus reichen Familien.

Niedrige Familieneinkommen sind eines der Haupthindernisse für den Besuch der Grundschule. In den Entwicklungsländern ist für Kinder aus den einkommensschwächsten 20 Prozent der Haushalte die Wahrscheinlichkeit, nicht zur Schule zu gehen, mehr als dreimal so hoch wie für Kinder aus den wohlhabendsten 20 Prozent der Haushalte. Außerdem kommen in den Entwicklungsländern 77 Prozent der Kinder, die nicht die Grundschule besuchen, aus den ärmsten 60 Prozent der Haushalte. In Lateinamerika und der Karibik (84 Prozent) sowie im östlichen und südlichen Afrika (80 Prozent) ist das Gefälle noch größer.[16]

Stadt-Land-Gegensätze

Ländliche Gebiete in Entwicklungsländern sind meist ärmer als städtische. Sie sind schlechter mit Schulen und Gesundheitsdiensten versorgt. Entsprechend ist für Kinder auf dem Land – gemäß allen verfügbaren Haushaltserhebungen zur Kindersterblichkeit in den einzelnen Ländern – das Risiko, vor ihrem fünften Lebensjahr zu sterben, höher als für Gleichaltrige in der Stadt. In den Entwicklungsländern gehen etwa 30 Prozent der Kinder auf dem Land nicht zur Schule, verglichen mit 18 Prozent der Kinder, die in Städten aufwachsen. Weltweit leben mehr als 80 Prozent aller Kinder, die nicht zur Grundschule gehen, in ländlichen Gebieten. Zu möglichen Hindernissen für den Schulbesuch zählen neben dem weiten Schulweg das tendenziell niedrige Bildungsniveau der Eltern und oft auch eine geringe Wertschätzung von Schulbildung. Außerdem scheitern viele Regierungen daran, qualifizierte Lehrer für ländliche Gebiete zu gewinnen.[17]

In vielen Großstädten der Welt leben die ärmsten Einwohner in Slums, Mietskasernen und Hütten-Siedlungen, die räumlich von den wohlhabenden Stadtteilen getrennt sind. Mehr als 900 Millionen Menschen weltweit leben in Slums. Die meisten haben keinen Zugang zu sauberem Wasser oder sanitären Einrichtungen. Ihre Unterkünfte sind eng und unhygienisch, oft sind die Besitzrechte ungesichert.[18] Den Kindern in diesen Vierteln fehlen grundlegende soziale Dienste und staatlicher Schutz. Häufig sind sie ähnlich unterversorgt wie ihre Altersgenossen in ländlichen Gebieten.[19]

... weil sie Mädchen sind

Mit dem dritten Millenniums-Entwicklungsziel soll die Chancengleichheit und Stärkung von Frauen gefördert und ihre Benachteiligung im Bereich der Bildung beseitigt werden.

Bildung eröffnet Mädchen (und Jungen) die Möglichkeit, Eigenständigkeit und Selbstvertrauen zu entwickeln. Sie erwerben Kenntnisse, Fertigkeiten, Einstellungen und Werte, die notwendig sind, um sich einen gleichberechtigten Platz in der Gesellschaft zu erobern. Auf 100 Jungen, die nicht zur Grundschule gehen, kommen 117 Mädchen, die keine Grundbildung erhalten.[20] Obwohl die Kluft zwischen den Geschlechtern seit den 1980er Jahren stetig kleiner geworden ist, werden viele Länder die Zielvorgabe der Geschlechtergleichheit im Bereich Bildung bis Ende 2005 nicht erreichen.

Das Geschlechtergefälle bei weiterführenden Schulen ist sogar noch ausgeprägter: Von 75 Entwicklungsländern, die UNICEF untersucht hat, waren nur 22 auf gutem Weg, das Ziel der Geschlechtergleichheit an weiterführenden Schulen zu erreichen. 25 lagen dagegen weit hinter diesem Ziel zurück.[21] Die Ausgrenzung von Mädchen bei der Bildung im Vergleich zu Jungen – vor allem in Südasien, Afrika und im Nahen Osten – ist der deutlichste statistische Nachweis der geschlechtsspezifischen Diskriminierung (*siehe* Abbildung 2.6).

Aber die Benachteiligung von Mädchen ist subtiler und umfassender, als sie sich anhand dieser Statistiken ermessen lässt. Der Faktor Geschlecht entscheidet mit darüber, ob Kinder beispielsweise in die Prostitution gezwungen oder als Hausangestellte ausgebeutet werden. Auch wenn solche schwerwiegenden Verletzungen ihrer Rechte nicht allein

Abbildung 2.6: **Zugang zur Grundschule – in vielen Teilen der Welt eine Frage des Geschlechts**
Besuch der Grundschule in % (Werte bereinigt; 1996–2004*)

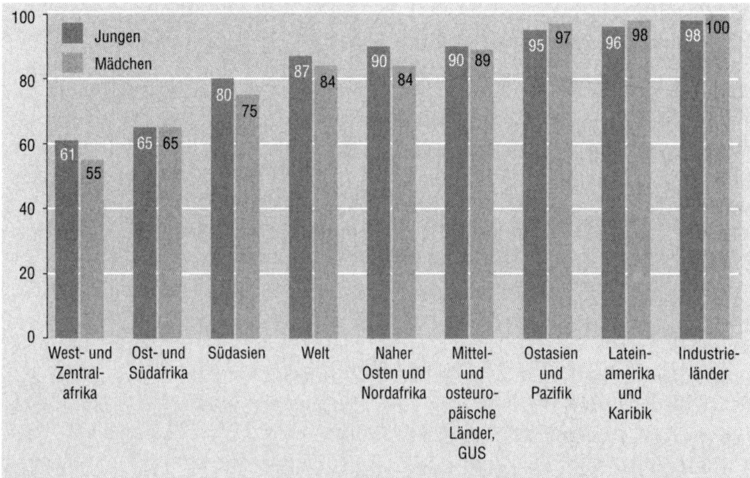

* Werte beziehen sich auf das aktuellste Jahr innerhalb des genannten Zeitraums

Quelle: UNICEF: Levels, Trends and Determinants of Primary School Participation and Gender Parity, Working Paper, 2005

aufgrund ihres Geschlechts geschehen, hängt das Ausmaß ihrer Verletzlichkeit eindeutig damit zusammen. Diskriminierung führt auch dazu, dass Frauen nur beschränkten Zugang zu medizinischer Grundversorgung haben. Dies wiederum zieht einen Anstieg der Mütter- und Kindersterblichkeitsrate nach sich.

Mütter spielen die wichtigste Rolle bei der Versorgung und Betreuung ihrer Kinder. Wo immer ihnen grundlegende Dinge des täglichen Lebens vorenthalten werden, wächst das Risiko der Kinder, ausgegrenzt zu werden.

Beim Kampf gegen geschlechtsspezifische Diskriminierung gibt es viele Hindernisse. Nach wie vor fehlen qualitativ gute, nach Geschlecht differenzierte statistische Daten. Die finanziellen und technischen Mittel für Frauenprogramme auf internationaler und nationaler Ebene sind knapp bemessen. Außerdem mangelt es an politischen Einflussmöglichkeiten für Frauen.[22]

Diskriminierte Bevölkerungsgruppen

Weltweit gibt es rund 5000 ethnische Gruppen: In mehr als 200 Ländern leben ethnische oder religiöse Minderheiten, in zwei Dritteln aller Staaten weltweit leben mehrere religiöse oder ethnische Gruppen, die mindestens zehn Prozent der Bevölkerung ausmachen.[23] Einige ethnische Gruppen leben verstreut über nationale Grenzen hinweg – wie beispielsweise die Roma in Mittel- und Osteuropa oder die Maya in den nördlichen Ländern Mittelamerikas und im Süden Mexikos. Einige sind Minderheiten, die nur einen kleinen Anteil der Bevölkerung ausmachen. Andere stellen zwar einen wesentlichen Teil der Bevölkerung. Aufgrund ihrer Isolation und der häufig geschichtlich tief verwurzelten Benachteiligung haben sie aber nur wenig Einfluss innerhalb der Gesellschaft.[24]

Viele ethnische Gruppen werden ausgegrenzt und geächtet. Nahezu 900 Millionen Menschen gehören solchen Gruppen an und werden aufgrund ihrer Abstammung benachteiligt, 359 Millionen wegen ihrer Religion. Etwa 334 Millionen Menschen werden aufgrund ihrer Sprache in ihren Rechten eingeschränkt. In mehr als 30 afrikanischen Ländern südlich der Sahara unterscheidet sich zum Beispiel die offizielle Amtssprache von der allgemein gebräuchlichen Sprache. Nur 13 Prozent der Kinder in diesen Ländern werden in der Grundschule in ihrer Muttersprache unterrichtet.[25]

Diskriminierung aufgrund der ethnischen Zugehörigkeit raubt Kindern das Selbstwertgefühl und die Chancen auf Entfaltung. Bei der Berufswahl, beim Zugang zu politischen Ämtern oder bei den Aufstiegschancen in Leitungsfunktionen werden Angehörige ethnischer Minderheiten oft benachteiligt – selbst, wenn es Gesetze gibt, die dies verbieten. Ausgrenzung aufgrund der ethnischen Zugehörigkeit zu bestimmten Bevölkerungsgruppen kann zu bewaffneten Konflikten und sogar ethnischen Säuberungen führen – bis hin zu Gräueltaten, wie sie seit 2003 in der Region Darfur im Sudan verübt werden.

Indigene Kinder

Indigene Völker haben viele Eigenschaften und Erfahrungen mit ethnischen Minderheiten gemeinsam, unterscheiden sich aber dennoch wesentlich von diesen. Indigene Gemeinschaften halten oftmals stärker an ihren Rechten auf eine eigene Kultur, ein eigenes Territorium und eine eigene Geschichte fest als ethnische Minderheiten. Viele von ihnen haben ihre Sprache, Kultur und soziale Organisation bewahren können – und legen Wert darauf, als Mitglieder ihrer Gemeinschaft erkennbar zu sein.[26] In einigen Ländern, etwa in Bolivien, Dänemark (Grönland) und Guatemala, stellen sie die Mehrheit der Bevölkerung. Weltweit leben etwa 300 Millionen Angehörige indigener Völker in über 70 Ländern, etwa die Hälfte davon in Asien.[27]

Kinder in indigenen Gemeinschaften leiden häufig unter kultureller,

wirtschaftlicher und politischer Diskriminierung. Ihre Geburt wird nur selten registriert, ihr Gesundheitszustand ist oft schlechter und sie gehen weniger häufig zur Schule als ihre Altersgenossen im selben Land. Sie werden eher Opfer von Missbrauch, Gewalt und Ausbeutung.[28]
Der UN-Ausschuss für die Rechte des Kindes hat sich besorgt über die Stellung indigener Kinder in Australien, Bangladesch, Burundi, Chile, Ecuador, Indien, Japan und Venezuela geäußert.[29] Vielen von ihnen werden noch immer die in der Kinderrechtskonvention verankerten Rechte vorenthalten, vor allem im Hinblick auf die Geburtenregistrierung und den Zugang zu Bildung und Gesundheitsversorgung.
Es gibt nur spärliche Informationen darüber, in welchem Ausmaß indigene Kinder schlechter gestellt sind als der nationale Durchschnitt. Fallstudien in einzelnen Ländern deuten allerdings darauf hin, dass Säuglings- und Kindersterblichkeitsraten unter indigenen Gruppen höher liegen als bei der übrigen Bevölkerung des Landes. In der Bergprovinz von Ratanakiri in Kambodscha liegt die Rate der Säuglingssterblichkeit mehr als doppelt so hoch wie im nationalen Durchschnitt. In Australien ist das Risiko für Säuglinge aus indigenen Familien sogar dreimal so hoch wie das der Gesamtbevölkerung.[30] Verschiedene Faktoren wie Umweltbedingungen, Benachteiligung und Armut tragen zu diesen Ungleichheiten bei. In den von indigenen Völkern bewohnten Gebieten fehlt oft die notwendige Gesundheitsversorgung, Schutzimpfungen gegen vermeidbare Krankheiten werden vernachlässigt. In Mexiko beispielsweise kommen landesweit schätzungsweise 96,3 Ärzte auf 100 000 Menschen. Wo indigene Gruppen 40 oder mehr Prozent der Bevölkerung ausmachen, liegt dieses Verhältnis bei nur 13,8 Ärzten auf 100 000 Einwohner.[31]
Indigene Kinder werden oft nicht bei der Geburt registriert, schon weil den Eltern Informationen dazu in ihrer eigenen Sprache fehlen. In der Amazonas-Region in Ecuador zum Beispiel haben nur 21 Prozent der Kinder unter fünf Jahren eine Geburtsurkunde, während der Landesdurchschnitt bei 89 Prozent liegt.[32]
Weite Entfernungen zur nächsten Meldebehörde und die Gebühren für die Urkunde schrecken viele Eltern ab. Gesetzesvorschriften, die es verbieten, Kinder mit indigenen Namen eintragen zu lassen, sind eine weitere Hürde. In Marokko müssen zum Beispiel Angehörige der Amazigh ihre Kinder mit offiziell anerkannten arabischen Namen anmelden (*siehe* Kapitel 3 »Unsichtbare Kinder«).[33]
In den meisten Ländern ist die Einschulungsrate bei indigenen Kindern niedrig. Es fehlen Schulen und qualifizierte Lehrer, die bereit sind, in den oft entlegenen Gebieten zu unterrichten. Hinzu kommt, dass der Lehrstoff von der lokalen Bevöl-

kerung zum Teil als belanglos empfunden wird – all das wirkt abschreckend. Doch selbst wenn sie zur Schule gehen, sind indigene Kinder schon bei ihrer Einschulung gegenüber anderen Kindern im Nachteil, falls sie nicht die Unterrichtssprache beherrschen. Forschungsergebnisse weisen darauf hin, dass es bis zur dritten Klasse dauert, bis sie die allgemein gebräuchliche Sprache beherrschen.[34]

Behinderte Kinder

Weltweit leben schätzungsweise 150 Millionen Kinder mit Behinderungen. Für die meisten von ihnen gehört Ausgrenzung in der einen oder anderen Form zum Alltag. In Entwicklungsländern hat die überwiegende Mehrheit der behinderten Kinder keinen Zugang zu rehabilitativer Gesundheitsversorgung oder anderer sozialer Unterstützung. Viele haben keine Chance auf eine gute Schulbildung.[35] Vielfach werden behinderte Kinder auch einfach vom sozialen Leben fern gehalten. Und selbst wenn sie nicht aktiv gemieden oder schlecht behandelt werden, bleiben sie oft ohne angemessene Fürsorge. Wo spezielle Vorkehrungen für Kinder mit Behinderungen getroffen werden, bestehen diese immer noch oft in der gesonderten Unterbringung in Heimen. In den Ländern Mittel- und Osteuropas beispielsweise ist der Anteil behinderter Kinder, die in staatlichen Anstalten leben, seit Beginn des politischen Umbruchs gestiegen.[36]

Viele Behinderungen sind unmittelbar auf Mängel in der frühen Kindheit zurückzuführen. Unzureichende Geburtsvorsorge erhöht das Risiko von Behinderungen. Mangelernährung führt zu Entwicklungsstörungen oder zur Schwächung der Abwehrkräfte. Behinderungen, die von schlechter Ernährung oder fehlenden Impfungen herrühren, könnten durch gezielte Vorsorge verhindert werden. Der weltweite Kampf gegen Kinderlähmung – in der Vergangenheit eine der Hauptursachen von Behinderungen – hat zu einem dramatischen Rückgang der Krankheitsfälle geführt, von 350 000 Fällen beim Start der »Global Polio Eradication Initiative« 1988 auf 1255 Fälle Ende 2004.[37] Die Krankheit tritt inzwischen nur noch in sechs Ländern endemisch auf: Afghanistan, Ägypten, Indien, Niger, Nigeria und Pakistan, obwohl das Virus unlängst auch wieder in andere Länder eingeschleppt wurde. Aber solange nicht jedes Kind geimpft worden ist, sind die Fortschritte weiter in Gefahr.

Zwischen 250 000 und 500 000 Kinder erblinden noch immer jedes Jahr infolge von Vitamin-A-Mangel. Mit einer Vitamin-A-Kapsel, die nur wenige Cent kostet und alle vier bis sechs Monate verabreicht wird, könnten diese Kinder vor dem Verlust des Augenlichts geschützt werden.[38]

Kinder, die einer gefährlichen Arbeit nachgehen oder als Soldaten zwangsrekrutiert worden sind, sind besonders gefährdet, durch Verletzungen Körperbehinderungen davonzutragen. Noch immer verstümmeln Landminen und Munitionsreste jedes Jahr Tausende Kinder, selbst in Ländern, die längst keinen Krieg mehr führen. Von den 65 Ländern, in denen es zwischen 2002 und 2003 Minenopfer gab, herrschte in fast zwei Dritteln in diesem Zeitraum kein akuter Krieg mehr.[39]

Behinderte Kinder werden oft in ihren Gemeinden, an ihren Schulen und selbst innerhalb ihrer eigenen Familien kaum wahrgenommen. Umso größer ist die Gefahr, dass sie von Entwicklungsprogrammen ausgeschlossen bleiben.

Ursachen von Ausgrenzung angehen

Die Strategien zur Verwirklichung der Millenniums-Ziele, die in den Berichten des Millenniums-Projekts und des UN-Generalsekretärs gefordert werden, sprechen viele der in diesem Kapitel aufgeführten Faktoren an. Regierungen, Geberländer und internationale Organisationen sind aufgerufen, gegen extreme Armut, bewaffnete Konflikte, HIV/Aids und Diskriminierung in all ihren Formen vorzugehen. Allerdings wird speziellen Maßnahmen, mit denen die Ausgrenzung von Kindern verhindert werden könnte, zu wenig Bedeutung beigemessen.

Kinder können nicht darauf warten, bis extreme Armut ausgerottet ist, bewaffnete Konflikte beigelegt sind und die HIV/Aids-Epidemie abgeklungen ist. Sie sind darauf angewiesen, dass Regierungen jetzt gegen Diskriminierung und Ungleichheiten vorgehen. Wenn sie einmal vorüber ist, lässt sich die Kindheit nicht wiederbringen. Die Zukunft von Millionen Kindern hängt davon ab, dass rasche und entschlossene Maßnahmen zu ihrem Schutz ergriffen werden.

Hilfe für die ärmsten Länder

Die speziellen und dringenden Bedürfnisse der am wenigsten entwickelten Länder anzugehen ist mittlerweile ein vorrangiges Ziel der internationalen Gemeinschaft. Im Mai 2001 hat die UN-Generalversammlung die so genannte Brüsseler Erklärung und das Aktionsprogramm zu Gunsten der am wenigsten entwickelten Länder verabschiedet. Zwar haben einige der am wenigsten entwickelten Länder bemerkenswerte Fortschritte erzielt, insgesamt sind sie bei der Beseitigung von Armut jedoch nur wenig vorangekommen.

Die Bekämpfung der Armut erfordert verstärkte Anstrengungen in fünf Kernbereichen: nationale Entwicklungsstrategie, internationale staatliche Entwicklungshilfe, vollständiger Schuldenerlass, faire Handelsbeziehungen und verstärkte technische Unterstützung durch die Geberländer.[40] Die beim G-8-Gipfel im Juli 2005 und beim Millenniums-gipfel zwei Monate später vereinbarten Maßnahmen sind wichtige Schritte in Richtung einer Erhöhung der staatlichen Entwicklungshilfe und der Reduzierung der Schuldenlast der am wenigsten entwickelten Länder. Damit diese Entwicklungsstrategien jedoch effektiv und nachhaltig sind, müssen sie Kinder, die fast die Hälfte der Bevölkerung in diesen Ländern ausmachen, wesentlich stärker in den Mittelpunkt stellen. Strategien zur Armutsbekämpfung und Haushaltspläne müssen an die Bedürfnisse von Kindern angepasst werden. Finanzielle Ressourcen müssen umverteilt und Budgets für die soziale Entwicklung aufgestockt werden. Noch weitgreifendere Maßnahmen sind im Bereich der staatlichen Entwicklungshilfe, beim Schuldenerlass und bei den Handelsbedingungen erforderlich, um die Millenniums-Ziele für die ärmsten Kinder der Welt zu verwirklichen.

Gescheiterte Staaten – vergessene Kinder

Die Verhütung und Beilegung von Kriegen gehört nach der Millenniums-Erklärung zu den Hauptzielen der internationalen Staatengemeinschaft. Kinder und Frauen sind durch bewaffnete Konflikte besonders gefährdet, auf sie entfallen 80 Prozent aller Todesfälle unter Zivilisten in den kriegerischen Auseinandersetzungen seit 1990.[41] Frieden und Sicherheit sind unerlässlich, um ihren Schutz und Zugang zu sozialer Grundversorgung zu gewährleisten. Nothilfemaßnahmen sollten im Kriegsfall nicht nur die Versorgung mit lebenswichtigen Gütern umfassen. Es gilt auch, die Trennung von Familien zu verhindern und bei deren Wiederzusammenführung zu helfen. Schulunterricht muss so schnell wie möglich wieder aufgenommen werden. Maßnahmen zum Schutz von Kindern und ihrer Bewahrung vor HIV/Aids sind sofort zu organisieren.[42]
In schwachen oder zerfallenen Staaten ist es naturgemäß besonders schwierig, Hilfsprogramme umzusetzen. Um der Kinder willen darf man diese Länder jedoch nicht einfach aufgeben und sich selbst überlassen. Es darf nicht zugelassen werden, dass Kinder wegen der Versäumnisse ihrer Regierungen vergessen werden.

Eine weltweite Kampagne gegen HIV/Aids

Die internationale Gemeinschaft verstärkt ihre Bemühungen im Kampf gegen HIV/Aids mit einer Reihe von Initiativen. Diese Anstrengungen sind notwendig, um die Verbreitung des HI-Virus aufzuhalten und endlich mehr Infizierten Zugang zu medizinischer Behandlung zu verschaffen. Noch immer wird jedoch nicht genug darauf geachtet, wie sich die Epidemie auf Kinder und Jugendliche auswirkt. Insbesondere Mädchen müssen besser vor Ansteckung und Ausgrenzung geschützt werden. Deshalb haben UNICEF und seine Partner eine weltweite Kampagne gestartet (*siehe* »Kinder und Aids – eine weltweite Kampagne«).

Gegen Diskriminierung
Viele Grundzüge von Diskriminierung sind in traditionell überlieferten gesellschaftlichen Einstellungen verwurzelt, denen Regierungen, Zivilgesellschaft und Medien oft nur zögernd entgegentreten. Um gegen die soziale Ausgrenzung von Frauen und Mädchen, von ethnischen und indigenen Gruppen sowie von Behinderten anzugehen, bedarf es gezielter und vielschichtiger Maßnahmen: Dazu gehören Gesetze zum Verbot von Diskriminierung ebenso wie umfangreiche Forschungen über die Bedürfnisse und die Situation dieser Gruppen. Um die Ursachen zu beseitigen und dauerhafte Veränderungen zu bewirken, muss diese Initiative von einer offenen Diskussion in den Medien und der Zivilgesellschaft über gesellschaftliche Einstellungen begleitet werden. Denn davon hängt die Zukunft der Kinder ab, die der Gefahr ausgesetzt sind, sozial ausgegrenzt zu werden.

Zusammenfassung

Ausgrenzung trifft Kinder in allen Ländern und Gesellschaften. Armut, schlechte Regierungsführung, bewaffnete Konflikte und HIV/Aids sind die wichtigsten Ursachen dafür, dass Kinder ausgeschlossen und benachteiligt werden. Untersuchungen der Schlüsselindikatoren für Gesundheit und Bildung von Kindern zeigen, dass die Kluft zwischen Kindern in den am wenigsten entwickelten Ländern und Gleichaltrigen in den übrigen Entwicklungsländern immer größer wird. Wenn sich diese Entwicklung fortsetzt, werden Millionen Kinder in den ärmsten Ländern auch in Zukunft nicht von den Fortschritten im Kampf gegen die Armut profitieren. Sie werden keine Kindheit erleben, die diesen Namen verdient. Außerdem müssen sie damit rechnen, dem Kreislauf aus Armut und Ausbeutung auch als Erwachsene nicht zu entkommen.
Die Millenniums-Entwicklungsziele beziehen sich auf nationale Durchschnittswerte. Deshalb können bei der Überwachung ihrer Umsetzung Ungleichheiten innerhalb eines Landes leicht verdeckt werden. Differenzierte Daten aus Länderstatistiken und nationalen Haushaltserhebungen zeigen extreme Unterschiede bei der Gesundheitsversorgung und der Schulbildung auf. Entscheidende Faktoren für Ausgrenzung sind niedriges Haushaltseinkommen, geographische Lage, Geschlecht, ethnische Herkunft oder eine Behinderung. Ungerechtigkeiten können entstehen, weil Kinder und ihre Angehörigen unmittelbar von der sozialen Grundversorgung ausgeschlossen sind. Oder weil sie in Gebieten le-

Die ärmsten Kinder haben das höchste Todesrisiko

2004 starben schätzungsweise 10,5 Millionen Kinder noch vor ihrem fünften Geburtstag, die meisten von ihnen an Krankheiten, die zu behandeln oder vermeidbar sind.[1] Die Kindersterblichkeit von 1990 bis 2015 um zwei Drittel zu senken, ist das vierte Millenniums-Entwicklungsziel. Dies zu erreichen, muss Dreh- und Angelpunkt aller Anstrengungen sein.

a) **Mangelernährung**
Wievielmal höher ist die Wahrscheinlichkeit, dass arme Kinder davon betroffen sind, im Vergleich zu reichen Kindern?

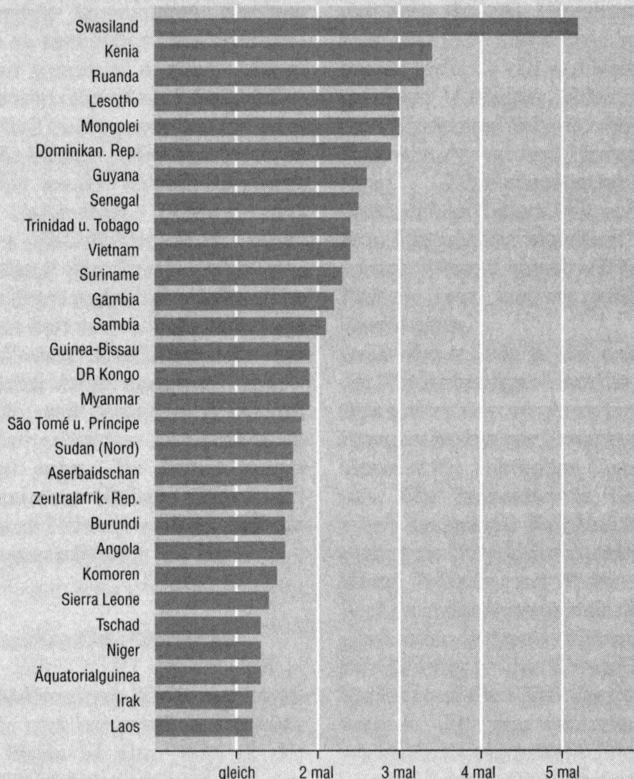

Quelle: Berechnungen von UNICEF

b) **Kindersterblichkeit**
Wievielmal höher ist die Wahrscheinlichkeit, dass arme Kinder sterben, im Vergleich zu reichen Kindern?

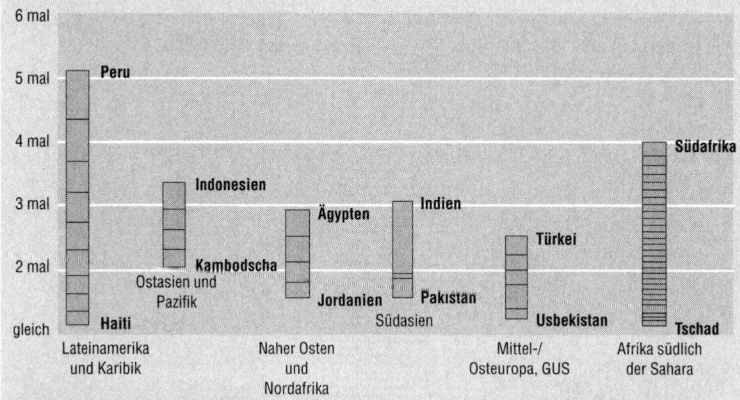

Quelle: Berechnungen von UNICEF

Bei allen Maßnahmen zur Senkung der Kindersterblichkeit muss darauf geachtet werden, die sozialen Ungleichheiten und Unterschiede innerhalb der Länder abzubauen und auch die ärmsten Familien zu erreichen. Daten aus Haushaltserhebungen zeigen: Für Kinder aus den ärmsten 20 Prozent der Haushalte ist das Risiko, vor ihrem fünften Geburtstag zu sterben, wesentlich höher als für Kinder aus den 20 Prozent der Familien mit dem höchsten Einkommen.[2]

In den am wenigsten entwickelten Ländern sind die Unterschiede zwischen der reichen und armen Bevölkerung geringer als in weniger armen Entwicklungsländern. Denn in den ärmsten Ländern, zum Beispiel in Afrika südlich der Sahara, ist selbst in den wohlhabendsten Familien die Kindersterblichkeitsrate noch hoch.

Unterschiede beim Einkommen spiegeln sich häufig im Ernährungszustand der Kinder wider. Über 5,5 Millionen Kinder unter fünf Jahren sterben jedes Jahr an Krankheiten, die auf Mangelernährung zurückzuführen sind.[3] Mangelernährung umfasst dabei mehr als unmittelbaren Hunger. Der Mangel an Vitamin A kann zum Beispiel das Immunsystem schwächen, ohne dass ein Kind erkennbar an Hunger oder Untergewicht leidet. Selbst wenn sie nicht zum Tod führt, kann Mangelernährung die Gesundheit und weitere Entwicklung eines Kindes ein Leben lang schwer beeinträchtigen.

Weltweit sterben jedes Jahr mehr als zwei Millionen Menschen an Krankheiten, die durch Impfungen verhindert werden könnten. Etwa 1,4 Millionen davon sind Kinder unter fünf Jahren.[4] Groß angelegte Impfkampagnen erreichen weltweit immer mehr Kinder. Doch auch beim Impfschutz bleiben die ärmsten Kinder besonders häufig außen vor. In Aserbaidschan, der Zentralafrikanischen Republik, dem Tschad, der Demokratischen Republik Kongo, in Niger und dem nördlichen Sudan ist die Impfrate gegen Masern bei Kindern aus wohlhabenden Haushalten doppelt so hoch wie bei den ärmsten 20 Prozent der Kinder. Diese Ungleichheit muss abgebaut werden. Sonst werden die ärmsten Kinder mit hoher Wahrscheinlichkeit weiterhin einen überproportionalen Anteil

c) **Impfschutz**
Wievielmal höher ist die Wahrscheinlichkeit, dass reiche Kinder geimpft werden, im Vergleich zu armen Kindern?

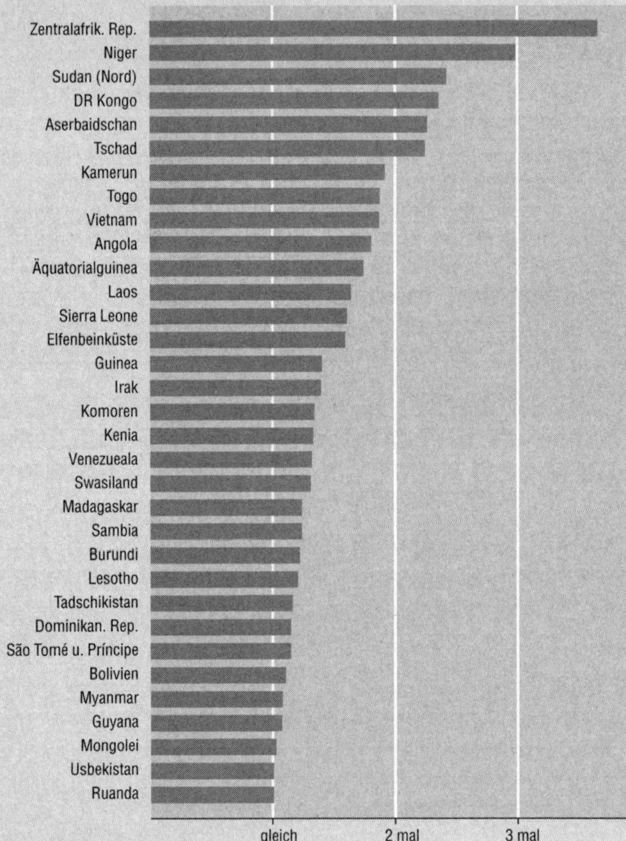

Quelle: Berechnungen von UNICEF

der Kinder stellen, die schon in den ersten fünf Lebensjahren sterben – selbst wenn die nationalen Ziele im Landesdurchschnitt erreicht werden. In 23 von 56 Ländern, in denen Haushaltserhebungen eine Differenzierung nach dem Einkommen ermöglichen, hat sich gezeigt: Die Gefahr für arme Kinder, vor ihrem fünften Geburtstag zu sterben, ist doppelt so groß wie für Kinder aus wohlhabenden Haushalten. Dies gilt unabhängig davon, ob einige dieser Länder im nationalen Durchschnitt Fortschritte bei der Umsetzung der Millenniums-Entwicklungsziele machen, andere dagegen nicht.

1 Siehe Tabelle 1, S. 158ff.
2 Die Berechnungen von UNICEF basieren auf den Daten aus »Demographic and Health Survey (DHS)« sowie »Multiple Indicator Cluster Surveys (MICS)«.
3 United Nations Millennium Project, Task Force on Hunger 2005, *Halving Hunger: It can be done*, Earthscan, London/Sterling, VA, 2005, S. 18.
4 UNICEF and World Health Organization, *Immunization Summary 2005: A statistical reference*, UNICEF/WHO, New York, Februar 2005, S. vii.

ben, die insgesamt ärmer oder schlechter versorgt sind. Kulturelle Schranken, eine fremde Sprache und Diskriminierung aufgrund der ethnischen Zugehörigkeit können ihnen den Zugang zu wichtigen sozialen Diensten wie der medizinischen Versorgung versperren. Oder es sind schlicht die Kosten, etwa für den Transport oder Schulgebühren. Um diese Probleme zu bewältigen, muss in vier Schlüsselbereichen rasch gehandelt werden:

- **Armut und Ungleichheit**

Strategien zur Armutsbekämpfung müssen korrigiert werden, um gerade die Kinder am Rand der Gesellschaft zu erreichen. Die Finanzmittel müssen aufgestockt oder zugunsten sozialer Investitionen umgeschichtet werden, damit sie Millionen Kindern in den ärmsten Ländern zugute kommen.

- **Bewaffnete Konflikte und instabile Staaten**

Die internationale Gemeinschaft muss versuchen, bewaffnete Konflikte zu verhindern oder beizulegen. Instabile Staaten mit schwachen politischen und institutionellen Strukturen dürfen nicht sich selbst überlassen werden. Nur so können Kinder und Frauen, die gerade in diesen Ländern auf Unterstützung angewiesen sind, besser geschützt und versorgt werden. Nothilfemaßnahmen für Kinder im Krieg sollten Bildungsangebote sowie Maßnahmen zum Kinderschutz und zur Aids-Prävention einschließen.

- **Kinder und HIV/Aids**

Die Auswirkungen von HIV/Aids auf Kinder und Jugendliche werden nicht genug beachtet. Aufklärungskampagnen sind nötig, damit Mädchen und Jungen sich vor Ansteckung schützen können. HIV-infizierte Kinder und weltweit mehr als 15 Millionen Waisen brauchen Schutz vor Ausgrenzung und Stigmatisierung. Deshalb hat UNICEF eine weltweite Kampagne zu Kindern und Aids ins Leben gerufen.

- **Diskriminierung**

Regierungen und Gesellschaften müssen offen gegen Diskriminierung vorgehen. Gesetze zum Verbot von Diskriminierung müssen durch Initiativen ergänzt werden, um der Ausgrenzung von Frauen und Mädchen, ethnischen und indigenen Gruppen und Behinderten entgegenzuwirken.

3 Unsichtbare Kinder

© UNICEF/HQ02-001/Shezad Noorani

Extreme Armut, schlechte Regierungsführung, bewaffnete Konflikte, Aids, Chancenungleichheit und Diskriminierung – all diese Faktoren tragen dazu bei, dass ausgegrenzte Kinder nicht nur auf Lebensnotwendiges verzichten müssen, sondern zusätzlich Gefahr laufen, ausgebeutet, vernachlässigt oder gar verkauft zu werden. Kriege und der damit einhergehende Zusammenbruch der staatlichen Ordnung führen dazu, dass sie zu Opfern von Gewalt und sexueller Ausbeutung werden. Aids-Waisen haben wenig Chancen, die Schule zu besuchen und werden oft von der Gemeinschaft stigmatisiert und missachtet. Verbrecher, die ihr Geschäft mit Kinderhandel machen, suchen ihre Opfer nicht in den noblen Vororten, sondern in den Slums und unter den Ärmsten der Armen.

Mit der Ratifizierung der Kinderrechtskonvention haben sich Regierungen verpflichtet, Kinder vor diesen Gefahren zu schützen. Doch die Realität sieht für Millionen Kinder anders aus. Viele werden in mehrfacher Hinsicht ausgebeutet und missbraucht: Kinder, die unter oft gefährlichen und gesundheitsschädlichen Bedingungen Zwangsarbeit leisten, sind gleichzeitig auch Opfer von Kinderhandel und mit hoher Wahrscheinlichkeit nicht bei ihrer Geburt registriert worden. Marginalisiert und ausgegrenzt, werden Kinder mit den schlimmsten Auswüchsen der Erwachsenenwelt konfrontiert – von Prostitution bis zu Arbeitsbedingungen, die der Sklaverei nahe kommen. Was von ihrer Kindheit übrig bleibt, ist allein die Tatsache, dass sie verletzlicher und damit leichter auszubeuten sind.

Im Extremfall verschwinden diese Kinder aus dem Blickfeld der Behörden und der Gesellschaft – sie werden »unsichtbar«. Wörtlich trifft dies bei der Geburtenregistrierung zu: Kinder, deren Existenz und Identität nicht formal anerkannt worden ist, sind unsichtbar für Statistiker. Auch für Politiker und selbst für Hilfsorganisationen, die sich für sie einsetzen wollen, sind sie nur schwer zu erreichen. Denn viele Hilfsprogramme werden auf der Grundlage statistischer Daten entwickelt. Andere Kinder wiederum sind »unsichtbar«, weil sie das Haus nicht verlassen dürfen und nicht zur Schule gehen, oder weil sie irgendwo im Verborgenen arbeiten. Andere werden einfach nicht wie Kinder betrachtet und behandelt. Manchmal ist man allerdings selbst dann blind für das Leiden der Kinder, wenn es sich direkt vor den eigenen Augen abspielt, wie bei den Kindern, die auf der Straße leben und arbeiten. Alle diese Kinder brauchen dringend mehr Schutz und Unterstützung.

Es ist schwierig, konkrete Informationen über die »unsichtbaren« Kinder und ihre Lebensumstände zu erhalten. Vier Faktoren scheinen jedoch charakteristisch zu sein: Das Fehlen oder der Verlust einer offiziellen Identität; unzureichender staatlicher Schutz für Kinder, denen ein sicheres familiäres Umfeld fehlt; kriminelle Ausbeutung von Kindern in Form von Kinderhandel und Zwangsarbeit sowie die frühe Übernahme von Erwachsenenrollen durch Kinderheirat, Arbeit und Kriegsdienst.

Kinder ohne offizielle Identität

Jedes Kind hat das Recht auf eine eigene offizielle Identität. Dazu gehört das Recht auf eine Geburtsurkunde, das Recht auf Staatsangehörigkeit und das Recht, seine Eltern zu kennen und von ihnen versorgt zu werden.

Ohne offizielle Registrierung der Geburt oder gültige Ausweispapiere drohen Kinder von staatlichen Leistungen wie Bildung, Gesundheitsversorgung und anderen sozialen Sicherungssystemen ausgeschlossen zu bleiben. Die Zusammenführung von Familien, die durch Naturkatastrophen, Krieg und Vertreibung oder durch verbrecherische Menschenhändler getrennt werden, wird durch fehlende amtliche Papiere erschwert.

Lücken in der Statistik

Jedes Jahr kommen schätzungsweise 48 Millionen Kinder zur Welt, ohne dass ihre Geburt offiziell registriert wird – das ist weltweit jedes dritte Neugeborene.[1] Dabei schreibt Artikel 7 der Kinderrechtskonvention fest, dass die offizielle Registrierung der Geburt und des Namens ein grundlegendes Menschenrecht ist. Erst die Geburtsurkunde sichert die offizielle Identität des Kindes und damit seine Rechte als Staatsbürger. Die Urkunde weist nach, wer seine Eltern sind, und gibt ihm eine Staatsangehörigkeit. Ohne dieses Dokument haben Kinder oft keine Chance, staatliche Leistungen zu erhalten, von einem Platz in der Schule bis zur Krankenhausbehandlung. Kinderehen und sexueller Missbrauch von Minderjährigen lassen sich nur schwer nachweisen, und eine strafrechtliche Verfolgung ist so gut wie unmöglich, wenn das Alter der betroffenen Kinder nicht genau festgestellt werden kann. Kinder ohne Geburtsurkunde laufen Gefahr, als Minderjährige zur Armee eingezogen zu werden. Falls sie in Konflikt mit dem Gesetz geraten, werden sie oft wie Erwachsene verfolgt und verurteilt. Andererseits fehlen ihnen die Papiere, um einen Pass zu beantragen, ein Bankkonto zu eröffnen, Kindergeld und Sozialhilfe zu bekommen oder wählen zu gehen.[2]

Inwieweit Geburten in einem Land registriert werden, hängt von verschiedenen Faktoren ab: der Infrastruktur, um auch die Bevölkerung in entlegenen Gebieten zu erfassen, einer funktionierenden Verwaltung mit Datenverwaltung und den verfügbaren Finanzmitteln. Die Bedeutung der Geburtenregistrierung wird oft unterschätzt und allzu oft lediglich als gesetzliche Formalität betrachtet. Nach wie vor fehlt das Bewusstsein dafür, dass die Registrierung ein wichtiges Instrument ist, um die Anerkennung jedes einzelnen Menschen vor dem Gesetz zu sichern und seine Rechte zu schützen.[3]

Der Stand der Geburtenregistrierungen hängt davon ab, welchen Stellenwert eine Regierung ihnen beimisst. Sie muss einen gesetzlichen Rahmen schaffen und für eine ausreichende Infrastruktur zur logistischen Abwicklung sorgen. Hindernisse wie Gebühren oder weite Entfernungen bis zur nächsten Registrierungsstelle müssen abgebaut werden.[4]

Nach neuesten Schätzungen von UNICEF werden jährlich ungefähr 55 Prozent aller Geburten in den Entwicklungsländern (ausgenommen China) nicht registriert (*siehe* Abbildung 3.1). In Afrika südlich der Sahara liegt die Rate bei 62 Prozent,[5] in Südasien sogar bei 70 Prozent. Fast die Hälfte der Kinder auf der Welt, denen ihr Recht auf eine offizielle Identität vorenthalten wird, lebt in dieser Region. In Bangladesch zum Beispiel werden nur sieben Prozent aller Kinder bei der Geburt registriert. Die Unterschiede beim Stand der Geburtenregistrierung sind enorm: Die Spanne reicht von den besetzten Palästinensischen Autonomiegebieten und der Volksrepublik Korea, wo 2004 nahezu 100 Prozent der Geburten registriert wurden, bis zu Afghanistan, Uganda und Tansania, wo die Rate unter sieben Prozent liegt.[6]

Wenn vielen Kindern eine Geburtsurkunde vorenthalten wird, deutet dies oft auf andere Formen sozialer Benachteiligung und Ungleichheiten hin. Nicht registrierte Kinder kommen meist aus armen Bevölkerungsschichten: Daten aus dem Jahr 2003 in Tansania zeigen, dass Kinder aus den wohlhabendsten 20 Prozent der Bevölkerung eine zehnmal bessere Chance auf eine Geburtsurkunde haben als Kinder, die zu den ärmsten 20 Prozent der Familien gehören.[7] Auch der Ort der Geburt entscheidet mit: Für Kinder auf dem Land ist die Wahrscheinlichkeit 1,7 mal größer als für ihre städtischen Altersgenossen, dass sie ohne Geburtsurkunde bleiben. Oft haben ihre Mütter keine Schulbildung. Kinder ohne Eltern, ethnische oder religiöse Minderheiten werden ebenfalls seltener registriert.[8]

Flüchtlingskinder

Ende 2004 waren weltweit rund 48 Prozent aller Flüchtlinge Kinder.[9] Im selben Jahr waren insgesamt 25 Millionen Menschen in ihrem eigenen Land auf der Flucht vor Krieg oder Menschenrechtsverletzungen.[10] Flüchtlingskinder sind

Abbildung 3.1: **Geburtenregistrierung* in den Entwicklungsländern**
Jährlich registrierte Geburten der städtischen und ländlichen Bevölkerung 1999–2004 in %

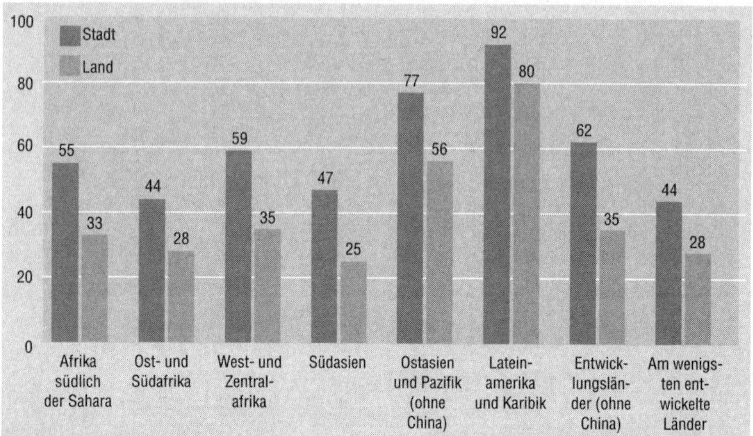

* Geburtenregistrierung: Anteil der registrierten Kinder unter 5 Jahren in % zum Zeitpunkt der Untersuchung. Die Werte schließen Kinder ein, deren Geburtsurkunde vorgezeigt wurde oder deren Mutter oder eine andere Aufsichtsperson erklärt hat, dass die Geburt registriert worden ist.
Regionaler Durchschnitt: Die Zahlen schließen nicht alle Länder jeder Region ein, entsprechen aber rund 50 % der Zielbevölkerung und liefern damit eine angemessene Grundlage für die Durchschnittswerte.
Werte beziehen sich auf das aktuellste Jahr im genannten Zeitraum.

Quelle: Multiple Indicator Cluster Surveys (MICS), Demographic and Health Surveys (DHS) und andere nationale Erhebungen.

zahlreichen Gefahren ausgesetzt. Sie werden von ihren Familien getrennt, verlieren ihr Zuhause und leben dadurch unter Bedingungen, die ihre Gesundheit und auch ihre Bildungschancen gefährden.

Flüchtlinge wie auch Binnenflüchtlinge sind oft gezwungen, ihre Heimat übereilt und ohne gültige Papiere zu verlassen. Sie haben dann mitunter Schwierigkeiten, Sozialleistungen zu erhalten oder anderswo Arbeit zu finden.

Wenn Kinder auf der Flucht von ihren Eltern getrennt werden, laufen sie Gefahr, als Kindersoldaten rekrutiert, ausgebeutet oder sexuell missbraucht zu werden. Vor allem Mädchen werden Opfer von sexueller Gewalt, die in vielen Kriegen gezielt als Waffe eingesetzt wird.

Wenn die Vertreibung länger anhält und die betroffenen Kinder anderer ethnischer oder sprachlicher Herkunft sind als die Bevölkerung der aufnehmenden Region, sind Flüchtlingskinder häufig Diskriminierungen ausgesetzt. Viele schrecken deshalb auch vor dem Schulbesuch in ohnehin schlecht ausgestatteten, überfüllten Klassenzimmern zurück.[11] Bei ihrer Rückkehr erleben viele Flüchtlingsfamilien, dass ihre Häuser und ihr Land von anderen Menschen oder den Behörden vor Ort in Besitz genommen worden sind. Zudem kommt es vor, dass die Rückkehrerfamilien von ihren eigenen Gemeinden abgelehnt werden, weil sie vor der Krise oder der Gewalt geflohen sind, während andere ausgeharrt haben.[12]

Die Hauptverantwortung, für Flüchtlingskinder zu sorgen, liegt bei den jeweiligen nationalen Regierungen. Das Büro des Hochkommissars für Flüchtlinge der Vereinten Nationen (UNHCR) hat das Mandat, Flüchtlingen zu helfen und Schutz zu gewähren, die über nationale Grenzen hinweg Zuflucht gesucht haben. Das Internationale Komitee vom Roten Kreuz hat den Auftrag, Binnenflüchtlingen zu helfen, die im Zuge bewaffneter Konflikte vertrieben worden sind. Allerdings gibt es keine internationale Konvention für den Schutz von Binnenflüchtlingen, sondern lediglich ein Bündel von Leitprinzipien, die nur moralisch, aber nicht rechtlich bindend sind.

Die internationale Gemeinschaft und der UNHCR haben internationale Normen, politische Strategien und Richtlinien entwickelt, um den Schutz und die Fürsorge von Kindern und Frauen auf der Flucht zu verbessern. Sie in der Praxis durchzusetzen scheitert jedoch häufig daran, dass die finanziellen und personellen Mittel nicht ausreichen.[13]

Die Regierungen der Länder, in denen Flüchtlinge leben, und die internationale Gemeinschaft müssen mehr Mittel bereitstellen, um vertriebenen Frauen und Kindern wirksam beizustehen. Sonst besteht die Gefahr, dass diese Gruppen auf Dauer ausgeschlossen und an ihrem Zufluchtsort »unsichtbar« werden.

Kinder ohne Schutz

Familien tragen die Hauptverantwortung für die Betreuung und den Schutz von Kindern. Doch vielen Kindern fehlt eine liebevolle und fürsorgliche familiäre Umgebung. Die Gründe dafür sind vielfältig: Verlust der Eltern, Trennung bei Flucht und Vertreibung, häusliche Gewalt und Missbrauch, extreme Armut. Wenn die Schutzfunktion der Familie versagt, haben sich die Regierungen nach Artikel 20 und 22 der Kinderrechtskonvention dazu verpflichtet, Kindern besonderen Schutz und Beistand zu gewähren.

Für allzu viele Kinder steht diese Unterstützung trotzdem nicht zur Verfügung. Stattdessen müssen sie sich alleine in der Welt der Erwachsenen durchschlagen. Es wundert daher nicht, dass sie oft von sozialer Grundversorgung ausgeschlossen bleiben und ausgebeutet werden.

Nach Artikel 20 und 40 der Kinderrechtskonvention sind die Regierungen zudem verpflichtet, jene Kinder zu schützen, die sich bereits in staatlicher Obhut befinden, sei es in Heimen oder im Gefängnis. Die Regierung muss dafür sorgen, dass die Würde der Kinder, die gegen das Gesetz verstoßen haben, gewahrt wird. Der nachfolgende Abschnitt untersucht das Risiko der Ausgrenzung für drei Gruppen von Kindern, die besondere Unterstützung brauchen, aber häufig genau diesen Schutz nicht erhalten: Waisenkinder, Straßenkinder und Kinder in Haft.

Waisenkinder

Immer mehr Kinder sind durch den Tod eines oder beider Elternteile gezwungen, die Verantwortung nicht nur für ihr eigenes, sondern auch für das Leben ihrer jüngeren Geschwister zu übernehmen – oft mit tragischen Konsequenzen für ihre weitere Entwicklung.

Ende 2003 gab es nach Schätzungen 143 Millionen Waisen[14] unter 18 Jahren in 93 Entwicklungsländern (*siehe* Abbildung 3.2).[15] Mehr als 16 Millionen Kinder haben allein im Jahr 2003 ihre Mutter, ihren Vater oder beide Eltern verloren. Hauptgrund für diese alarmierenden Zahlen ist die Aids-Epidemie. Andernfalls würde die Zahl der Waisen weltweit abnehmen.[16] Tatsächlich ist jedoch innerhalb von nur zwei Jahren (2001–2003) die Zahl der Aids-Waisen von 11,5 auf 15 Millionen gestiegen. Die meisten von ihnen leben in Afrika südlich der Sahara, wo allein im Jahr 2003 etwa 5,2 Millionen Kinder zu Waisen wurden.

Die Bildung bleibt für Waisen oft als Erstes auf der Strecke. Kinder brechen die Schule ab, weil die häuslichen Belastungen zu groß werden. Oder ihre neuen Betreuer aus der nahen Verwandtschaft oder der Gemeinde sind nicht bereit oder in der Lage, die mit dem Schulbesuch verbundenen Kosten zu übernehmen. Wenn Kinder nicht mehr zur Schule gehen, wird es auch schwieriger, sie mit anderen Hilfsangeboten zu erreichen. Sie bleiben auch von wichtigen Informationen, zum Beispiel über Gesundheit und Aids, ausgeschlossen – und von dem Wissen, wie sie sich selbst gegen Gewalt und Missbrauch wehren können.

Allein lebende Kinder sind in wesentlich größerer Gefahr, von rücksichtslosen Erwachsenen missbraucht zu werden. Untersuchungen der Internationalen Arbeitsorganisation (ILO) zeigen, dass elternlose Kinder wesentlich häufiger als Nicht-Waisen in der kommerziellen Landwirtschaft, als Straßenverkäufer, in Haushalten oder im Sexgewerbe arbeiten. In der äthiopischen Hauptstadt Addis Abeba beispielsweise waren 28 Prozent der in Privathaushalten beschäftigten Kinder, die im Rahmen einer Studie befragt wurden, Waisen.[17] Eine Studie zur Kinderprostitution in Sambia kam zu dem Ergebnis, dass ein Drittel der Kinderprostituierten entweder Vollwaisen oder Halbwaisen waren.[18]

Abbildung 3.2: **Waisenkinder unter 18 Jahren in Afrika südlich der Sahara, Asien, Lateinamerika und Karibik**
Waisenkinder in % aller Kinder unter 18 Jahren

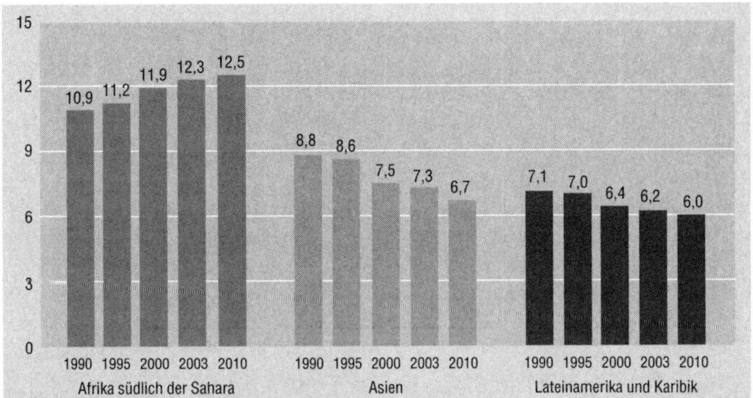

Anmerkung: Als Waisenkinder werden alle Kinder bezeichnet, die Vater oder Mutter oder beide Elternteile verloren haben. Die Zahlen für 2010 sind Projektionen.

Quellen: Joint United Nations Programmme on HIV/Aids, UNICEF, United States Agency for International Development, Children on the Brink 2004: A joint report of new orphan estimate and a framework for action, UNAIDS/UNICEF/USAID, New York, Juli 2004

Weltweit 100 Millionen Straßenkinder

Straßenkinder sind eigentlich nicht zu übersehen, denn sie leben und arbeiten auf den Straßen und öffentlichen Plätzen der Großstädte überall auf der Welt. Dennoch gehören sie paradoxerweise zu den »unsichtbarsten« Kindern – oft schutzlos und ausgeschlossen von Bildung, Gesundheitsversorgung und vielem mehr.

Der Begriff »Straßenkinder« ist problematisch, weil er häufig stigmatisierend verwendet wird. Für diese Kinder besteht aber eines der größten Probleme gerade darin, dass sie von der Gesellschaft als Bedrohung und potenzielle Kriminelle abgestempelt werden. Dennoch haben viele Kinder, die auf der Straße leben oder arbeiten, diese Bezeichnung von sich aus akzeptiert, weil sie ihnen ein Gefühl von Identität und Zugehörigkeit vermittelt. Der Begriff verdeckt jedoch die Tatsache, dass Straßenkinder sehr unterschiedliche Lebensformen, Schicksale und Überzeugungen haben und jedes von ihnen sein eigenes einzigartiges Leben führt.[19]

Die Zahl der Kinder, die auf der Straße leben und arbeiten, geht in die zig Millionen – genau feststellen lässt sie sich nicht.[20] Es ist anzunehmen, dass die Zahl mit dem Wachstum der Weltbevölkerung und der rasch fortschreitenden Verstädterung steigt: Schätzungsweise sechs von zehn Stadtbewohnern sind heute jünger als 18 Jahre.[21] In jeder größeren Stadt gibt es Straßenkinder, auch in den reichsten Metropolen der Industrienationen.

Die meisten von ihnen sind keine Waisen. Allerdings wächst die Zahl der Waisen unter den Straßenkindern besonders in Ost- und Südafrika durch die Aids-Epidemie. Viele Straßenkinder haben noch Kontakt zu ihren Familien. Sie arbeiten auf der Straße, um etwas zum Einkommen ihrer Familien beizusteuern. Andere sind von zu Hause weggelaufen, oft auf der Flucht vor seelischen, körperlichen oder sexuellen Misshandlungen. Die Mehrzahl sind Jungen. Mädchen ertragen Missbrauch oder Ausbeutung zu Hause offenbar länger. Wenn sie jedoch einmal ihr Zuhause und ihre Familien verlassen haben, kehren Mädchen jedoch seltener wieder zurück.[22]

Einmal auf der Straße, sind Kinder durch alle Formen von Ausbeutung und Missbrauch gefährdet. Ihr Alltagsleben ist weit entfernt von dem, was die Kinderrechtskonvention unter Kindheit versteht. Nicht selten begehen ausgerechnet jene, die mit ihrem Schutz betraut sein sollten, Verbrechen an Kindern. Häufig werden Straßenkinder von der Polizei schikaniert oder geschlagen. Sie befinden sich in ständigem Konflikt mit dem Gesetz. Sie werden zusammengetrieben, verschleppt und außerhalb der Stadtgrenzen ausgesetzt. Immer wieder werden Kinder von selbst ernannten Bürgerwehren umgebracht, angeblich zur »Säuberung der Stadt« – und oftmals mit stillschweigender Duldung der Behörden.

Eine Million Kinder in Gefängnissen

Kinder in Gefängnissen befinden sich in der Obhut des Staates. Sie sollten demnach eigentlich geschützt sein und gesundheitlich versorgt werden. Häufig werden straffällig gewordene Jungen und Mädchen jedoch überhaupt nicht wie Kinder behandelt. Sie haben das Gesetz gebrochen. Das reicht aus, ihnen das Recht auf den besonderen Schutz von Kindern zu nehmen. Sie werden wie erwachsene Straftäter behandelt oder – schlimmer noch – sind durch ihre Schutzlosigkeit Übergriffen ausgesetzt.

Über inhaftierte Kinder liegen nur wenige Daten vor. Nach Schätzungen ist davon auszugehen, dass mehr als eine Million Kinder weltweit inhaftiert sind, weil sie mit dem Gesetz in Konflikt gekommen sind.[23] Genauere Informationen fehlen, obwohl Datenmangel gerade in diesem Bereich unentschuldbar ist. Schließlich haben Kinder, die im Gefängnis gelandet sind, in vielen Ländern ein gerichtliches Verfahren durchlaufen und sind amtlichen Prüfungen zugänglich. Vor allem in

Brasilien gibt es Berichte über Besorgnis erregende Zustände, darunter Folter und Tötungen in Haftanstalten.[24]

Inhaftierte Kinder sind sowohl vor als auch nach einem möglichen Prozess durch gewaltsame Übergriffe gefährdet. Oftmals duldet das Wachpersonal körperliche und sexuelle Gewalt seitens erwachsener Häftlinge. Oder Gefängnisbeamte und Polizisten vergreifen sich selbst an jugendlichen Straftätern. Der Strafvollzug ist zuweilen geprägt von Gewalt und Willkür. Dazu gehören Inhaftierung aus unbestimmten Gründen, lange Einzelhaft oder umgekehrt gemeinsame Unterbringung mit erwachsenen Häftlingen in überfüllten und unhygienischen Zellen. In einigen wenigen Ländern wird noch immer die Todesstrafe auch auf jugendliche Straftäter angewandt.

Nach Angaben einer internationalen Expertengruppe, die im April 2005 zu Beratungen für eine UN-Studie zu »Gewalt gegen Kinder« zusammenkam, begünstigen die folgenden Schlüsselfaktoren Gewalt gegenüber Kindern innerhalb des Strafvollzugssystems:

- Straflosigkeit von Beamten, Einrichtungen und Mitarbeitern im Justizvollzug, die für Gewalt gegenüber Kindern verantwortlich sind.
- Die übermäßige Anwendung von Haftstrafen, insbesondere Untersuchungshaft, einschließlich der Inhaftierung von nicht überführten Straftätern.
- Das Fehlen von gemeindenahen Alternativen zu formellen Strafverfahren für Minderjährige und Alternativen zu Haftstrafen in Form geeigneter Fürsorge- und Schutzsysteme.
- Der Mangel an geeigneten Systemen für den Jugendstrafvollzug, einschließlich von Erwachsenen getrennte Unterbringung
- Das Fehlen externer Kontrollen der Einrichtungen, darunter wirksame und unabhängige Beschwerde- und Untersuchungsverfahren, unabhängige Kontrollmöglichkeiten und Zugang für Nicht-Regierungsorganisationen.
- Fehlende Ausbildung und Sensibilisierung von Polizeiangehörigen und Justizbeamten im Jugendstrafvollzug.
- Politik der »harten Hand« gegen Kriminalität sowie ein negatives, von Vorurteilen geprägtes Bild von Straßenkindern und anderen sozial schwachen Kindern in Medien und Öffentlichkeit.[25]
- Die Akzeptanz von Gewalt in Familie, Schule und der Gesellschaft insgesamt.

Regierungen haben eine klare Verantwortung, Kinder in Haft vor Missbrauch und Unrecht zu schützen. Aber sie müssen sich auch fragen, ob ein Kind überhaupt ins Gefängnis gehört. Eine Freiheitsstrafe sollte immer das letzte Mittel darstellen: In vielen Fällen wird sie allzu bereitwillig als unmittelbare Reaktion auf unsoziales oder störendes Verhalten verhängt. Kinder und

Jugendliche werden aus dem Blick und der Wahrnehmung entfernt, als sei dies das Ziel der Strafmaßnahme an sich und nicht eine eher unbeabsichtigte Begleiterscheinung.

Kinder in Erwachsenenrollen

Kindheit sollte eine eigenständige, von der Welt der Erwachsenen deutlich abgegrenzte Lebensphase sein. Kinder sollten geschützt heranwachsen, spielen, sich ausruhen und lernen können. Deshalb beschreibt die Kinderrechtskonvention die besonderen, von denen der Erwachsenen unterschiedenen Rechte der Kinder.

Die Konvention erkennt an, dass Kinder nicht über dieselbe körperliche und geistige Reife verfügen wie Erwachsene.[26] Folglich ist das, was für Erwachsene angemessen ist, für Kinder nicht unbedingt geeignet. Wenn Kinder die Rolle von Erwachsenen übernehmen müssen, werden sie ihrer Kindheit beraubt. Stärker als ihre Altersgenossen sind sie in Gefahr, vernächlässigt und ausgebeutet zu werden.

Kinder, insbesondere Mädchen, übernehmen oft die Rolle von Erwachsenen und versorgen Familienmitglieder, meistens ihre Geschwister. Oder sie müssen arbeiten, um die Familie finanziell zu unterstützen. Waisen und Kinder, die in extremer Armut aufwachsen, haben keine andere Wahl als diese Rollen zu übernehmen. Oft müssen sie deshalb die Schule abbrechen und sind gefährdet, ausgegrenzt zu werden. Erwachsenenrollen bringen für Kinder ein hohes Risiko körperlicher und seelischer Verletzungen mit sich. Dies gilt vor allem für Kindersoldaten, für Kinder, die schwer arbeiten müssen und für diejenigen, die schon als Kind verheiratet werden.

Kindersoldaten

Hunderttausende Kinder sind an bewaffneten Konflikten weltweit beteiligt. Regierungsarmeen und bewaffnete Rebellengruppen setzen Kinder als Soldaten ein. Manche werden verschleppt oder zwangsrekrutiert.[27] Andere schließen sich einer Truppe an, um Armut, Missbrauch und Diskriminierung zu entkommen. Manche treibt auch der Wunsch nach Rache für an ihnen oder an ihren Familien verübte Gewalt zu den Milizen.[28] Dort werden sie als Kämpfer oder Kuriere ausgebeutet. Sie müssen schwere Lasten tragen. Viele werden auch sexuell missbraucht. Eine angemessene Gesundheitsversorgung oder Schule gibt es für sie nicht.

Ein Ende der Rekrutierung und die Rückkehr der Kindersoldaten zu ihren Familien und in ihre Gemeinden sind Voraussetzung für ihre soziale Wiedereingliederung. Programme zur Entwaffnung, Demobilisierung und Wiedereingliederung dienen dazu, dass Kinder wieder in die Schule gehen, und bieten ihnen psychosoziale Unterstützung, um nach den traumatischen Kriegserfahrungen wieder mit dem normalen Alltagsleben zurechtkommen zu können.

Die Hilfsprogramme versuchen zu verhindern, dass die Kinder stigmatisiert werden und unterstützen die Gemeinden, in die ehemalige Kindersoldaten zurückkehren. Trotzdem gibt es nach wie vor viele Hindernisse, die die Wiedereingliederung erschweren. Besonders Mädchen profitieren nur selten von Programmen zur Wiedereingliederung. Die Organisation »Save the Children« berichtet, dass seit Beginn ihrer Arbeit mit Kindersoldaten in der Demokratischen Republik Kongo weniger als zwei Prozent der Kinder, die ihre Programme und Übergangszentren durchlaufen haben, Mädchen waren. Dabei stellen Mädchen rund 40 Prozent aller Kinder in den bewaffneten Verbänden. Auch in Sierra Leone haben nur fünf Prozent der Mädchen, die als Kindersoldaten eingesetzt worden sind, Hilfe bei der Wiedereingliederung erhalten.[29]

Der Anteil weiblicher Kindersoldaten wird meist unterschätzt. Häufig werden sie nicht als richtige Soldaten angesehen, weil sie nicht unmittelbar an den Kämpfen beteiligt sind. Deshalb erhalten die meisten von ihnen bei der Rückkehr in ihre Dörfer keine offizielle Hilfe oder psychologische Betreuung. So bleiben sie mit vielen ungelösten seelischen und körperlichen Problemen allein zurück. Obendrein werden junge Frauen, die als Kind verschleppt und von Soldaten vergewaltigt wurden, von ihren Familien und Dorfgemeinschaften abgelehnt, wenn sie mit »Kriegsbabys« zurückkehren. Diese Mädchen trifft es besonders hart, wenn sie keine Hilfe erhalten.

Kinderheirat

Jedes Jahr werden Millionen Mädchen noch im Kindesalter verheiratet. Ob es sich dabei um staatlich anerkannte Eheschließungen handelt oder um traditionelle Zeremonien – für die Mädchen ist von diesem Moment an die Kindheit zu Ende. Sie müssen die Rolle einer Ehefrau übernehmen. Ab sofort gehören zu ihrem Leben Sex, Mutterschaft und sämtliche Haushaltspflichten, die traditionell von ihr erwartet werden.

Kinderehen betreffen auch Jungen, Mädchen jedoch wesentlich häufiger. Nach einer auf Haushaltsbefragungen basierenden Untersuchung, die UNICEF 2005 in 49 Entwicklungsländern durchgeführt hat, hatten 48 Prozent der befragten südasiatischen Frauen im Alter von 15 bis 24 Jahren vor ihrem 18. Lebensjahr geheiratet – in einem Alter also, in dem sie nach der Kinderrechtskonvention noch als Kind gelten. Die entsprechenden Zahlen für Afrika liegen bei 42 Prozent, in Lateinamerika und der Karibik sind es 29 Prozent.[30] Die einzelnen Regionen weisen große Unterschiede auf (*siehe* Abbildung 3.3): In Afrika süd-

Abbildung 3.3: **Kinderheirat in den Entwicklungsländern 1986–2004***
Frauen im Alter von 20–24 Jahren, die bei ihrer Verheiratung noch nicht 18 waren, in %

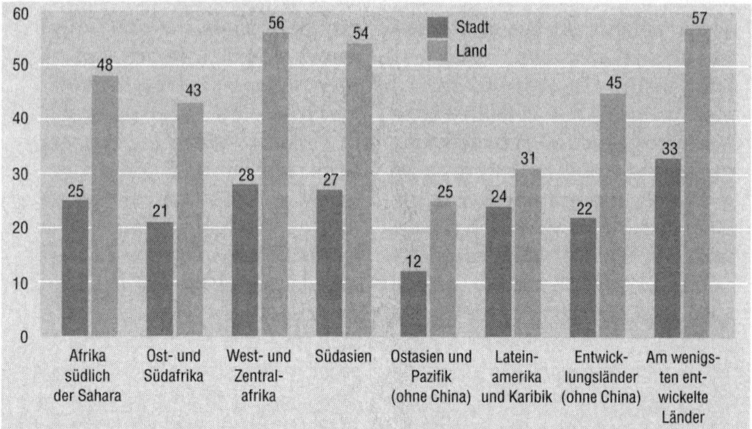

Regionaler Durchschnitt: Die Zahlen schließen nicht alle Länder jeder Region ein, entsprechen aber rund 50 % der Zielbevölkerung und liefern damit eine angemessene Grundlage für die Durchschnittswerte.
* Werte beziehen sich auf das aktuellste Jahr im genannten Zeitraum.

Quelle: Multiple Indicator Cluster Surveys (MICS), Demographic and Health Surveys (DHS) und andere nationale Erhebungen.

lich der Sahara hat Niger mit 77 Prozent den höchsten Anteil an Kinderehen, in Südafrika ist diese Rate auf acht Prozent gesunken.[31]

Einige dieser Mädchen werden sehr jung gezwungen zu heiraten. Andere nehmen die Verheiratung hin, weil sie noch zu jung sind, um die Folgen abzusehen oder um aktiv bei der Wahl des Partners mit zu entscheiden – es ist einfach so, dass dies Aufgabe der Eltern ist. Wo Kinderehen üblich sind, handelt es sich meistens um eine seit langem bestehende Tradition. Widerstand ist deshalb nahezu unmöglich. Die frühe Ehe soll sicherstellen, dass die Frau fest unter männlicher Kontrolle steht. Sie gilt als bester Schutz vor vorehelichem Geschlechtsverkehr und soll garantieren, dass die Frau nur eheliche Kinder zur Welt bringt. In vielen Gesellschaften wird die Unabhängigkeit, die sich während der Pubertät entwickeln kann, als unerwünschte Eigenschaft einer Frau betrachtet. Von ihr wird nur unterwürfiges Verhalten erwartet. Frühe Verheiratung soll jeden Funken von Autonomie ersticken und

aufkommendes Selbstbewusstsein abwürgen.
Armut ist ein weiterer Grund für Kinderehen. In vielen Kulturen bedeuten junge Mädchen eine wirtschaftliche Belastung für die Familien. Ihre Verheiratung ist eine Überlebensstrategie, die am besten mit einem älteren und wohlhabenderen Ehemann funktioniert. Eine UNICEF-Studie in Westafrika im Jahr 2000 zeigte einen engen Zusammenhang zwischen wirtschaftlicher Not und einem Anstieg von Kinderehen, selbst in Bevölkerungsgruppen, die diese normalerweise nicht praktizieren.[32] Auch aus Ostafrika liegen Berichte vor, wonach durch Aids verwaiste Mädchen immer häufiger zu früher Heirat gedrängt werden, weil es ihren Angehörigen schwer fällt, für ihren Unterhalt zu sorgen.[33]
Wie auch immer sie zustande kommen – Kinderehen verletzen Menschenrechte. Das Recht auf freie und uneingeschränkte Einwilligung in die Eheschließung wird ausdrücklich in der Allgemeinen Erklärung der Menschenrechte anerkannt. Die Konvention zur Beseitigung aller Formen der Diskriminierung von Frauen besagt: »Die Verlobung und Verheiratung eines Kindes hat keine Rechtswirksamkeit.«[34] Kinderehen machen gewöhnlich alle Bildungs- und Entwicklungsperspektiven eines Mädchens zunichte. Oft sind sie der Anfang lebenslanger häuslicher und sexueller Unterwürfigkeit.
Frühe Heirat beeinträchtigt auch die Gesundheit junger Mädchen. Vor allem frühe Schwangerschaft und Geburt erhöhen das Gesundheitsrisiko für die Mütter und Säuglinge erheblich. Komplikationen während der Schwangerschaft oder Geburt sind weltweit die Hauptursache aller Todesfälle bei Mädchen im Alter zwischen 15 und 19 Jahren. Das Risiko, bei der Geburt zu sterben, ist für Mädchen unter 15 Jahren fünfmal höher als bei Frauen über 20.[35] Auch ihre Kinder haben geringere Überlebenschancen: Bei Müttern unter 18 Jahren ist die Wahrscheinlichkeit, dass ihr Kind noch während des ersten Lebensjahres stirbt, um 60 Prozent höher als für ein Kind, dessen Mutter älter als 19 Jahre ist.[36]

Kinderarbeit

Weltweit arbeiten schätzungsweise 246 Millionen Kinder zwischen fünf und 17 Jahren. Fast 70 Prozent von ihnen oder 171 Millionen Kinder arbeiten unter Bedingungen, die ihrer Gesundheit und Entwicklung schaden. Sie schuften untertage in Minen, bedienen gefährliche Maschinen oder kommen regelmäßig mit Chemikalien und Pestiziden in der Landwirtschaft in Kontakt. Rund 73 Millionen Arbeiter weltweit sind nicht einmal zehn Jahre alt.[37] Je jünger die Kinder sind, desto stärker sind sie gefährdet. Viele werden chronisch krank, weil ihre noch nicht ausgewachsenen Körper die ständige Überbelastung nicht aushalten. Ihr Knochenbau wird dauerhaft geschädigt, weil sie zu schwer tragen müssen. Ihr Wachstum bleibt zurück. Weil sie Risiken noch nicht abschätzen können, verletzen sie sich häufiger als Erwachsene. Bei schweren Unfällen verlieren Kinder Gliedmaßen, erleiden schwere Verbrennungen, büßen ihre Sehkraft ein oder werden taub.

Zwei Drittel aller arbeitenden Kinder sind in der Landwirtschaft beschäftigt. Deshalb ist hier auch die Zahl der verletzten und schwer erkrankten Kinder am höchsten. Am gefährlichsten aber ist die Arbeit auf dem Bau. Jeder vierte Junge und jedes dritte Mädchen wird dadurch ernsthaft krank oder dauerhaft behindert. An zweiter Stelle folgt die Arbeit in Minen. Jeder sechste Junge und jedes fünfte Mädchen wird dort krank oder verletzt sich – oft mit lebenslangen Folgen.[38]

Schwere Krankheit, Behinderung oder gar Tod sind die schlimmsten Risiken für Kinderarbeiter – aber nicht die einzigen. So haben die meisten keine Chance, zur Schule zu gehen – und damit auch keine Aussicht, jemals einen besseren, weniger gefährlichen Arbeitsplatz zu bekommen. Wie Abbildung 3.4 zeigt, rechnet sich Kinderarbeit wirtschaftlich überhaupt nicht. Wenn sie beseitigt würde und die Jungen und Mädchen stattdessen zur Schule gehen könnten, würden nicht nur die betroffenen Kinder profitieren. Die gesamte Gesellschaft hätte davon einen enormen wirtschaftlichen Nutzen.

Wenn es nicht gelingt, die Millionen Kinder zu erreichen, die gegenwärtig unter gesundheitsgefährdenden und entwicklungsschädigenden Bedingungen arbeiten, sind auch die Millenniums-Ziele der Grundbildung für alle Kinder und der Geschlechtergleichheit bei der Grund- und Sekundarschulbildung nicht zu verwirklichen. Ansatzpunkt muss sein, die schlimmsten Formen der Kinderarbeit sofort zu beseitigen. Dazu sind sichere, leicht erreichbare und qualitativ hochwertige Bildungsangebote notwendig. Nur so können Familien motiviert werden, ihre Kinder zur Schule zu schicken, anstatt sie arbeiten zu lassen.

Kriminelle Ausbeutung

Nach dem Tsunami im Indischen Ozean im Dezember 2004 wurde befürchtet, dass Kinder, die durch das Chaos der ersten Tage von ihren Eltern getrennt worden waren, besonders leicht Opfer von Kinderhandel oder Missbrauch werden könnten. Internationale Organisationen und nationale Regierungen haben sofort Schutzmaßnahmen eingeleitet. Dennoch kam es zu Fällen von Ausbeutung. So wurden in Sri Lanka zum Beispiel wieder mehr Kinder als Soldaten rekrutiert. Diese Vorfälle zeigen, wie verwundbar Kinder ohne den Schutz ihrer Familie sind.

Der Schutz von Kindern vor krimineller Ausbeutung und die Strafverfolgung der Täter gehören zu den

Abbildung 3.4: **Was kostet es, Kinderarbeit bis 2020 zu beenden**

	Mrd. PPP-$
Wirtschaftliche Kosten	
Ausbildungskosten	493,4
Transferkosten	10,7
Übergangskosten	9,4
Machbarkeitskosten	246,8
Gesamtkosten	760,3
Wirtschaftlicher Nutzen	
Ausbildung	5078,4
Gesundheit	28,0
Gesamtnutzen	5106,4
Wirtschatlicher Netto-Nutzen (Nutzen abzüglich Kosten)	4346,1
Transferkosten	213,6
Finanzieller Netto-Nutzen	4132,5

Quelle: International Labour Organization, Investing in every child: An economic study on costs and benefits of elimating child labour, International Programme on the Elimination of Child Labour, ILO, Genf 2004

dringendsten internationalen Problemen – doch es wird zu wenig getan, um sie zu lösen. Insbesondere der Handel mit Kindern, die dann häufig zu Prostitution, schwerster Arbeit oder zum Dienst in privaten Haushalten gezwungen werden, muss sowohl seitens der nationalen Regierungen als auch der internationalen Gemeinschaft stärker bekämpft werden.

Kinderhandel

Kinderhandel tritt in den unterschiedlichsten Formen auf: Manche Kinder werden gewaltsam verschleppt, andere werden betrogen oder durch falsche Versprechungen dazu gebracht, den Schleppern zu folgen. Kinderhandel ist immer mit einem Ortswechsel verbunden, zum Beispiel vom Land in ein Touristenzentrum – oder über Landesgrenzen hinweg. An ihrem Zielort verschwinden verkaufte Kinder in einem kriminellen Milieu aus Illegalität und Gewalt.

Die Verschleppung reißt Kinder aus ihren Familien und ihren Gemeinden. Sie sind isoliert und völlig schutzlos gegenüber ihren Peinigern. Wenn sie in Länder gebracht werden, in denen sie sich nicht verständigen können, ist es für sie fast unmöglich, Hilfe zu suchen oder zu fliehen. Weil sie sich dort illegal und ohne Papiere aufhalten, trauen sie sich oft nicht, sich an die Polizei oder andere Behörden zu wenden.

Opfer von Kinderhandel sind auch

für Statistiker nahezu »unsichtbar«. Daten über diese Kinder zu erheben ist außerordentlich schwierig. Deshalb gibt es keine genauen Angaben. Schätzungen gehen davon aus, dass weltweit jedes Jahr mehr als 1,2 Millionen Kinder Menschenhändlern zum Opfer fallen.[39]

Kinderhandel ist ein kriminelles Geschäft, das im Verborgenen stattfindet. Trotzdem lassen sich ein paar vorherrschende regionale Muster erkennen:

- In West- und Zentralafrika gibt es einen Brauch, Kinder zu Verwandten in die Stadt zu geben, damit sie dort zur Schule gehen können. Immer häufiger wird diese Tradition von professionellen Zwischenhändlern missbraucht, um die Kinder in Privathaushalten oder anderswo auszubeuten. Viele landen auf Plantagen oder in Minen. Dort, wo Krieg herrscht, werden sie oft von Milizen verschleppt.
- In Ostasien und der Pazifikregion werden die meisten Kinder in die Prostitution verkauft. Einige Kinder müssen in der Industrie oder in der Landwirtschaft arbeiten. Meist ist Armut die treibende Kraft für den Kinderhandel, vor allem die Anziehungskraft der wohlhabenden Nachbarländer. Mädchen werden auch als Katalog-Bräute oder als Dienstmädchen angeworben.
- In Südasien ist Kinderhandel Teil des enormen Problems der Kinderarbeit auf dem Subkontinent und steht oft im Zusammenhang mit Schuldknechtschaft. Eltern sind gezwungen, ihre Kinder zu verkaufen, um Schulden abzuzahlen. Häufig sind dies Schulden, die der Ausbeuter den Familien absichtlich mit eben diesem Hintergedanken aufgedrängt hat. Viele verkaufte Kinder werden zur Prostitution oder zum Betteln auf der Straße gezwungen. Andere werden in Teppich- und Textilfabriken sowie auf Baustellen ausgebeutet.
- In Europa verläuft der Kinderhandel vor allem von Osten nach Westen. Die Handelswege entsprechen der Nachfrage nach billigen Arbeitskräften und Kinderprostituierten in den wohlhabenderen Ländern des Kontinents. Organisierte kriminelle Banden nutzen die offenen Grenzen, um Kinder als ungelernte Arbeitskräfte oder für die Arbeit im Rotlichtmilieu und zur Prostitution einzuschleusen.
- In Lateinamerika und der Karibik ist der Tourismus ein entscheidender Faktor. Die Kinderhändler bringen ihre Opfer in die Ferienorte an der Küste, weil dort die Nachfrage nach Kinderprostituierten und leicht auszubeutenden Arbeitskräften groß ist. Kriminelle Organisationen, die Erfahrung damit haben, Drogen über die Grenzen zu schmuggeln, beteiligen sich Berichten zufolge inzwischen zunehmend am Menschenhandel.[40]

Kinder, die einmal in den Fängen der Menschenhändler sind, werden oft mehrfach weiterverkauft. So werden in Nepal Mädchen vom Land, die für die Arbeit in den Tep-

Abbildung 3.5: **Zwangsprostitution**

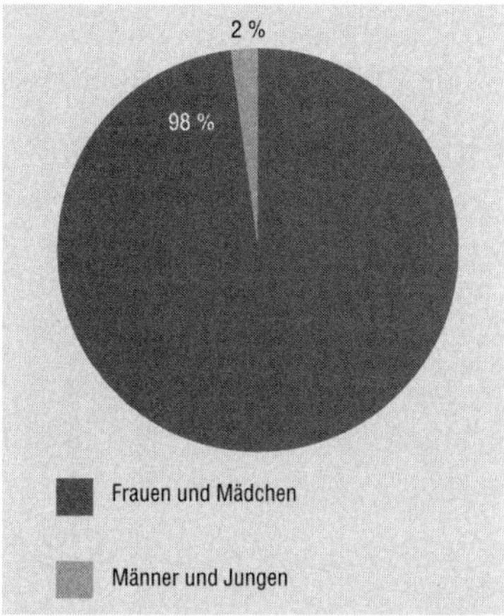

Quelle: International Labour Organization, A global alliance against forced labour, ILO, Genf, 2005

pichfabriken oder Hotels in der Stadt angeworben wurden, über die Grenze nach Indien weiter in die Sexindustrie verschleppt. In nahezu allen Ländern ist Prostitution die vorherrschende Form der Ausbeutung, bei der die Opfer körperlich und emotional missbraucht werden (*siehe* Abbildung 3.5).[41]

Kinder in Zwangsarbeit

Schätzungsweise 8,4 Millionen Kinder arbeiten unter schlimmsten Bedingungen: Sie werden verkauft und anschließend in Schuldknechtschaft gebracht. Sie werden zur Prostitution oder Pornografie gezwungen oder als Kindersoldaten in bewaffneten Auseinandersetzungen verheizt.[42]

Zwangsarbeit gibt es in irgendeiner Form in allen Regionen und in jeder Art von Volkswirtschaft (*siehe* Abbildung 3.6). Zwangsarbeit wird jedoch nur selten als Straftatbestand verfolgt. Größtenteils fehlen offizielle Zahlen, und in der Öffentlichkeit ist kaum bekannt, dass Zwangsarbeit überhaupt existiert. Zwangsarbeit ist eines der am wenigsten sichtbaren gesellschaftlichen Probleme unserer Zeit.[43]

Einmal in Schuldknechtschaft, geraten Kinder völlig unter Kontrolle eines Landbesitzers, Unternehmers oder Geldverleihers. Unter oftmals sklavenähnlichen Bedingungen arbeiten sie in Kiesgruben in Lateinamerika, in Ziegelfabriken in Südasien oder in Minen in Afrika südlich der Sahara.[44] Meist ist diese Arbeit gefährlich und viel zu schwer für Kinder (*siehe* Abbildung 3.7). Die Arbeitsbedingungen widersprechen jedem Grundsatz der Menschenrechte.

Kinderarbeit in Privathaushalten ist leicht zu verbergen. Meistens sind es Mädchen, die in fremden Haushalten arbeiten. Vielerorts ist dies für sie die einzige Lebensperspektive. In einigen Ländern wie Nepal oder Südafrika werden häufig auch Jungen in Privathaushalten ausgebeutet.[45] Ihre Arbeits- und Lebensbedingungen hängen vollständig von ihrem Arbeitgeber ab. Offizielle Daten liegen nicht vor, aber die Zahl dieser Kinder geht in die Millionen. Die meisten von ihnen werden schlecht bezahlt oder erhalten gar keinen

Abbildung 3.6: **Kinderarbeit* in Entwicklungsländern 1999–2004****
Kinder zwischen 5–14 Jahren in %

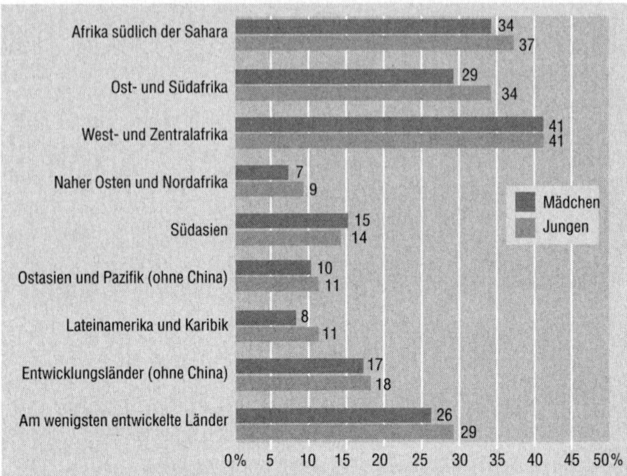

* Kinderarbeit: siehe Definitionen, S. 261 f.
Regionaler Durchschnitt: Die Zahlen schließen nicht alle Länder jeder Region ein, entsprechen aber rund 50 % der Zielbevölkerung und liefern damit eine angemessene Grundlage für die Durchschnittswerte.
** Werte beziehen sich auf das aktuellste Jahr im genannten Zeitraum.

Quelle: Multiple Indicator Cluster Surveys (MICS), Demographic and Health Surveys (DHS).

Lohn außer Unterkunft und Verpflegung. Viele dürfen nicht zur Schule gehen oder nur unter Auflagen, die einen Schulbesuch letztlich unmöglich machen. Nur zu oft entwickelt sich die Arbeit im Haushalt zu einem 24-Stunden-Job, bei dem die Kinder ständig abrufbereit sein müssen und den Launen aller Familienmitglieder ausgesetzt sind.[46]

Darüber hinaus sind Kinder in Privathaushalten besonders durch körperliche und seelische Gewalt bedroht. Viele müssen Aufgaben verrichten, denen sie aufgrund ihres Alters und ihrer körperlichen Kräfte nicht gewachsen sind. Oft bekommen sie nicht genug zu essen und sind chronisch mangelernährt. In Haiti wurde zum Beispiel festgestellt, dass 15-jährige Hausangestellte im Durchschnitt vier Zentimeter kleiner waren und 40 Pfund weniger wogen als 15-Jährige aus derselben Gegend, die keine Hausarbeit verrichteten.[47] Die Kinder werden zudem häufig körperlich misshandelt – als Strafe für Fehler oder schlicht als Routinemaßnahme, um sie gefügig zu machen. Sie sind außerdem besonders durch sexuellen Missbrauch bedroht. Bei einer Stichprobenuntersuchung in El Salvador berichteten 66 Prozent der in Privathaushalten angestellten Mädchen, dass sie körperlich oder seelisch misshandelt wurden. Die Bedrohung durch sexuelle Übergriffe ihrer Dienstherren war allgegenwärtig.[48]

Eine schützende Umgebung aufbauen

Alle Kinder haben das Recht auf eine schützende Umgebung, in der sie sicher aufwachsen können – geschützt vor Gewalt, Missbrauch und Vernachlässigung ebenso wie vor Ausbeutung und Diskriminierung (*siehe* Kasten »Schutz vor Ausbeutung und Missbrauch«). Ohne diesen Schutz sind Kinder in Gefahr, ausgegrenzt und »unsichtbar« zu werden.

Kinder haben bessere Aussichten auf Schutz, wenn sie in einer Gesellschaft aufwachsen, die alle Formen von Gewalt, Missbrauch und Ausbeutung ablehnt und in der es selbstverständlich ist, die Rechte von Frauen und Kindern zu achten. Die Konvention zur Beseitigung aller Formen von Diskriminierung der Frauen fordert alle Staaten dazu auf, Maßnahmen zu treffen, um die gesellschaftlich und kulturell geprägten Verhaltensmuster von Männern und Frauen zu verändern. Tra-

Abbildung 3.7: **Die schlimmsten Formen von Kinderarbeit und Ausbeutung* 2000**
Angaben in Tsd.

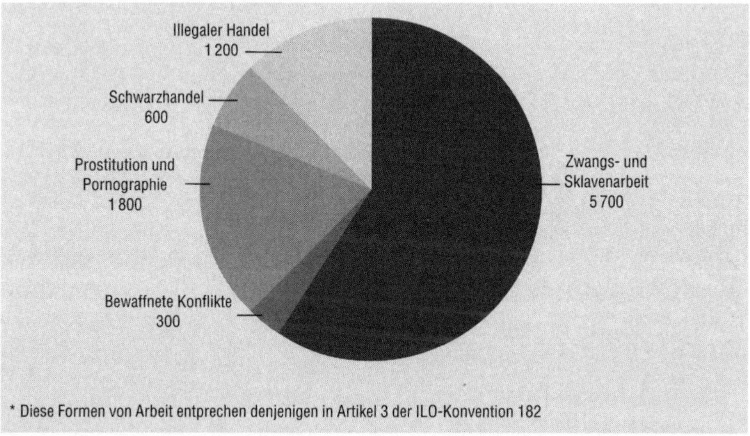

Quelle: International Labour Organization, Every child counts: New global estimates on child labour, ILO, International Programme on the Elimination of Child Labour, Statistical Informational and Monitoring Programme on Child Labour, April 2002

Schutz vor Ausbeutung und Missbrauch

Kinder brauchen besonderen Schutz vor Ausbeutung, Gewalt und Missbrauch. Die Verantwortung dafür liegt vor allem bei den Regierungen, aber auch alle anderen Mitglieder der Gesellschaft stehen in der Pflicht.

Engagement der Regierungen: Regierungen müssen ausreichende finanzielle Mittel für Kinderschutzprogramme zur Verfügung stellen und eine angemessene Sozialpolitik verfolgen. Die internationalen Konventionen über die Rechte und den Schutz von Kindern, einschließlich der beiden Zusatzprotokolle zur Konvention über den Schutz von Kindern vor bewaffneten Konflikten und sexueller Ausbeutung, müssen ohne Vorbehalte ratifiziert und umgesetzt werden.

Gesetzgebung: Kinder müssen durch das jeweilige nationale Recht vor Missbrauch, Ausbeutung und Gewalt geschützt werden. Verbrechen an Kindern müssen nachdrücklich und konsequent verfolgt werden. Die Opfer dürfen nicht kriminalisiert werden.

Vorurteile und Gebräuche: Die Regierungen müssen Vorurteile und Überzeugungen bekämpfen, die Missbrauch von Kindern begünstigen oder sogar hervorrufen. Dazu gehören zum Beispiel die Benachteiligung von Mädchen oder die grausame Tradition der Genitalverstümmelung.

Meinungsfreiheit und offene Diskussion: Medien und Bürgerrechtsbewegungen sollen Missstände in der Gesellschaft wie Ausbeutung, Missbrauch und Gewalt offen anprangern und dürfen dabei nicht behindert werden.

Fähigkeiten, Wissen und Beteiligung von Kindern: Gesellschaften müssen dafür sorgen, dass Kinder ihre Rechte kennen. Sie sollten ermutigt und in die Lage versetzt werden, diese auch einzufordern. Kindern müssen alle nötigen Informationen und Fähigkeiten vermittelt werden, damit sie sich gegen Missbrauch und Ausbeutung wehren können.

Familie und Erziehung: Eltern, Lehrer und Erzieher brauchen Unterstützung und die nötigen Kenntnisse, Fähigkeiten und die Motivation, um Ausbeutung und Missbrauch zu erkennen und darauf zu reagieren.

Unterstützung für benachteiligte Kinder: Grundlegende Sozialleistungen sollten allen Kindern unterschiedslos zur Verfügung stehen. Opfer von Missbrauch brauchen Hilfe und besonderen Schutz.

Überwachung und Kontrolle: Eine umfassende und transparente Berichterstattung über Fälle von Missbrauch und Ausbeutung ist notwendig, um eine wirksame Strafverfolgung der Täter und den Schutz aller Kinder zu gewährleisten.

Quelle: Child Protection Section, Programme Division, UNICEF, New York, 2004.

ditionen, die die Diskriminierung von Mädchen und Frauen zementieren, sollen beseitigt werden. Die Empfehlungen des UN-Ausschusses für die Rechte des Kindes betonen ebenfalls, wie wichtig die Veränderung sozialer Gewohnheiten und Verhaltensmuster für den Schutz der Kinderrechte ist.[49]

Dies ist auch unter äußerst schwierigen Bedingungen möglich. In Somalia zum Beispiel haben mehr als 10 000 Kinder und Erwachsene an einer Studie zu den wichtigsten Kinderschutzthemen teilgenommen. In den Regionen Bari, Nugal, Benadir, Lower Shabelle und Hiran sind so Netzwerke für die Zusammenarbeit beim Kinderschutz entstanden. Ähnliche Initiativen werden mittlerweile auch in anderen Gebieten aufgebaut. Die Netzwerke haben sich auf bestimmte Schwerpunktbereiche für ihre Arbeit verständigt. Beispielsweise wollen sie die Situation von Straßenkindern verbessern, die Abschaffung der Mädchenbeschneidung vorantreiben oder für besseren Schutz von Flüchtlingskindern sorgen.

Kinder sind zudem besser selbst in der Lage, sich vor Ausbeutung zu schützen, wenn sie wissen, welche Rechte und Möglichkeiten sie haben, sich zur Wehr zu setzen. Gesundheitspersonal, Lehrer, Polizeibeamte und Sozialarbeiter müssen in die Lage versetzt werden, Kinderrechtsverletzungen zu erkennen und darauf zu reagieren. Eltern und Gemeinden müssen Instrumente und Fähigkeiten an die Hand bekommen, um ihre Kinder schützen zu können.

Außerdem sind Überwachungsstellen erforderlich, die alle Kinderrechtsverletzungen aufzeichnen und so fundierte und gezielte Gegenmaßnahmen ermöglichen. Dies funktioniert am besten, wenn sich die Bevölkerung vor Ort beteiligt. Ein Beispiel dafür gibt es in Benin, wo Dorfkomitees für den Kampf gegen Kinderhandel gegründet worden sind. Das erste Komitee wurde 1999 im am stärksten von Kinderhandel betroffenen Süden des Landes gebildet. Inzwischen gibt es mehr als 170.[50] Zu ihren Aufgaben gehört es, Eltern, Kinder und die breite Öffentlichkeit über die Gefahr des Kinderhandels aufzuklären und Fälle von Missbrauch oder Verschleppung zu melden. Zudem kümmern sie sich um die Wiedereingliederung von verschleppten Kindern nach deren Rückkehr in die Dörfer. Die Komitees bilden ein effektives Frühwarnsystem, das den Schutz der Kinder verbessert. Sobald ein Kind aus dem Dorf verschwindet, werden Nachforschungen angestellt und die Jugendschutzbehörden alarmiert. So konnte in vielen Fällen verhindert werden, dass Kinder in Nachbarländer verkauft wurden.[51]

Ein Beispiel dafür, wie wichtig es ist, Daten über die Risikofaktoren zu sammeln, gibt es in Moldau. UNICEF unterstützt dort ein Lernprojekt, das Heimkindern Strategien zur Lebensbewältigung vermittelt. Grundlage für die Entwicklung des Hilfsprogramms waren Untersuchungen, aus denen hervorging, dass Kinder und Jugendliche aus Heimen besonders häufig Opfer von Kinderhandel wurden. Das Projekt setzt deshalb vor allem auf Methoden der Beteiligung und Stärkung der sozialen Kompetenz. Kinder und Jugendliche werden über die Gefahren des Kinderhandels aufgeklärt. Ihre Fähigkeiten, selbst für ihre Rechte einzutreten, werden gefördert.

Der Aufbau einer schützenden Umgebung für Kinder erfordert Engagement auf allen Ebenen, von der Familie bis hin zu den großen auf dem Weltmarkt operierenden multinationalen Unternehmen.

Die Unterzeichnung von Menschenrechtsabkommen und die Verabschiedung fortschrittlicher Gesetze durch Regierungen sind wichtig. Doch sie können nur ein Anfang sein. Um tatsächlich alle Kinder vor Gewalt, Ausbeutung und Missbrauch zu schützen, müssen sich Einstellungen und Verhaltensweisen ändern, die Kinder ihrer Rechte berauben. Notwendig ist eine Partnerschaft für Kinder, die garantiert, dass Gewalttaten gegenüber Kindern bestraft werden und jedes Kind die Chance bekommt, seine Fähigkeiten zu entfalten.

Zusammenfassung

Ausgegrenzte Kinder werden von der Gesellschaft, den Behörden und den Medien und selbst von ihren eigenen Familien ausgeschlossen oder schlichtweg übersehen. Millionen Kinder sind auf sich allein gestellt – ohne Schutz vor Missbrauch und Ausbeutung. Vier Faktoren erhöhen die Gefahr, dass Kinder ausgegrenzt werden und ihr Leid unsichtbar bleibt: das Fehlen oder der Verlust einer offiziellen Identität, unzureichender staatlicher Schutz für Kinder ohne elterliche Fürsorge, Ausbeutung von Kindern durch Kinderhandel und Zwangsarbeit sowie der frühe Einstieg in Erwachsenenrollen wie Ehe, Arbeit oder gar Kriegsdienst. Gefährdet sind vor allem Kinder, die bei ihrer Geburt nicht registriert worden sind, Flüchtlingskinder, Waisen und Straßenkinder. Aber auch Kinder in Haft und Kinder, die früh verheiratet wurden, laufen Gefahr, ihr Leben lang ausgeschlossen und benachteiligt zu bleiben.

Damit kein Kind ausgeschlossen wird, muss eine schützende Umgebung geschaffen werden.

- Familien und Gemeinden müssen gestärkt werden, damit sie Kinder angemessen versorgen und schützen können.
- Regierungen müssen sich für besseren Kinderschutz engagieren – mit finanzieller Unterstützung und sozialpolitischen Maßnahmen, die auf die am stärksten ausgegrenzten Kinder zielen.

- Auf nationaler und internationaler Ebene sind Gesetze und Abkommen zu ratifizieren und umzusetzen, die die Rechte und den Schutz von Kindern betreffen.
- Verbrechen an Kindern müssen wirksam verfolgt und bestraft werden, die Opfer dürfen nicht kriminalisiert werden.
- In Gesellschaft und Medien muss eine offene Diskussion über Einstellungen, Vorurteile, Überzeugungen und Bräuche, die Missbrauch begünstigen oder verursachen, geführt werden.
- Kinder müssen über ihre Rechte informiert und ermutigt werden, diese einzufordern. Sie müssen gestärkt werden, damit sie sich selbst gegen Missbrauch und Ausbeutung wehren können.
- Grundlegende soziale Dienste und Leistungen müssen unterschiedslos allen Kindern zur Verfügung stehen.
- Alle Fälle von Missbrauch und Ausbeutung müssen dokumentiert und ausgewertet werden.

Familie und Staat tragen die Hauptverantwortung für den Schutz der Kinder. Doch jeder Einzelne und Organisationen auf allen Ebenen der Gesellschaft müssen kontinuierlich mithelfen, dass Kinder nicht ausgegrenzt werden.

4 Kinder einbeziehen

© UNICEF/HQ05-0726/Christine Nesbitt

Eine Entwicklungszusammenarbeit, die auf den Menschenrechten aufbaut, muss zum Ziel haben, wirklich alle Kinder ohne Ausnahme zu erreichen. Kein Kind darf diskriminiert werden – sei es aufgrund seiner Rasse, seiner Hautfarbe, seines Geschlechts, seiner Sprache, Anschauung, Herkunft oder aufgrund einer Behinderung oder seines sonstigen Status. Artikel 2 der Kinderrechtskonvention schreibt fest, dass dieser Grundsatz für alle Maßnahmen zum Schutz, zur Betreuung und Unterstützung von Kindern gilt.

Doch wie können die Kinder, die Hilfe am dringendsten brauchen, erreicht werden, diejenigen, die bislang völlig ausgegrenzt sind? Wie können sie vor Missbrauch, Ausbeutung und Vernachlässigung geschützt werden?

Die erste Antwort ist: Mit einer Politik nach dem Motto »Weiter wie bisher« ist das nicht zu schaffen. Die traditionellen Instrumente der Entwicklungszusammenarbeit sind auf die breite Bevölkerung ausgerichtet. Sie zielen meist darauf ab, so viele Kinder wie möglich zu erreichen. Doch sie dringen nicht bis zu den Kindern durch, die am Rand der Gesellschaft stehen, die in keiner Statistik auftauchen und dadurch aus dem Blickfeld verschwinden. Ihre Nöte und die Ursachen ihrer Ausgrenzung zu verstehen, muss deshalb integraler Bestandteil aller Entwicklungsbemühungen auf nationaler wie internationaler Ebene sein.

Um das Ausmaß von Benachteiligung und Ungleichheit in einer Gesellschaft oder einem Land einzuschätzen, müssen Untersuchungen zur Situation der Kinder genauer aufgeschlüsselt werden – nach wichtigen Faktoren wie Alter, Geschlecht, Haushaltseinkommen, geographischer Lage. Nur so ist es möglich, die besonders benachteiligten Kinder und die Länder mit dem größten Bedarf gezielt und vorrangig zu unterstützen.

Zweitens müssen die Ursachen der Ausgrenzung in Angriff genommen werden. Dazu gehört der Kampf gegen extreme Armut und gegen die Aids-Epidemie. Gleichzeitig muss mehr getan werden, um Konflikte friedlich beizulegen. Kinder in Kriegsgebieten brauchen spezielle Unterstützung und Schutz. Kinder, die in zusammengebrochenen Staaten oder Krisenregionen leben, dürfen nicht aufgegeben werden.

Alle Kinder haben das Recht, vor Gewalt, Missbrauch oder Ausbeutung ausreichend geschützt zu werden. Dafür zu sorgen, ist in erster Linie Aufgabe der nationalen Regierungen. Denn sie tragen die Verantwortung, alle ihre Bürger angemessen zu versorgen und zu schützen. Geberländer und internationale Organisationen müssen sie dabei unterstützen – durch eine faire und ge-

rechte Politik bei der Entwicklungszusammenarbeit und beim Handel sowie durch Schuldenerlass für die ärmsten Länder.
Darüber hinaus muss sich aber die ganze Gesellschaft zu ihrer Verantwortung gegenüber Kindern bekennen. Wirtschaftsunternehmen müssen sicherstellen, dass ihre Produkte nicht mit Hilfe ausbeuterischer Kinderarbeit hergestellt werden und dass sie sich sozial verantwortlich verhalten.
Die Medien müssen vorurteilsfrei und korrekt über benachteiligte Kinder berichten und dabei auf Verhalten und Arbeitsweisen verzichten, die Kindern schaden könnten. Und die Kinder selbst müssen in die Lage versetzt werden, sich aktiv und selbstbewusst für ihren eigenen Schutz und den ihrer Altersgenossen einzusetzen.

Forschung für Kinder

Eine gründliche Bestandsaufnahme der Situation und der Bedürfnisse von Kindern sowie der vorhandenen Kapazitäten ist Voraussetzung, um geeignete Maßnahmen zu entwickeln und ausgegrenzte Kinder zu erreichen. Bislang gibt es zu wenig verlässliche Angaben über die Kinder am Rand der Gesellschaft. Bei der Erhebung der Daten gibt es erhebliche praktische Probleme. Es ist deshalb sehr schwierig, passende, wirkungsvolle Programme zu entwickeln.
Statistische Daten allein reichen nicht aus. Sie müssen ergänzt werden durch eine quantitative Analyse der Bedürfnisse und Nöte und der Ursachen von Ausgrenzung. Studien, die auf direkten persönlichen Erfahrungen beruhen, liefern wertvolle Informationen. Eigene Erkenntnisse müssen mit Erfahrungen aus anderen Regionen und Ländern verknüpft werden. Alle Hilfsprogramme sollten überwacht und ausgewertet werden. Nur so kann sichergestellt werden, dass die Hilfe dort hinkommt, wo sie am nötigsten gebraucht wird und dass die Programme an veränderte Rahmenbedingungen angepasst werden können.
Genaue Daten und qualitative Studien sind das Fundament, um die Situation der Kinder zu analysieren. Wo sich die systematische Forschung noch im Anfangsstadium befindet, sind zunächst allgemein verbindliche Definitionen notwendig, damit Daten und Informationen vergleichbar sind. So bietet zum Beispiel die 2000 im Palermo Protokoll vereinbarte Definition von Menschenhandel eine einheitliche Basis für Politiker, Wissenschaftler und Hilfsorganisationen, um Kinder besser vor Menschenhändlern zu schützen und sie vor Prostitution oder sklavenähnlicher Arbeit zu bewahren.[1]

Haushaltsbefragungen

Volkszählungen und landesweite repräsentative Haushaltsumfragen sind wichtige Instrumente. Regierungen und internationale Organisationen setzen sie ein, um ein klareres Bild darüber zu gewinnen, wie sich soziale Ungleichheiten in Ländern auf die Lebensqualität der Kinder auswirken. Statistische Methoden wie so genannte multivariable Analysen können wertvolle Hinweise geben – wenn zum Beispiel ermittelt werden soll, warum bestimmten Kindern das Recht auf Geburtenregistrierung vorenthalten wird (*siehe* Kasten »Statistische Instrumente«).

Solche Analysen werden zunehmend genutzt, um die Faktoren zu bestimmen, die dazu führen, dass bestimmte Kinder besonders von Ausgrenzung gefährdet sind. Gleichzeitig geben sie Hinweise, wo Interventionen am wirksamsten eingesetzt werden können. So wurde zum Beispiel deutlich, dass fehlende Bildung, vor allem im Sekundarbereich, entscheidenden Einfluss darauf hat, ob ein Mädchen vor seinem 18. Lebensjahr verheiratet wird und ob seine eigenen Kinder später die Schule besuchen werden.[2]

Haushaltsumfragen sind enorm nützlich, aber sie erfassen nur einen Teil der Wirklichkeit. Außen vor bleiben einige der am stärksten benachteiligten Kinder und Familien. So sind Straßenkinder, Kinder in Heimen, Vertriebene oder Familien aus Nomadengruppen schlichtweg kaum erreichbar für derartige Erhebungen. Trotz der Einschränkungen können diese Erhebungen Aufschluss geben über die Hauptrisikofaktoren für die Ausgrenzung von Kindern. Deshalb ist es wichtig, diese Instrumente kontinuierlich weiterzuentwickeln. Sie müssen so angelegt sein, dass sie die Situation von Kindern so umfassend wie möglich beleuchten.

Wenn die Daten aus Haushaltsumfragen mit qualitativen Informationen zu den Lebensbedingungen von Kindern verknüpft werden, vervollständigt sich das Bild. Oftmals weisen quantitative Studien auf Themen oder Regionen hin, in denen zusätzlich ausführliche qualitative Untersuchungen notwendig sind. Dann sind Pilotstudien sinnvoll, die sich mit kleinen Gruppen ausgegrenzter Kinder befassen. Befragungen, die von der lokalen Gemeinschaft selbst durchgeführt werden, können ebenso einen wertvollen Beitrag zum Verständnis der Situation der ärmsten Kinder leisten.

Noch fehlen sowohl quantitative wie auch qualitative Untersuchungen zu wichtigen Bereichen:

- **Kinderhandel:** Es gibt kein universell anwendbares und zuverlässiges Verfahren, um Daten zum weltweiten Kinderhandel zu gewinnen. Der Aktionsplan gegen Kinderhandel der Wirtschaftsgemeinschaft der westafrikanischen Staaten (ECOWAS) sieht allerdings ausdrücklich vor, die Datenerhebung und den Austausch von Informationen zu verbessern.[3]
- **Kinderarbeit:** Das Internationale Programm für die Abschaffung der

Statistische Instrumente zur Überwachung der Umsetzung der Millenniums-Entwicklungsziele für Kinder

Um sicherzustellen, dass Entwicklungsprogramme tatsächlich zu den gewünschten Ergebnissen führen, müssen ihre Auswirkungen laufend überprüft werden. Befragungen von Haushalten liefern repräsentative Informationen über die Situation einzelner Frauen und Kinder und ermöglichen so die Beobachtung der Entwicklungen in verschiedenen sozialen Schichten und Gruppen. Internationale Organisationen, Wissenschaftler und Regierungen nutzen regelmäßig solche Befragungen etwa zur Demographie und zur Gesundheit.

Ein weltweit eingesetztes Instrument der Haushaltsumfragen ist der so genannte »Multiple Indicator Cluster Survey« (MICS). Er wurde ursprünglich entwickelt, um Fortschritte hinsichtlich der Ziele zu messen, die auf dem Weltkindergipfel 1990 festgesetzt wurden. Die erste MICS-Umfrage wurde 1995 in mehr als 60 Ländern durchgeführt, eine zweite erfolgte fünf Jahre später. Eine dritte MICS-Umfrage wurde 2005 in mehr als 50 Ländern durchgeführt. »MICS-3« hat Daten zu etwa 20 Indikatoren gesammelt und ist heute die größte einzelne Datenquelle für die Überwachung der Millenniums-Entwicklungsziele. Außerdem liefert die derzeitige neue MICS-Umfrage auch ein Bewertungsinstrument für die Vereinbarung »Eine kindgerechte Welt« des Weltkindergipfels 2002 sowie für andere wichtige internationale Vereinbarungen, zum Beispiel zum Kampf gegen Aids und Malaria.

Fragebogen

Haushaltsumfragen basieren auf Fragebögen, die an die Notwendigkeiten eines Landes angepasst werden können. Zum Beispiel besteht der MICS aus einem Haushalts-Fragebogen, einem Fragebogen für Frauen im Alter von 15 bis 49 Jahren und einem Fragebogen für Kinder unter fünf Jahren, die von der Mutter oder anderen Betreuern ausgefüllt werden.

An vielen Punkten geben die Umfragen Aufschluss darüber, in welchem Maße ein Kind als »ausgeschlossen« angesehen werden muss. So wird danach gefragt, ob das Kind nach der Geburt registriert wurde, ob seine Eltern leben, ob eine Behinderung vorliegt oder in welchem Alter Familienmitglieder heiraten. Es folgen Fragen zu Gesundheit, Bildung, Unterkunft, Wasserversorgung und sanitären Einrichtungen, Aids und der Entwicklung in der frühen Kindheit. Die Interviews dauern bis zu einer Stunde.

Umfrageergebnisse

Die Ergebnisse der weltweiten Umfragen sollen gemeinsam mit den nationalen Berichten, Standard-Tabellensätzen und Mikrodatensätzen voraussichtlich Anfang 2006 in der Datenbank DevInfo öffentlich zugänglich gemacht werden. DevInfo ermöglicht die Darstellung der Daten in Tabellen, Schaubildern und Karten. Diese sollen Rückstände und Fortschritte sichtbar machen und Aufschluss darüber geben, wo Kinder besondere Unterstützung brauchen. Für die Behörden und Nichtregierungsorganisationen liefern die Daten wichtige Hinweise und Argumente. Sie

ermöglichen Vergleiche der sozialen Situation in verschiedenen Regionen, Ländern oder Erdteilen und die Beobachtung von Veränderungen.
So kann zum Beispiel in Graphiken und Karten sichtbar gemacht werden, wie viele Kinder in der Hauptstadt registriert sind und wie viele auf dem Land, oder wie hoch der Anteil der Mädchen ist, die in den verschiedenen Regionen in die Schule gehen. Die Kombination von Datensammlung, Analyse und Kartentechnik bietet eine gute Grundlage für die Planung von Projekten – damit diejenigen, die die Hilfe am dringendsten benötigen, sie auch erhalten.

Kinderarbeit der Internationalen Arbeitsorganisation (ILO) hat erfolgreich schnelle Methoden eingesetzt, um lokale Momentaufnahmen zu gewinnen. Allerdings lassen sich die so erhobenen Daten nur schwer mit Informationen aus anderen Gegenden vergleichen. So werden Informationen zur weltweiten Kinderarbeit bisher aus verschiedenen Quellen zusammengetragen, die Hilfsprogramme sind in der Regel noch eher klein.[4]

- **Kinder im Krieg:** Die 1996 im Auftrag der Vereinten Nationen von Graça Machel erarbeitete Studie zu Kindersoldaten und zur Situation von Kindern im Krieg allgemein hat internationale Besorgnis erregt und viel bewegt.[5] Trotzdem bleibt es schwierig, zum Beispiel die Zahl der Kindersoldaten zu ermitteln. Die neuesten Schätzungen hat der UN-Sonderbeauftragte für Kinder in bewaffneten Konflikten auf der Sitzung des UN-Sicherheitsrates im Februar 2005 bekannt gegeben. Demnach sind gegenwärtig weltweit rund 250 000 Kinder als Soldaten im Einsatz.[6]

Datenmangel ist keine Entschuldigung

Die Sammlung und Analyse von Daten ist wichtig, doch Datenmangel ist keine Entschuldigung dafür, nicht gegen schwer wiegende Kinderrechtsverletzungen vorzugehen. Auch wenn die genaue Zahl der Kindersoldaten nicht bekannt ist, brauchen die betroffenen Mädchen und Jungen dringend Unterstützung. Regierungen müssen zum Beispiel dazu gebracht werden, endlich das Zusatzprotokoll zur Kinderrechtskonvention zum Schutz von Kindersoldaten zu unterzeichnen und zu ratifizieren.

Nationale Gesetze anpassen

Die Kinderrechtskonvention verpflichtet Regierungen darauf, die Rechte aller Kinder zu gewährleisten. Die Ratifizierung dieser internationalen Konvention (*siehe* auch Abbildung 4.1) bedeutet jedoch wenig, wenn ihre Grundsätze nicht in Gesetze umgesetzt werden. Wenn Gesetze jedoch gemäß der Kinderrechtskonvention reformiert werden, verbessert sich die Situation

Abbildung 4.1: **Ratifizierung wichtiger internationaler Verträge, Stand September 2005**

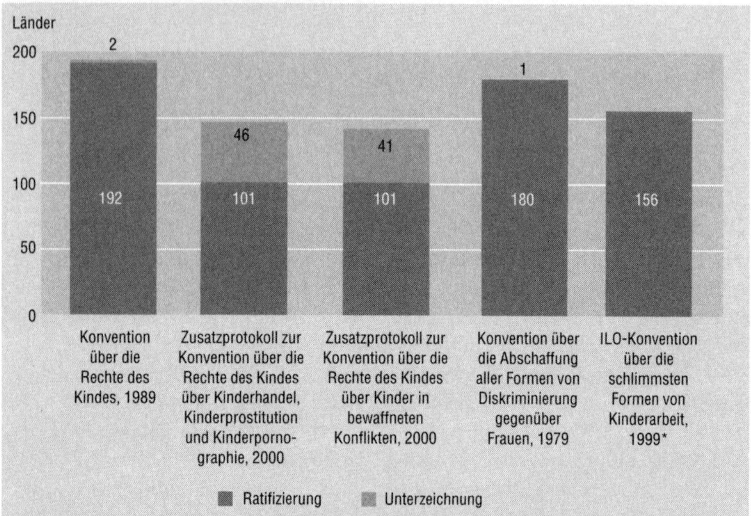

* Eine Liste der ratifizierten, nicht ratifizierten und gekündigten Verträge ist in der Datenbank der ILO zu finden.

Quelle: UN-Datenbank für Verträge und ILOLEX für internationale Arbeitsbedingungen

bislang benachteiligter Kinder oft entscheidend.

So hat sich in Lateinamerika zum Beispiel die Rechtsauffassung hinsichtlich so genannter »Ausnahmesituationen« geändert, die die Gesetzgebung der meisten lateinamerikanischen Länder prägte. Demnach konnten Kinder aufgrund »asozialen Verhaltens« angeklagt oder strafrechtlich verfolgt werden, einfach weil sie arm waren. Richter konnten sie »zu ihrem eigenen Schutz« in Heime oder Gefängnisse einweisen. Nach der Unterzeichnung der Kinderrechtskonvention wurden viele entsprechende Gesetze überarbeitet. Die Reformen sind noch nicht abgeschlossen, doch sie werden voraussichtlich weit reichende Auswirkungen auf die Jugendgerichtsbarkeit und Jugendschutzbestimmungen haben.

Auf den Philippinen wurde 2003 ein Gesetz gegen Menschenhandel verabschiedet. Damit wurde das Zusatzprotokoll zur UN-Konvention gegen das organisierte Verbrechen in nationales Recht umgesetzt, das den besonderen Schutz für Frauen und Kinder vor Menschenhandel vorsieht. Das philippinische Gesetz schreibt härtere Strafen für Kinderhändler fest sowie Maßnahmen, um die Opfer zu unterstützen. Die Regierung muss soziale Einrichtungen schaffen, um den Opfern Schutz zu bieten sowie ihre Erholung, Rehabilitation und Wiedereingliederung in die Gesellschaft zu erleichtern.

Diskriminierung bekämpfen

In vielen Ländern verstärken Gesetze bislang eher noch die Ausgrenzung von Kindern. Das gilt auch für Bestimmungen zum Mindestalter für die Eheschließung. Zwar schreiben immer mehr Länder im Einklang mit der Kinderrechtskonvention ein Mindestalter von 18 Jahren für die Eheschließung vor.[7] Dennoch erlaubt die Mehrheit der Nationalstaaten, einschließlich vieler Industrieländer, auch schon in jüngerem Alter zu heiraten. Besonders diskriminierend sind Bestimmungen in einigen Ländern, nach denen Mädchen früher heiraten – oder besser: verheiratet werden können – als Jungen.

Manchmal sind auch neue Gesetze erforderlich, um die Rechte von Kindern zu verwirklichen. So hat Bangladesch Ende 2004 ein Gesetz zur Registrierung von Geburten und Sterbefällen verabschiedet. Damit erkennt das Land erstmalig Geburtsurkunden als rechtsgültigen Altersnachweis an. Bislang wurden nur sieben Prozent der Kinder in Bangladesch bei ihrer Geburt registriert.[8] Wenn das Gesetz erfolgreich umgesetzt werden soll, müssen jetzt Kapazitäten ausgebaut und Haushaltsmittel bereitgestellt werden. Öffentliche Kampagnen müssen das neue Recht im Land bekannt machen. Das Gesetz wird dann auch andere Formalitäten erleichtern, wie die Ausstellung von Pässen, die Eintragung von Eheschließungen oder die Erstellung von Wählerverzeichnissen.

Positive Beispiele aus der ganzen Welt belegen, wie Gesetze die Position benachteiligter Kinder und Erwachsener verbessern können. In den Industriestaaten haben zum Beispiel in den vergangenen Jahren neue Gesetze über die Rechte körperbehinderter Menschen bewirkt, dass fast alle öffentlichen Gebäude behindertengerecht umgebaut worden sind und immer mehr Schulen integrative Ansätze verfolgen. Anti-Diskriminierungsgesetze stärken heute die Rechte von Frauen und Kindern in vielen Ländern. Doch ist ein Gesetz gegen Diskriminierung immer nur ein Anfang, ohne genaue Überwachung und öffentliches Engagement bleibt es wirkungslos.

Traditionelle Praktiken, die Kindern schaden, müssen durch entsprechende Gesetze unterbunden werden. Gesetzliche Verbote allein können dies aber nicht bewirken. Mädchenbeschneidung ist dafür ein Beispiel. Dort, wo die Regierungen die Initiative ergriffen haben und mit öffentlichen Aufklärungskampagnen auf die verheerenden Folgen für die Gesundheit aufmerksam gemacht haben, ging die Zahl der Beschneidungen deutlich zurück. Es gilt jedoch, vor allem die Menschen zu überzeugen und für den Kampf gegen gefährliche oder diskriminierende Traditionen zu gewinnen.

Auch in Burkina Faso scheint das entschlossene Vorgehen der Regierung in den vergangenen 13 Jahren jetzt langsam Veränderungen zu bewirken. Als Mitte der 1990er Jahre eine landesweite Kampagne gegen Beschneidung gestartet wurde, wurden noch rund zwei Drittel aller Mädchen beschnitten. Die Regierung begann zunächst mit einer groß angelegten Aufklärungskampagne, 1996 wurde der Brauch dann offiziell verboten. Laut Gesetz riskiert jeder, der eine Beschneidung durchführt, eine Gefängnisstrafe von bis zu drei Jahren. Sie kann bis zu zehn Jahre dauern, wenn das Opfer an den Folgen des Eingriffs stirbt. Eine landesweite Telefon-Hotline wurde eingerichtet, bei der Menschen anonym anrufen können, um Verstöße gegen das Gesetz zu melden und bedrohte Mädchen vor einer Beschneidung zu bewahren. UNICEF schätzt, dass durch diese Maßnahmen der Anteil der Beschneidungen bis heute auf 32 Prozent gesenkt werden konnte.[9]

Damit durch Gesetzesänderungen auch tatsächlich die Lage der Kinder verbessert wird, müssen sie durch sozialpolitische und entsprechende Finanzmittel unterstützt werden. Es müssen Institutionen, Kapazitäten und Mechanismen für die Umsetzung geschaffen werden. Amtsträger und die Bevölkerung müssen über die neue Rechtslage informiert werden.

Nur wenige Entwicklungsländer berücksichtigen die Bedürfnisse und Rechte von Kindern bisher in ihren Haushaltsplanungen. Und nur wenige Geberländer fordern dies ein. Wenn zu wenig finanzielle Mittel für Kinder zur Verfügung stehen, ist dies nicht unbedingt auf insgesamt knappe Haushaltsmittel zurückzuführen. Es kann auch an fehlenden Informationen, praktischen Problemen oder schlicht am mangelnden politischen Willen liegen.

In Sambia zum Beispiel wurde zwar das Budget für die Belange der Kinder im Laufe der 1990er Jahre erhöht. Die tatsächlichen Ausgaben des Staates für Kinder sanken jedoch im gleichen Zeitraum kontinuierlich (*siehe* Abbildung 4.2). Dies ist ein klarer Hinweis darauf, dass es im Land nicht genug personelle Kapazitäten gab, das vorhandene Geld auch für entsprechende Programme zugunsten der Kinder einzusetzen.

Haushaltsplanung für Kinder

Weltweit wächst das Interesse an einer Haushaltsplanung, die sich stärker an den Bedürfnissen der Kinder orientiert. Das heißt meistens nicht, dass es einen eigenen Kinderetat gibt, abgetrennt von den übrigen Finanzplänen der Regierung. Vielmehr geht es darum, alle Haushaltsmaßnahmen hinsichtlich ihrer spezifischen Auswirkungen auf Kinder zu untersuchen. Daraus

Abbildung 4.2: **Ausgaben für das Recht des Kindes auf Sicherheit und Entwickung* in Sambia, 1991–2001, Angaben in %**

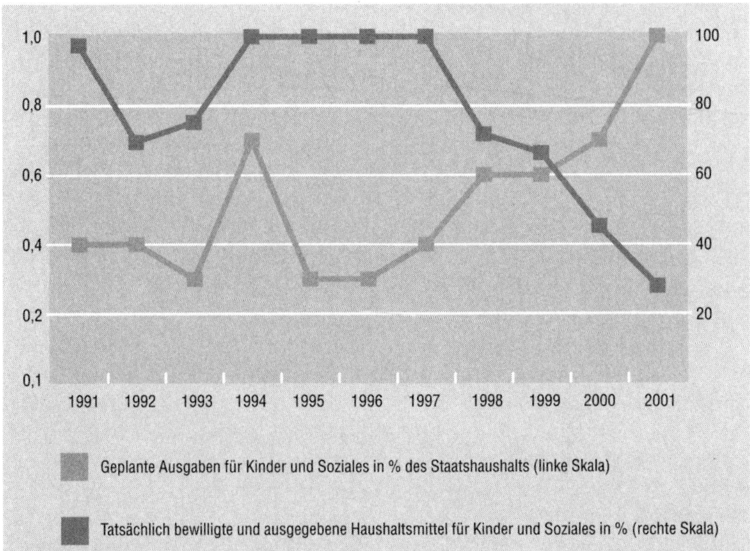

* Die Budgets umfassen Programme für Heimkinder, Straßenkinder, Sport und andere Erholungsaktivitäten, Maßnahmen zur Abschaffung von Kinderarbeit, Programme zur Reduzierung der Armut und kommen Aufsichtspersonen und Eltern zugute.

Quelle: Institute for Democracy in South Africa und Save the Children Schweden, Children and the Budget in Zambia, 2004.

werden dann Vorschläge abgeleitet, wie Etats genauer und effektiver auf die Bedürfnisse von Kindern ausgerichtet werden können[10].

Kinderorientierte, zielgerichtete Etats sind zwangsläufig auf genaue Informationen angewiesen. Dies war eines der wesentlichen Erkenntnisse einer eingehenden Untersuchung staatlicher Sozialausgaben für Kinder in Peru im Zeitraum von 1990 bis 2003. Die Studie zeigte, dass Kinder in den Haushaltsberatungen im Grunde nicht vorkamen. Obwohl Kinder 45 Prozent der Bevölkerung stellen, waren in der Folge gerade einmal 25 Prozent des peruanischen Staatshaushalts auf Kinder ausgerichtet. Außerdem kamen die bewilligten Finanzmittel den extrem armen, den gesellschaftlich und geographisch besonders ausgegrenzten Kindern beispielsweise in abgelegenen Gebirgsregionen und den Dschungelgebieten nicht zugute. Kinder in besonders schwierigen Lebensumständen, die auf der Straße lebten oder unter gesundheitsgefährdenden Bedingungen arbeiteten, wurden von den Politikern praktisch nicht wahrgenommen. Das peruanische Forschungsteam hat deshalb ein Verfahren entworfen, um diese Kinder »sichtbar« zu machen. Dazu gehören die qualifizierte Sammlung von Daten und die Entwicklung von Indikatoren mit Hilfe neuer Informationstechnologien sowie die Schulung von Mitarbeitern in wichtigen peruanischen Institutionen.[11]

Wachsendes Interesse wird auch der Beteiligung von Kindern an der Etatplanung entgegengebracht. Eines der besten Beispiele dafür ist der Kinder-Etat in der brasilianischen Stadt Barra Mansa. Zum Haushaltsausschuss der Stadt gehört auch ein Kinderrat von jeweils 18 Mädchen und Jungen, die von ihren Altersgenossen gewählt wurden. Sie sorgen dafür, dass der Stadtrat auf ihre Bedürfnisse und Anliegen eingeht. Der Kinderrat entscheidet, wie ein Teil des städtischen Haushalts – in Höhe von jährlich ungefähr 125 000 US-Dollar – verwendet wird. Die Mitglieder des Kinderrates sind auch an anderen Aspekten der Kommunalverwaltung beteiligt. Die gewählten Kinder lernen, die Interessen ihrer Altersgenossen innerhalb demokratischer Strukturen zu vertreten und angesichts beschränkter Mittel Prioritäten zu setzen. Sie erfahren, wie in oftmals langwierigen kommunalpolitischen Planungsverfahren Projekte entwickelt werden. Der Erfolg hat viele weitere Städte in Lateinamerika ermutigt, dem Beispiel von Barra Mansa zu folgen. Andere Städte in der Welt, die versuchsweise damit begonnen haben, Kinder an den Haushaltsplanungen zu beteiligen, sind Córdoba in Spanien, Tuguegarao City auf den Philippinen und in Deutschland die Stadt Essen.[12]

Sozialhilfe macht sich bezahlt

Besonders benachteiligte Kinder mit sozialen Diensten zu versorgen, verursacht in der Regel pro Kind höhere Kosten – vor allem wegen der besonderen Problemlagen dieser Kinder. Auf spezifische Bedürfnisse zugeschnittene Hilfsprogramme erfordern eine sorgfältige Projektentwicklung und wissenschaftliche Begleitung. Das ist zwangsläufig teurer als breit angelegte Maßnahmen. Ähnliches gilt für den Ausbau bestehender Maßnahmen, um den speziellen Bedürfnissen der ärmsten Kinder gerecht zu werden. Doch die höheren Pro-Kopf-Kosten sind mehr als gerechtfertigt. Zum einen haben diese Kinder in der Vergangenheit weniger von öffentlichen Sozialausgaben profitiert als andere. Dies räumt beispielsweise die Regierung Namibias ein, die zu folgender Schlussfolgerung gekommen ist: »Marginalisierte Kinder haben ein Recht auf ihren Anteil am Bildungsbudget. Da ihnen ihr Recht auf Bildung in der Vergangenheit vorenthalten worden ist, müssen die zusätzlichen Kosten, die durch ihre

Integration entstehen, akzeptiert werden.«[13]

Die notwendigen finanziellen Mittel können zudem auch durch gezielteren Einsatz der öffentlichen Gelder freigesetzt werden. In Südafrika zum Beispiel wurde das Jugendstrafrecht so verändert, dass Untersuchungshaft für Kinder vermieden wird. Stattdessen nehmen die Kinder an Programmen teil, die den Charakter von »Wiedergutmachung« in den Gemeinden haben. Außerdem wurde die Bandbreite der möglichen Strafen um Alternativen zur Haft ergänzt.[14] Diese Gesetzesänderung erspart nicht nur vielen Kindern den Gefängnisaufenthalt, sondern verringert auch die öffentlichen Ausgaben, weil weniger Kosten für Gerichtsprozesse und die Unterbringung in Haftanstalten anfallen.

Haushaltsmaßnahmen können auch dazu dienen, das öffentliche Bewusstsein für Diskriminierungen zu schärfen. DISHA (Developing Initiatives for Social and Human Action), eine indische Menschenrechtsorganisation für Forstarbeiter aus indigenen Gruppen in Gujarat, nahm den Staatshaushalt unter die Lupe und verglich die Höhe der Sozialausgaben in den ärmsten Regionen mit der in anderen Regionen. Die Analyse zeigte, dass die armen Gebiete vernachlässigt wurden. Die Ergebnisse wurden in der lokalen Sprache veröffentlicht und an Parlamentsmitglieder, Medien, Oppositionsparteien und Menschenrechtsaktivisten weitergegeben. Die Regierung folgte schließlich dem öffentlichen Druck und erhöhte die Investitionen in diesen Gebieten.[15]

Kapazitäten ausbauen

Marginalisierte Gruppen haben kaum Möglichkeiten zur politischen Mitbestimmung. Damit sie sich beteiligen können, müssen Barrieren abgebaut werden. Dies ist Voraussetzung für ihre Integration. In Lateinamerika setzen sich indigene Bevölkerungsgruppen zunehmend für ihre eigenen Interessen ein und verteidigen ihre Rechte auf der nationalen politischen Bühne. Indigene Kinder und Jugendliche spielen in Ländern wie Venezuela eine wichtige Rolle. Dort hat in der Amazonasprovinz im August 2003 die Vierte Nationale Konferenz der Indigenen Amerikanischen Jugend stattgefunden. 62 Jugendliche aus 17 verschiedenen indigenen Gruppen nahmen daran teil – im Mittelpunkt stand die Stärkung der kulturellen Identität.

Damit Initiativen zur Verwirklichung der Kinderrechte erfolgreich sein können, müssen auf kommunaler Ebene Kapazitäten ausgebaut werden. Die Gemeinden spielen eine entscheidende Rolle dabei, die am stärksten gefährdeten Kinder zu identifizieren und nach Möglichkeit auch zu versorgen. In Gesellschaften mit einer ausgeprägten Tradition gegenseitiger Unterstützung wie in weiten Teilen Ost- und Südafrikas sind die Dorfbewohner oft in der Lage, mit relativ wenig Unterstützung von außen Waisen oder anderen gefährdeten Kindern zu helfen. In Swasiland zum Beispiel bietet ein Netz von Freiwilligen sowohl Schutz als auch emotionale und materielle Unterstützung. Die Helfer greifen bei Fällen von Ausbeutung oder sexuellem Missbrauch von Kindern ein, trösten und betreuen die Opfer, beraten Angehörige. Sie sprechen gegebenenfalls mit den Tätern oder unterrichten die Polizei.[16]

Soforthilfe tut Not

Hilfsprogramme sind kein Ersatz für die Bekämpfung der Ursachen von Ausgrenzung und Diskriminierung. Doch sie sind notwendig, um bedrohte Kinder schnell zu erreichen.
Es kann zum Beispiel eine gute Strategie sein, marginalisierten Gemeinden und Familien durch Ausnahmeregelungen Entlastung oder auch direkte finanzielle Unterstützung zu gewähren. Einzelnen Kindern und Familien können Stipendien helfen. So werden Eltern ermutigt, ihre Kinder zur Schule statt zur Arbeit zu schicken. In Brasilien zum Beispiel erhalten Familien ein monatliches Stipendium von umgerechnet acht US-Dollar für jedes Kind, das im Rahmen des Nationalen Programms zur Abschaffung der Kinderarbeit zur Schule geht.[17] Schulspeisungen sind eine weitere Methode, die oft eingesetzt wird, um schwer erreichbare Kinder ins Bildungssystem zu integrieren.

Hemmschwellen abbauen

Häufig sind Reformen notwendig, um Hemmschwellen abzubauen und Zugang zu wichtigen Sozialleistungen zu ermöglichen. Oft fehlen zum Beispiel Informationen über soziale Angebote in der lokalen Sprache. Mitarbeiter sozialer Einrichtungen sprechen die Sprache nicht oder haben Vorurteile. Wenn gültige Papiere vorgelegt werden müssen oder ein fester Wohnsitz Bedingung ist, sind Sozialleistungen für viele arme Familien nicht erreichbar. So verfügen mehr als 85 Prozent der bolivianischen Bevölkerung, die in ländlichen, indigenen Gemeinden leben, nicht über die notwendigen Ausweispapiere, damit sie Land erben können, ihre Kinder in einer Schule anmelden oder wählen dürfen.[18] In Ländern, in denen die Menschen vom Staat unterdrückt werden oder wo dies lange der Fall war, schrecken vor allem Menschen aus Randgruppen vor dem Kontakt mit staatlichen Behörden zurück. Mangelndes Vertrauen oder kulturelle Fremdheit sind weitere Hindernisse. Viele Menschen am Rand der Gesellschaft wissen einfach zu wenig über bestehende soziale Einrichtungen und nutzen sie deshalb nicht. Oft können schon einfache Reformen viel bewirken. So hat die Regierung der Dominikanischen Republik im Jahr 2001 entschieden, die Vorschrift abzuschaffen, bei der Einschulung die Vorlage einer Geburtsurkunde zu verlangen. Informationskampagnen helfen, Angebote und deren Nutzen bekannt zu machen.

Paketlösungen

Eine andere Möglichkeit, soziale Dienste nutzerfreundlicher zu gestalten, besteht in der Bündelung von Dienstleistungen. Es wird ein zentraler Standort eingerichtet, an dem verschiedene soziale Dienste erhältlich sind. Im Südsudan beispielsweise wurden Impfschutzprogramme für Kinder mit Impfungen der Rinder gegen Rinderpest verknüpft. Diese Koppelung war außergewöhnlich erfolgreich, weil viele kleine Kinder dort leben, wo das Vieh zusammengetrieben wird. Außerdem erfordert die Kühlung der beiden Impfstoffe eine ähnliche Logistik.[19] In ähnlicher Weise wird versucht, Schulen zum Gemeindemittelpunkt zu machen, indem in Schulnähe Wasserstellen eingerichtet werden. Dadurch verkürzt sich zum einen der Weg, den die Mädchen zum Wasserholen zurücklegen müssen. Gleichzeitig ist dafür gesorgt, dass diese Mädchen zur Schule kommen.

»Fliegende Ärzte«

Auf Sarawak, einer weit vom Festland Malaysias entfernt gelegenen Insel, ist es gegenwärtig zu teuer, auf Dauer ein eigenes Krankenhaus zu unterhalten. Die Gesundheitsversorgung auf der Insel funktioniert deshalb mithilfe einer Kombination aus mobilen Gesundheitsstationen und ortsansässigen Diensten. Da das Straßennetz schlecht ist, sind mobile Gesundheitsteams auf dem Wasser oder als »fliegende Ärzte« in der Luft unterwegs. Unterstützt werden sie von freiwilligen Gesundheitshelfern in den Dörfern. Die Helfer sind in erster Hilfe und Pflege ausgebildet. Gleichzeitig beraten sie die Gemeinden, um die Säuglings- und Kindergesundheit durch Vorbeugung und einfache Maßnahmen nachhaltig zu verbessern. Die Regierung bietet Anreize in Form von Urkunden, logistischer Unterstützung und weiteren Fortbildungsmöglichkeiten.
Mobile Dienste sind oft äußerst wichtig bei der Versorgung von Familien mit geringem Einkommen oder Kindern und Frauen in entlegenen Gebieten. Weil Gesundheitseinrichtungen zu weit entfernt sind, bringen Frauen ihre Kinder zu Hause zur Welt. Kinder werden aus diesem Grund nicht registriert, zum Arzt gebracht oder geimpft. Aufsuchende Sozialarbeit und Haus-zu-Haus-Kampagnen sind bereits erfolgreich bei Impfkampagnen eingesetzt worden und könnten auf andere Bereiche ausgedehnt werden. Beispielsweise hat UNICEF in Zusammenarbeit mit dem serbischen Gesundheitsministerium und dem Staatlichen Gesundheitsinstitut mobile Teams in verschiedene Landesteile geschickt. Die Helfer registrier-

ten Kinder ohne Geburtsnachweis. Anschließend erhielten die Kinder Schutzimpfungen gegen die gefährlichsten Kinderkrankheiten – Tuberkulose, Diphtherie, Tetanus, Keuchhusten, Masern und Polio.[20]

Gesellschaft einbinden

Das Spektrum der Organisationen in den verschiedenen Ländern ist breit gefächert. Dazu zählen lokale Organisationen und Basisgruppen, Nichtregierungsorganisationen, Expertenkommissionen, soziale Bewegungen, religiöse Organisationen, Frauenrechtsbewegungen, Vertretungen indigener Bevölkerungsgruppen und Freiwilligenorganisationen.[21] Die Vereinten Nationen (UN) erkennen an, wie wichtig es ist, die Gesellschaft in die Führung und Entwicklung eines Landes einzubinden, und haben dies zum Bestandteil ihres Reformprozesses gemacht. Der Generalsekretär hat dies in seinem Bericht an die Generalversammlung 2002 hervorgehoben. Im folgenden Jahr beauftragte er eine Expertengruppe, praktische Empfehlungen dafür zu entwickeln, wie die Beziehungen der UN zur Zivilgesellschaft sowie zur privaten Wirtschaft und zu Parlamenten vertieft werden können. Seither steht die Einbindung der Gesellschaft ganz oben auf der Tagesordnung der UN.

Internationale Nichtregierungsorganisationen spielen eine wichtige Rolle. Sie lenken die Aufmerksamkeit der Regierungen und der internationalen Gemeinschaft auf bestimmte Themen und führen breit angelegte Projekte durch. Die Organisation Plan International zum Beispiel ist verantwortlich für eine weltweite Kampagne zur Geburtenregistrierung. Alle Regierungen wurden dabei aufgerufen, dafür zu sorgen, dass alle Kinder bei ihrer Geburt registriert werden. In enger Zusammenarbeit mit lokalen Partnern konnte in vielen der über 40 beteiligten Länder die Zahl der registrierten Geburten bereits deutlich erhöht werden. In Kambodscha ist es vor kurzem gelungen, innerhalb von nur zwei Monaten 1,5 Millionen Menschen zu registrieren. Ziel ist es, im kommenden Jahr die gesamte Bevölkerung von etwa 13 Millionen Menschen zu erreichen. In Indien wurden allein im Staat Orissa 3,2 Millionen Kinder erfolgreich registriert.

Auf Kinder zugehen

Organisationen, die von Bürgern vor Ort getragen werden, bringen oft die besten Voraussetzungen mit, um exakt auf die Bedürfnisse der am schwersten erreichbaren Kinder zugeschnittene Maßnahmen zu entwickeln. Sie können auf vielfältige Weise dazu beitragen, dass diese Kinder versorgt werden – beispielsweise durch Situationsanalysen und Lobbyarbeit, durch die Entwicklung politischer Strategien sowie den Ausbau, die Überwachung und Bewertung sozialer Dienste. Und sie helfen, durch Spenden Mittel für entsprechende Programme freizusetzen. Organisationen spielen zudem eine entscheidende Rolle dabei, Themen auf die Tagesordnung zu setzen. Sie veranstalten Aufklärungskampagnen in Gemeinden, brechen gesellschaftliche Tabus auf und setzen offene Diskussionen über wichtige Fragen in Gang. Dies führt letztlich einen Wandel im Verhalten der Öffentlichkeit herbei.

Professionelle Verbände setzen sich für Kinderrechte ein. Die Mutawinat Benevolent Society, ein Zusammenschluss von Rechtsanwältinnen in Khartum, Sudan, bietet bereits seit Jahren kostenlose Rechtsberatung für Frauen und Kinder an. Die meisten sind Flüchtlinge im eigenen Land und leben in extremer Armut. Die Organisation hat dazu beigetragen, die Aufmerksamkeit auf die Not von inhaftierten Frauen zu lenken, die gemeinsam mit ihren Kindern im Gefängnis sitzen. In Weiterbildungskursen informieren die Anwältinnen Richter und Polizisten über die Inhalte und Bedeutung der Kinderrechtskonvention.[22] In Nepal gibt es eine ähnliche Initiative von Frauen auf dem Land. Dabei untersuchen überwiegend mit Frauen besetzte Laiengerichte Gewalt gegen Frauen und Kinder. Dadurch ist es für die Betroffenen leichter geworden, Vorfälle zu melden.[23]

Religiöse Gruppen

Religion spielt im gesellschaftlichen und kulturellen Leben der meisten Entwicklungsländer eine zentrale Rolle. Religiösen Führern und Organisationen wird mit Respekt und Aufmerksamkeit begegnet. Aufgrund ihrer Führungsrolle sind sie in der Lage, Aufklärungsarbeit zu leisten und Verhalten zu beeinflussen. Weltweit setzen sich religiöse Führer und Organisationen dafür ein, die Ausbreitung der Aids-Epidemie zu stoppen sowie Armut und gefährliche Traditionen wie die Beschneidung zu beseitigen. Außerdem treten sie für Kinderrechte ein, wie zum Beispiel das Recht auf Bildung für alle Kinder.[24]

Sie bringen auch schwierige Themen zur Sprache. In einigen Regionen bieten interreligiöse Versammlungen ein Forum für Diskussionen und schaffen so die Rahmenbedingungen für weitere Aktionen. Wo religiöse Führer sich zusammen mit nationalen Regierungen und Nichtregierungsorganisationen im Kampf gegen die Aids-Epidemie eingesetzt haben, hat es bemerkenswerte Erfolge bei der Vorbeugung und Linderung der Auswirkungen von Aids gegeben.[25]

Seit 21 Jahren arbeitet das Projekt Pastoral da Criança, zu deutsch Kinderseelsorge, in den ärmsten Gemeinden Brasiliens und 14 weiteren lateinamerikanischen und afrikanischen Ländern. In ihrem Kampf gegen Hunger und hohe Kindersterblichkeit stützt sich die Organisation auf ein Netzwerk von 240 000 freiwilligen Helfern. Unterstützt von der katholischen Kirche, UNICEF und weiteren Organisationen, erhielt die Initiative den Menschenrechtspreis des Königs von Spanien als Anerkennung für ihren Einsatz für Kinderrechte.

In Thailand hat das Sangha Metta Projekt mehr als 3000 buddhistische Mönche und Novizen ausgebildet, um in den Gemeinden Aids-Prävention zu betreiben. Sie unterstützen betroffene Familien und gehen gegen Vorurteile und Diskriminierung an. Diese Bemühungen waren sehr erfolgreich. So ist es zum Beispiel gelungen, HIV-positive Kinder zurück in die Schule zu bringen, aus der sie vorher ausgeschlossen worden waren.[26]

Organisationen können dazu beitragen, Brennpunkte zu erkennen und Gemeinden zu identifizieren, die Unterstützung besonders dringend brauchen. Sie können helfen, wirksame Strategien zur Umsetzung von Hilfsprogrammen zu entwerfen und Frauen und Kinder in deren Entwicklung und Umsetzung einzubeziehen. Da sie die Bedürfnisse und Beschränkungen vor Ort aus unmittelbarer Erfahrung kennen, können sie einen wertvollen Beitrag zur politischen Diskussion liefern. Ausgegrenzte Kinder und ihre Eltern sind oft auf Basisorganisationen angewiesen, damit ihre Not und ihre Bedürfnisse überhaupt von der Politik wahrgenommen werden. Ein Vorbild gesellschaftlichen Engagements zur Beeinflussung der Politik ist der Globale Fonds zur Bekämpfung von Aids, Tuberkulose und Malaria. Wo Partner auf Länderebene einschließlich gesellschaftlicher Organisationen im Kampf gegen die Krankheiten zusammenarbeiten, können sie dem Fonds Projekte zur Förderung vorschlagen. Nach der Bewilligung der Mittel überwachen diese Partner die Umsetzung der Programme.[27]

Beteiligung macht Kinder stark

Kinder sind nicht nur passive Empfänger des wohltätigen und schützenden Engagements der Erwachsenen, sondern aktive Bürger mit eigenen Rechten. Sie brauchen die Chance, sich am Leben ihrer Gemeinden und Gesellschaften zu beteiligen. Allzu schnell werden Kinder von Diskussionen über politische Entscheidungen ausgeschlossen – auch wenn diese sie selbst betreffen. Politiker sollten dafür sorgen, dass die Meinungen aller Kinder, insbesondere auch die der Kinder am Rand der Gesellschaft, die sonst nicht wahrgenommen werden, gehört werden. Gleichzeitig müssen alle Kinder dazu befähigt werden, entsprechend ihrem Alter und ihren Möglichkeiten ihr Recht auf Beteiligung wahrzunehmen.

Global Movement for Children (Weltweite Bewegung für Kinder) hat sich zum Ziel gesetzt, sowohl die Rechte der Kinder als auch ihre Beteiligung zu stärken, denn beide Aspekte gehören untrennbar zusammen. An der Bewegung, die im Vorfeld des Weltkindergipfels 2002 ins Leben gerufen wurde, beteiligen sich ganz unterschiedliche Akteure, von internationalen Organisationen bis zu lokalen Kindergruppen. Vor dem G-8-Gipfel 2005 in Schottland haben Vertreter der Bewegung, darunter Kinder aus 13 afrikanischen Ländern, die Staats- und Regierungschefs der führenden Industrienationen an ihr Versprechen erinnert, Kinderarmut zu beseitigen. Sie betonten, dass dies ein praktisches, erreichbares Ziel sei und gleichzeitig eine wirtschaftliche Notwendigkeit und ein moralisches Muss.

Unter dem Dach des Global Movement for Children haben Tausende arbeitender Kinder, vom Dienstmädchen bis zum Schuhputzer, 2005 die ersten Ergebnisse einer weltweiten Umfrage unter Kindern zu den Fortschritten bei der Umsetzung der Kinderrechte vorgestellt. Trotz gewisser Fortschritte einiger Regionen bei der Bildung und der Beteiligung von Kindern ist Armut immer noch weit verbreitet, so der Bericht. Er empfiehlt, dass Kinder rund um die Welt zusammenarbeiten sollten, um möglichst viel Druck auf ihre Regierungen auszuüben, damit diese ihre Versprechen gegenüber den Kindern erfüllen.[28]

Jugendorganisationen beteiligen sich mit Jugendforen und eigenen Parlamenten zunehmend an der politischen Debatte. Das Äthiopische Jugendforum zum Beispiel hat bereits sieben Konferenzen organisiert – zu Themen wie Straßenkinder, Armutsbekämpfung, Jugend und Aids und vor kurzem zu Mädchenbildung. 2004 haben die äthiopischen Jugendlichen eine Umfrage von Kindern unter Kindern mitorganisiert. Dabei ging es darum, Schulabbrecher ausfindig zu machen und es ihnen zu ermöglichen, wieder in die Schule zurückzukehren.

Derartige Umfragen unter Kindern haben bereits in mehreren Ländern stattgefunden. Sie zeigen, dass Kinder auf der kommunalen Ebene äußerst effektiv an Entwicklungsprozessen mitwirken können, insbesondere wenn es darum geht, die ärmsten und ausgegrenzten Kinder zu erreichen. In Indien wurden Kinder zum Beispiel gebeten, eine Karte ihres Dorfes oder ihres Stadtviertels zu zeichnen. Dabei sollten sie die Häuser markieren, in denen Kinder wohnen, die nicht zur Schule gehen, und die Zahl der betroffenen Jungen und Mädchen aufschreiben.[29] Diese Karten lieferten den Planern vor Ort wertvolle Informationen. Den Menschen in den Gemeinden wurde das soziale Gefälle in ihrer Nachbarschaft bewusst. Gleichzeitig wurde ihnen der Wert der Schulbildung vor Augen geführt. Kinder standen im Mittelpunkt dieses Prozesses und profitierten in mehrfacher Hinsicht: Ihr Selbstbewusstsein wurde gestärkt, und der Zugang vieler Kinder zu Bildung wurde verbessert.

Die Rolle der Medien

Medienmacher – Journalisten, Autoren, Moderatoren, Programmgestalter – sind die Augen, Ohren und Stimmen der Gesellschaft. Sie haben großen Einfluss darauf, wie Kinder wahrgenommen werden, und können dazu beitragen, Kinderrechte auf die Tagesordnung zu setzen. Sie sind in der Lage, die Aufmerksamkeit der Öffentlichkeit auf Kinderrechtsverletzungen zu lenken und Regierungen in die Pflicht zu nehmen. Sie sind damit eine öffentliche und unabhängige Kontrollinstanz dafür, ob die Regierungen ihre Versprechen gegenüber Kindern einhalten. Darüber hinaus tragen die Medien dazu bei, Verbrechen und Kinderrechtsverletzungen bekannt zu machen und die Täter zu bestrafen.

Über Kinder berichten

Ausgegrenzte Kinder – ob Straßenkinder oder Kindersoldaten – bieten oft Stoff für packende Berichte. Die Medien verfügen über beachtliches Potenzial Betroffenheit zu wecken. Aber nicht alle Journalisten stellen diese Kinder mit Verständnis und dem ihnen zustehenden Respekt dar. Leider tragen die Medien nur allzu oft mit zur Diskriminierung der Kinder bei – zum Beispiel, indem sie sie als hilflose Opfer von Missbrauch, Krieg, Gewalt und Armut abstempeln, als kleine Verbrecher oder schlicht als niedlich. Derart einseitige Darstellungen und Sensationslust beuten Kinder ein weiteres Mal aus. Oft werden zudem die Stärken und Fähigkeiten von Kindern unterschlagen. UNICEF hat deshalb Grundsätze für eine ethische Berichterstattung über Kinder entwickelt (*siehe* Kasten »Wie soll man über Kinder berichten?«). Sie sind eine Richtschnur, die das Wohl der Kinder in den Vordergrund stellt.

Eines der besten Beispiele dafür, wie die Berichterstattung über Kinder und Jugendliche verbessert werden kann, liefert die brasilianische Nachrichtenagentur für Kinderrechte ANDI.[30] Journalisten von ANDI beobachten die Medien und veröffentlichen Ranglisten, die zeigen, welche Medien Kinder besonders negativ darstellen. Dies hat einen allmählichen Wandel der Berichterstattung bewirkt. Die Medienunternehmen bemühen sich inzwischen um eine bessere Platzierung in der Rangliste. Neben dieser Kontrolle bietet ANDI Leitlinien für das Nachrichtenschreiben und Fortbildungen für Journalisten an. Außerdem trägt die Agentur dazu bei, dass in den brasilianischen Medien häufiger über Sozialprojekte für Kinder berichtet wird. Mit dem Journalistenpreis »Journalist Friends of Children« wurde ein Anreiz zu sensibler Berichterstattung geschaffen. Dieses Beispiel wird inzwischen in acht weiteren lateinamerikanischen Ländern nachgeahmt.[31]

Kinder als Reporter

Kinder sollten auch die Möglichkeit erhalten, selbst Programm zu machen, zu moderieren und ihre eigenen Geschichten zu erzählen. In

Bangladesch können sich Kinder aus allen gesellschaftlichen Schichten am Auswahlverfahren für das Jugendprogramm »Mukto Khobor« beteiligen. Schulen werden eingeladen, Kandidaten zu benennen, ebenso wie Organisationen, die mit benachteiligten Kindern arbeiten. Zum Produktionsteam gehört ein bunter Querschnitt von Kindern. Manche von ihnen gehen zur Schule, andere können nicht einmal lesen und schreiben.

In Albanien haben Berichte von Jugendlichen über die Zustände in einem Kinderheim zu einem Austausch der Heimleitung geführt. So können Medien Kinder stark machen und bewirken, dass sie sich selbst für ihre Interessen und die ihrer Altersgenossen einsetzen können.

Redaktionsleiter sollten darüber nachdenken, »Kinderreporter« einzusetzen, die über alle Aspekte des Lebens von Kindern berichten. Verantwortungsvolle Berichterstattung über Kinder sollte fester Bestandteil der Aus- und Weiterbildung von Journalisten sein.

Medien als Partner

In fast allen Gesellschaften sind Fernsehen und Radio unentbehrlich, um die breite Bevölkerung über wichtige Themen wie Aids aufzuklären. Medienpartnerschaften können den Erfolg von Informations- und Aufklärungskampagnen verstärken. Die weltweite Medien-Initiative zu Aids (Global Media Aids Initiative), koordiniert von UNAIDS und der Kaiser Family Foundation, versucht Medienunternehmen in den Kampf gegen Aids einzubinden.[32] Über 20 führende Medienmanager aus aller Welt haben sich der Initiative angeschlossen und ihre Unternehmen dazu verpflichtet, die Öffentlichkeit besser und intensiver über Aids zu informieren.

Gleichzeitig werden Mediatheken und Datenbanken mit Informationen zum Thema Aids aufgebaut. Dazu zählt auch das Aids Media Centre, eine Internetplattform für Journalisten, die Vorabinformationen, Kontaktdaten, Hintergrundinformationen und Multimedia-Materialien bereitstellt und den Dialog unter Fachleuten fördert. Auch die vom BBC World Service Trust gegründete Datenbank bietet Medienmaterialien zur Aids-Aufklärung und Prävention sowie Kurse zur Weiterbildung an. Die BBC hat außerdem auf ihrer Internetseite eine eigene, regelmäßig aktualisierte Rubrik zu Kinderrechten – bislang weltweit eine Seltenheit.

Die Verantwortung der Wirtschaft

Wirtschaftsunternehmen und -verbände spielen eine wichtige Rolle beim Aufbau einer schützenden Umgebung für Kinder. Sie müssen dafür sorgen, dass ihr Verhalten Kindern nicht schadet oder zu ihrer Ausbeutung beiträgt. Sie übernehmen soziale Verantwortung, wenn

Wie soll man über Kinder berichten? Ethische Grundsätze von UNICEF für Journalisten

Wenn Journalisten über Kinder schreiben, sie fotografieren und filmen, kann dies weit reichende Auswirkungen auf deren Leben haben. So können Kinder als »Opfer« stigmatisiert werden oder aufgrund ihrer Aussagen in Gefahr geraten. Die Aufmerksamkeit der Medien kann Neid oder Argwohn in der Umgebung der Kinder hervorrufen.
UNICEF hat deshalb Grundsätze und Regeln entwickelt, die Journalisten helfen sollen, über Kinder in einer sensiblen Weise zu berichten und dabei ihre Grundrechte, wie sie in der UN-Kinderrechtskonvention formuliert sind, zu schützen. Ziel ist ein verantwortlicher Journalismus, der dem öffentlichen Interesse dient, ohne die Rechte und die Würde der Kinder zu gefährden.

Grundsätze:

1. Die Würde und die Rechte jedes Kindes müssen unter allen Umständen respektiert werden.
2. Bei Interviews mit Kindern muss besondere Aufmerksamkeit auf den Schutz der Privatsphäre und der Vertraulichkeit gelegt werden. Die Meinungen der Kinder müssen gehört und sie müssen in sie betreffende Entscheidungen einbezogen werden. Es muss sichergestellt werden, dass die Berichterstattung dem Kind nicht schadet.
3. Das Wohl des betroffenen Kindes hat unter allen Umständen Vorrang vor anderen Zielsetzungen – auch wenn es darum geht, für Kinderschutz und die Kinderrechte zu werben.
4. Um festzustellen, was im Interesse des Kindes ist, muss seine Meinung entsprechend seinem Alter ein besonderes Gewicht haben. Diejenigen, die dem Kind am nächsten stehen und seine Situation am besten kennen, müssen über mögliche politische, soziale und kulturelle Auswirkungen der Berichterstattung befragt werden.
5. Es dürfen keine Reportagen oder Bilder veröffentlicht werden, die das Kind, seine Geschwister oder Freunde in Gefahr bringen könnten. Dies gilt auch, wenn der Name geändert oder die Identität verschleiert oder nicht explizit genannt wird.

Leitfaden für Interviews mit Kindern

1. Dem Kind darf kein Leid zugefügt werden. Fragen oder Kommentare, die das Kind bewerten, die seine kulturellen Werte verletzen, die es in Gefahr bringen oder Belästigungen aussetzen könnten, die seine Schmerzen und Trauer aus traumatischen Erfahrungen wieder wachrufen, müssen vermieden werden.
2. Geschlecht, Alter, ethnische Zugehörigkeit, Religion, Status, Bildungsstand oder körperliche Fähigkeiten sollten nicht Grundlage für die Entscheidung sein, ein Kind zu interviewen.
3. Keine Inszenierungen: Von dem Kind darf nicht verlangt werden, eine Geschichte zu erzählen oder eine Handlung vorzuführen, die nicht Teil seiner eigenen Geschichte ist.
4. Das Kind oder sein Betreuer muss wissen, dass es mit einem Journalisten spricht. Der Grund des Interviews und die Verwendung sollten erläutert werden.
5. Das Kind und seine Betreuer sollten für alle Interviews, Videoaufnahmen und – wenn möglich – Dokumentarfotos

eine Erlaubnis geben. Wenn möglich und angemessen, sollte diese Erlaubnis schriftlich erfolgen. Die Erlaubnis darf in keiner Weise erzwungen werden. Das Kind und seine Betreuer müssen darüber informiert werden, dass sie Teil eines Berichts sind, der lokal oder sogar weltweit verbreitet wird. Dies ist in der Regel nur gewährleistet, wenn die Erlaubnis in der Heimatsprache des Kindes vorliegt und die Entscheidung gemeinsam mit einem vertrauten Erwachsenen getroffen wird.

6. Es muss darauf geachtet werden, wo und wie das Kind interviewt wird. Die Zahl der Interviewer und Fotografen sollte beschränkt sein. Es muss sichergestellt werden, dass sich das Kind wohl fühlt und seine Geschichte ohne äußeren Druck erzählen kann. Bei Film-, Video- und Radiointerviews kann der visuelle oder akustische Hintergrund Rückschlüsse auf das Leben des Kindes und seine Geschichte zulassen. Es muss daher dafür gesorgt werden, dass das Kind durch die Darstellung seines Zuhauses, seiner Gemeinde oder seiner allgemeinen Lebensumstände nicht in Gefahr gebracht wird oder negative Folgen zu spüren bekommt.

Leitfaden für Berichte über Kinder

1. Kinder dürfen nicht stigmatisiert werden. Kategorisierungen oder Beschreibungen, die das Kind körperlichen oder seelischen Repressalien aussetzen oder die Missbrauch, Diskriminierung und Ablehnung nach sich ziehen könnten, müssen vermieden werden.
2. Die Geschichte des Kindes und die Aufnahmen von ihm müssen immer in einem wahrheitsgetreuen Kontext dargestellt werden.
3. Der Name des Kindes sollte verändert und sein Gesicht verdeckt werden, wenn es

- Opfer von sexuellem Missbrauch oder Ausbeutung ist,
- selbst körperliche und sexuelle Gewalt ausgeübt hat,
- wegen Straftaten angeklagt oder verurteilt ist,
- HIV-positiv oder an Aids erkrankt ist

– außer das Kind, die Eltern oder ein Betreuer geben die ausdrückliche Zustimmung.

sie klare Verhaltensregeln einführen. Mit Informationsveranstaltungen und Personalfortbildungen müssen sie dafür sorgen, dass diese Regeln auch befolgt werden.

Gegen ausbeuterische Kinderarbeit

In den vergangenen Jahren haben viele Unternehmen akzeptiert, in ihrem wirtschaftlichen Handeln mehr soziale Verantwortung zu übernehmen. Diese Unternehmen legen gegenüber ihren Aktionären nicht nur ökonomisch Rechenschaft ab. Sie zeigen auch, wie ihre Geschäfte und Aktivitäten soziale und Umweltaspekte berücksichtigen und zu einer nachhaltigen Entwicklung beitragen. Berichte haben Fälle von Kinderarbeit ans Licht gebracht und Verbraucher mobilisiert, ein Ende dieser Menschenrechtsverletzungen zu fordern und Unternehmen entsprechend unter Druck zu setzen. Weiterer öffentlicher Druck

ist notwendig, um ausbeuterische Kinderarbeit zu beseitigen und überall für gerechte Arbeitsbedingungen zu sorgen. Nur so kann sichergestellt werden, dass Unternehmen nicht einfach Teile ihrer Produktion auslagern, um sich aus ihrer Verantwortung zu stehlen.
Die Tourismusbranche hat im April 2004 den »Verhaltenskodex zum Schutz der Kinder vor sexueller Ausbeutung im Tourismus« akzeptiert. Diesen Kodex erarbeiteten privatwirtschaftliche Unternehmen der Tourismusbranche[33] gemeinsam mit ECPAT – einem internationalen Netzwerk verschiedener Organisationen zum Schutz von Kindern vor kommerzieller sexueller Ausbeutung. Hotels und Reiseveranstalter verpflichten sich damit zu einer ethischen Unternehmenspolitik zum Schutz der Kinder. Dazu werden in Ländern, in denen Kinder sexuell ausgebeutet werden, die Beschäftigten der Reisebranche geschult und gleichzeitig Reisende über sexuelle Ausbeutung von Kindern informiert.[34] Auf den Philippinen bekämpft eine Koalition gegen Frauenhandel (CATW) die Ausbeutung von Frauen und Kindern. Die Organisation arbeitet in den Hochburgen der Prostitution und versucht, Einstellungen und Verhaltensweisen von Jungen und Männern zu ändern.

Der Weg nach vorn

Jeder muss an seinem Platz und in seiner Rolle dazu beitragen, dass ausgegrenzte Kinder einen Platz in der Gesellschaft finden, dass kein Kind vergessen wird. Internationale Organisationen, Regierungen, die Zivilgesellschaft, Medien und die Wirtschaft müssen Verantwortung für die Integration und den Schutz von Kindern übernehmen. Die Grundsätze der Kinderrechtskonvention und die Empfehlungen des UN-Kinderrechtsausschusses müssen weit mehr als bisher zum festen Bestandteil der Entwicklungszusammenarbeit werden.
Regierungen müssen darauf achten, dass ihre Gesetze die Kinderrechte stärken. Sie müssen dafür sorgen, dass auch die ärmsten Kinder Zugang zu den wichtigsten sozialen Diensten und Leistungen erhalten. Organisationen können ein Forum bieten, in dem die Betroffenen zu Wort kommen. Die Wirtschaft hat bereits mehr Verantwortung gegenüber Kindern übernommen. Doch weiteres Engagement und Wachsamkeit sind gefordert. Die Medien spielen eine bedeutende Rolle dabei, das Schicksal ausgegrenzter Kinder aufzudecken und alle zum Handeln aufzurufen. Familien, Schulen und andere Einrichtungen müssen Kindern zuhören und ihre Meinungen respektieren.

Zusammenfassung

Es muss alles daran gesetzt werden, alle Kinder ohne Ausnahme zu erreichen. Doch wie kann sichergestellt werden, dass auch die vergessenen Kinder, die Hilfe am dringendsten brauchen, in den Genuss der sozialen Grundversorgung kommen? Wie können sie vor Missbrauch, Ausbeutung und Vernachlässigung geschützt werden? Drei Schlussfolgerungen:

- Es gilt, die Notlage der vergessenen Kinder zu verstehen, sowie die Faktoren, die zu ihrer Ausgrenzung führen. Diese Kinder müssen in den Mittelpunkt der Hilfe gestellt werden. Die Anstrengungen, diese Kinder zu erreichen, müssen fester Bestandteil nationaler Entwicklungspolitik sein.
- Die Hauptursachen der Ausgrenzung von Kindern müssen angegangen werden. Dazu gehören extreme Armut, bewaffnete Konflikte, schlechte Regierungsführung, die Aids-Epidemie und Diskriminierung.
- Alle Mitglieder der Gesellschaft müssen sich zu ihrer Verantwortung gegenüber Kindern bekennen und ein schützendes Umfeld für sie schaffen.

Die Regierungen tragen die Hauptverantwortung dafür, dass kein Kind ausgeschlossen wird. Sie müssen ihre Anstrengungen in vier Schlüsselbereichen verstärken:

- Forschung: Es fehlen verlässliche Daten über die Kinder am Rand der Gesellschaft. Diese Informationen sind jedoch Voraussetzung für die Entwicklung geeigneter Hilfsprogramme. Deshalb ist mehr Forschung für Kinder notwendig.
- Gesetzgebung: Die nationalen Gesetze müssen an internationale Grundsätze, insbesondere die Kinderrechtskonvention, angepasst werden. Gesetze, die Diskriminierung verfestigen, müssen geändert oder abgeschafft werden.
- Finanzierung: Die staatliche Haushaltsplanung muss sich stärker an den Bedürfnissen von Kindern orientieren. Gleichzeitig müssen Kapazitäten aufgebaut werden, damit Hilfsprogramme wirksam umgesetzt werden.
- Hilfsprogramme: In vielen Ländern und Gemeinden sind Reformen notwendig, müssen Hemmschwellen abgebaut werden, die Kinder von sozialen Leistungen ausschließen. Die Bündelung von Angeboten an einem Ort kann den Zugang erleichtern. Für entlegene Gegenden auf dem Land sind Außenstellen und mobile Stationen geeignet.

Doch die Regierungen der Entwicklungsländer brauchen Unterstützung: Geberländer und internationale Organisationen müssen ein geeignetes Umfeld schaffen durch eine gut durchdachte Entwicklungs- und Handelspolitik sowie durch Schuldenerlasse. Die Gesellschaft muss Verantwortung für ausgegrenzte Kinder übernehmen. Die private Wirtschaft muss ethische Unternehmenspraktiken befolgen und sicherstellen, dass Kinder nicht ausgebeutet werden. Die Medien sollten akkurat berichten und die Bevölkerung zur Teilnahme an gesellschaftlichen Entscheidungen befähigen. Journalisten sollten Einstellungen, Vorurteile und Praktiken, die Kindern schaden, kritisch hinterfragen. Und schließlich können Kinder selbst eine aktive Rolle übernehmen, um sich selbst und ihre Altersgenossen zu schützen.

5 Gemeinsam für Kinder

© UNICEF/HQ00–0779/Donna Decesare

Szenario für eine kindgerechte Welt: Alle Kinder, gleich in welchem Land sie leben, unabhängig von der Höhe des Einkommens, vom Geschlecht, von ihrer ethnischen Herkunft und ihrem Wohnort, haben Zugang zu den wichtigsten Sozialleistungen und wachsen in Sicherheit auf. Alle Länder haben ihre Anstrengungen verstärkt, um auch die fünf bis zehn Prozent der Kinder zu versorgen, die bislang ausgegrenzt wurden und am schwersten zu erreichen sind. Jedes Kind geht zur Schule und gewinnt dadurch die notwendige soziale Kompetenz und Stärke, um sich selbst gegen Missbrauch zu wehren. Alle Kinder sind gegen die gefährlichsten Krankheiten geimpft und profitieren von Impfstoffen, die heute noch als zu teuer gelten, um an alle ausgegeben zu werden. Kein Säugling stirbt, bloß weil eine einfache, preiswerte Zucker-Salz-Lösung fehlt, die das Austrocknen des Körpers bei Durchfall verhindert. Kein Kind wird mehr ausgebeutet und muss unter sklavenähnlichen Bedingungen arbeiten.

Eine solche Welt wäre nicht nur besser für Kinder, sondern für die ganze Menschheit. Vermeidbare Krankheiten, krankheitsbedingte Folgen für die körperliche und geistige Entwicklung und Todesfälle würden stark zurückgehen – mit vielen positiven Auswirkungen für das einzelne Kind wie für die Gesellschaft. Bittere Armut, Krieg und Zerstörung gingen immer mehr zurück. Die wirtschaftliche Entwicklung würde profitieren, weil die Mitarbeiter gesünder und besser ausgebildet wären und deshalb besser auf neue Herausforderungen reagieren könnten. Demokratien würden lebendiger und stabiler, wenn mehr gebildete und informierte Wähler ihr Mitspracherecht an den Entscheidungsprozessen einfordern und Korruption und Willkürherrschaft im Zaum halten könnten. Und vor allem könnten die ganze Energie und die Kreativität von Kindern und Jugendlichen ihrer eigenen Entwicklung und ihrer Gesellschaft zugute kommen, anstatt im verzweifelten Kampf ums tägliche Überleben vergeudet zu werden.

Auch wenn eine solche kindgerechte Welt in unvorstellbarer Ferne zu liegen scheint – es gehört zu den Verpflichtungen der internationalen Gemeinschaft, diese grundlegenden Rechte für jedes einzelne Kind zu verwirklichen. Beim Millenniums-Gipfel 2000 hat sich die internationale Gesellschaft dafür zeitgebundene Zielvorgaben gesetzt. An diesen müssen sich die Staats- und Regierungschefs messen lassen.

Politik ist die Kunst des Möglichen. Mit der Millenniums-Erklärung haben Politiker und internationale Organisationen ein gemeinsames Versprechen gegeben. Bis zum Jahr 2015 wollen sie dafür sorgen, dass jedes Kind auf der Welt die Grundschule abschließen kann, die Kindersterblichkeitsrate um zwei Drittel und die Müttersterblichkeit um drei Viertel gesunken ist und Aids und Malaria sich nicht weiter ausbreiten. In einer Welt, in der die globale Wirtschaft es inzwischen auf ein Volumen von jährlich 60 Billionen US-Dollar bringt, sind diese Ziele erreichbar.[1] Die Menschheit entwickelt ihr Wissen und den technischen Fortschritt jeden Tag weiter – von der Aufschlüsselung des menschlichen Genoms bis hin zur Erklärung für den Ursprung des Universums. Sollte es da nicht möglich sein, Kinder vor dem Verhungern zu bewahren oder zu verhindern, dass Kinder heute noch an so leicht vermeidbaren Krankheiten wie Durchfall sterben?

Die Welt für Kinder bewegen

Um die Millenniums-Entwicklungsziele zu verwirklichen, brauchen wir gute Strategien und den politischen Willen, sie durchzusetzen. Doch keine Regierung und keine Organisation kann dies alleine schaffen – wirksame, kreative und beständige Partnerschaften sind gefragt. Praktische Solidarität ist gefordert. Der Bericht des UN-Generalsekretärs zur Verbesserung der Zusammenarbeit zwischen den Vereinten Nationen und ihren Partnern drückt es so aus: Notwendig sind »freiwillige und kooperative Beziehungen, in denen alle Seiten übereinkommen, ein gemeinsames Ziel zu erreichen oder eine gemeinsame Aufgabe anzupacken und dabei Risiken, Verantwortlichkeiten, Ressourcen, Kompetenzen und Erträge zu teilen«.[2]

Es gibt überall auf der Welt Tausende Menschen und Organisationen, die für Kinder arbeiten, jeweils mit einem eigenen Schwerpunkt und eigener Ausrichtung. Doch es wächst die Zahl derer, die sich bei ihrer Arbeit an der Kinderrechtskonvention, an den Millenniums-Entwicklungszielen und der Erklärung »Für eine kindgerechte Welt« orientieren. Diese Kräfte müssen gebündelt werden, um eine weltweite politische Bewegung für Kinder zu schaffen. Die Kinder der Welt, vor allem die ausgegrenzten und »unsichtbaren« unter ihnen, zählen darauf.

Das Konzept der Partnerschaft ist grundlegend für UNICEF. Schon in der Gründungsresolution wurde UNICEF 1946 von der Vollversammlung der Vereinten Nationen[3] beauftragt, mit Nothilfe und Kinderwohlfahrtsorganisationen zusammenzuarbeiten. Dieser gegenseitige Austausch hat zu vielfältigen Synergien geführt, um Gelder und Ressourcen für Hilfsprogramme freizusetzen und politische Entscheidungen im Sinn der Kinder zu beeinflussen. In den Industrienationen wurden nationale Komitees für UNICEF gegründet, die von freiwilligen Helfern getragen werden. In den 1960er Jahren haben Nichtregierungsorganisationen die Arbeit von UNICEF hinsichtlich der Gesundheit von Müttern und Kindern, der Bildung und der Ernährung beeinflusst. Und in den 1970er Jahren waren es die Partner von UNICEF, die das Jahr 1979 als »Internationales Jahr des Kindes« durchsetzten. Aus dieser Initiative entstand schließlich der Vorschlag für die Kinderrechtskonvention, die zehn Jahre später von der UN-Generalversammlung verabschiedet wurde. Seitdem ist klar, dass Kinder nicht einfach Empfänger von wohltätiger Hilfe sind, sondern dass sie eigene Rechte haben. UNICEF hat den Auftrag, die Umsetzung dieser Kinderrechte zu unterstützen. Kinder und Jugendliche selbst und ihre Familien sind dabei die wichtigsten Partner. Sie müssen befähigt werden, ihre Rechte wahrzunehmen und durchzusetzen.[4]

Als Teil der UN beteiligt sich UNICEF derzeit an der grundlegenden UN-Reform – mit dem Ziel, die Zusammenarbeit zwischen den einzelnen UN-Organisationen zu modernisieren. Es gilt, neuen Erkenntnissen aus der Entwicklungszusammenarbeit Rechnung zu tragen. Nachhaltige Fortschritte können nur erzielt werden, wenn alle Akteure miteinbezogen werden. Mut und Schnelligkeit sind gefordert, um bestehende Partnerschaften auszubauen, neue zu bilden und neue Mechanismen der Verantwortlichkeit zu schaffen. Zeit ist dabei das entscheidende Kriterium. Dies nicht nur, weil die Frist bis zur Umsetzung der Millenniums-Entwicklungsziele in zehn Jahren ausläuft: Millionen Kinder werden ihre Kindheit versäumen, wenn nicht sofort gehandelt wird.

Eine Zukunft für die »unsichtbaren« Kinder

Die Millenniums-Entwicklungsziele sind erreichbar. Allerdings nur, wenn jeder Einzelne seinen Teil dazu beiträgt: Verantwortliche aus Politik und Verwaltung, die Freiwilligenorganisationen in den Dörfern und Slums, die Medien, die bestimmen, was auf der Tagesordnung steht, die Gemeinden, in deren Obhut die Kinder leben, die Unternehmen, die endlich ihre gesellschaftliche Verantwortung beweisen müssen. Die Kinder können nicht länger darauf warten, dass ihre Rechte verwirklicht werden, dass sie die Chance auf ein Leben ohne Armut und Ausbeutung bekommen.

Es grenzt an bittere Ironie: Ausgerechnet die Kinder, deren Not am größten ist und deren Rechte am häufigsten missachtet und verletzt werden – sie tragen gleichzeitig das größte Risiko, im weltweiten Kampf gegen Armut und Krankheit, gegen Analphabetismus und Ausbeutung übergangen zu werden. Es ist höchste Zeit, auf diese Kinder zuzugehen.

Gleiche Bildungschancen für Mädchen

Mehr als die Hälfte der weltweit 115 Millionen Kinder, die nicht zur Schule gehen, sind Mädchen. Ihnen werden nach wie vor wesentlich größere Hindernisse in den Weg gelegt als Jungen. Es kann nicht so weitergehen, wenn bis zum Jahr 2015 Chancengleichheit und Grundbildung für alle Kinder verwirklicht werden sollen. Zusätzliche Anstrengungen sind notwendig, um Mädchen den Besuch der Schule zu ermöglichen und dafür zu sorgen, dass sie ihre Schulbildung auch abschließen. Deshalb hat UNICEF die »Initiative der Vereinten Nationen für Mädchenbildung« ins Leben gerufen.
Seit ihrem Start beim Weltforum »Bildung für alle« im April 2000 in Dakar im Senegal hat sich die Initiative zu einer weltweiten Partnerschaft entwickelt. Mit dabei sind Regierungen von Entwicklungs- und Geberländern, UN- und Nichtregierungsorganisationen, Wirtschaftsunternehmen, gesellschaftliche und religiöse Gruppen, Gemeinden, Eltern und Lehrer.
Statt neue Strukturen und Programme zu schaffen, setzt die Initiative auf Zusammenarbeit, Ressourcenbündelung und strategische Bündnisse. Sie engagiert sich auf internationaler, regionaler und nationaler Ebene. Sie beeinflusst Entscheidungsprozesse und Investitionen in der Bildungspolitik der einzelnen Länder zugunsten von Geschlechtergleichheit und Gleichberechtigung. Die Partnerschaft mobilisiert finanzielle Mittel für Projekte und Länderprogramme und ergänzt so bereits bestehende Strukturen der Entwicklungshilfe.

Wie Mädchen gefördert werden

Um Mädchenbildung in einem Land voranzubringen, entwirft eine Arbeitsgruppe einen nationalen Aktionsplan. Dabei werden Regierungen und regionale Partner von Beginn an mit einbezogen – von der Planung bis hin zur Umsetzung und zur Überwachung der Programme und Projekte.
Um die Geschlechterkluft abzubauen und eine qualitativ gute Grundbildung für alle Kinder zu ermöglichen, setzt die Initiative auf zwei verschiedene Strategien: gezielte und systematische Interventionen.

- Gezielte Interventionen sind gewöhnlich kleiner angelegt und konzentrieren sich auf bestimmte Bevölkerungsgruppen, Regionen oder spezielle Bereiche des Bildungssystems. Vielfach handelt es sich um Pilotprojekte von Organisationen. Gezielte Interventionen können aber auch Großprojekte sein, die landesweit oder in verschiedenen Regionen des Landes durchgeführt werden.
- Systematische Interventionen sind darauf ausgerichtet, das Bildungssystem als Ganzes zu beeinflussen. Sie sollen möglichst vielen Bevölkerungsgruppen zugute kommen. Häufig handelt es sich um gemeinsame Projekte von Geberorganisationen und Regierungen, die in der Regel landesweit oder in einer großen Region durchgeführt werden.

Alle Beteiligten bringen ihre jeweiligen Stärken und Ressourcen in die Kampagne ein. So gelingt es, nationale Kapazitäten aufzubauen und parallele Strukturen zu vermeiden.

Zusammenfassung

Eine kindgerechte Welt scheint heute in weiter Ferne zu liegen. Doch es gehört zu den Verpflichtungen der internationalen Gemeinschaft, die grundlegenden Rechte für jedes einzelne Kind zu verwirklichen. Beim Millenniums-Gipfel im Jahr 2000 haben sich die Regierungen dafür zeitgebundene Ziele gesetzt, an denen sie sich messen lassen müssen. Um einer kindgerechten Welt näher zu kommen, müssen in den nächsten zehn Jahren drei Schlüsselbereiche entschlossen angegangen werden.

- **Die Millenniums-Entwicklungsziele verwirklichen**: Beim Weltgipfel im September 2005 haben die Staats- und Regierungschefs bekräftigt, dass sie die Millenniums-Entwicklungsziele bis zum Jahr 2015 erfüllen wollen. Dies muss der erste Schritt sein, um allen Kindern Zugang zur sozialen Grundversorgung, Schutz und Beteiligung zu verschaffen. Die Länder, die bei der Umsetzung der Ziele zurückliegen, müssen ihre Anstrengungen jetzt dringend verdoppeln. Dazu brauchen sie die Unterstützung von Geberländern und internationalen Organisationen. Länder, die bei der Verwirklichung auf dem besten Weg sind, sollten sich anstrengen, über diese Ziele hinauszugehen. Sie müssen sich dafür einsetzen, die Kluft zwischen Arm und Reich bei der Gesundheitsversorgung, bei der Bildung und bei den Entwicklungschancen von Kindern zu beseitigen.
- **Hilfe für die »unsichtbaren« Kinder**: Es gilt die Kinder zu erreichen, die am dringendsten Schutz und Fürsorge benötigen – die Ärmsten und besonders Gefährdeten, die Ausgebeuteten und Missbrauchten. Sie werden ausgegrenzt und übersehen. Es muss alles darangesetzt werden, diese Ungerechtigkeit zu beseitigen.
- **Mit Kindern gemeinsam die Welt bewegen:** Keine Regierung, keine Behörde oder Organisation kann auch nur eines der Millenniums-Entwicklungsziele allein schaffen – wirkungsvolle, kreative und beständige Partnerschaften sind gefragt. Alle müssen ihren Teil zum Wohl der Kinder beitragen – und dabei mit Kindern zusammenarbeiten. Kinder sollten Partner sein. Dazu müssen sie gefördert, einbezogen und beteiligt werden. Mit der Millenniums-Erklärung hat sich die internationale Gemeinschaft vorgenommen, eine Welt zu schaffen, die von Frieden, Gleichheit, Toleranz, Sicherheit, Freiheit, Umweltbewusstsein und geteilter Verantwortung geprägt ist. Wenn diese Vision näher rücken soll, darf kein Kind mehr ausgegrenzt werden. Die Kinder, denen heute die Möglichkeit fehlt, sich zu entwickeln und zu entfalten, warten darauf.

Anmerkungen

Kapitel 1

1 United Nations, *Millennium Declaration*, New York, 2000, Artikel 2 und 6.

2 Siehe *Tabelle 1 (Grundindikatoren)*, S. 158 ff., und *Tabelle 6 (Demographische Indikatoren)*, S. 208 ff.

3 United Nations General Assembly, *A World Fit for Children*, New York, Oktober 2002, S. 2.

4 Siehe *Tabellen 1–10*, S. 158 ff.

5 United Nations Millennium Project, *Investing in Development: A Practical Plan to Achieve the Millennium Development Goals*, Earthscan, London/Sterling, VA, 2005, S. 66–67; United Nations, *In Larger Freedom: Towards Development, Security, and Human Rights for All, Annex*, For Decisions by Heads of States and Government, New York, 2005; and United Nations, *2005 World Summit Outcome*, A/60/ L.1*, New York, 20. September 2005, S. 9–10.

Kapitel 2

1 UNICEF, *Zur Situation der Kinder in der Welt 2005*, UNICEF, New York, 2004, S. 18–20.

2 Internationale Arbeitsorganisation, International Programme on the Elimination of Child Labour, *Combating Child Labour Through Education*, ILO/IPEC, Genf, April 2004, S. 5.

3 United Nations, Department of Public Information, *The Millennium Development Goals Report 2005*, UN, New York, Mai 2005, S. 6.

4 UNICEF, *Zur Situation der Kinder in der Welt 2005*, a.a.O., S. 32–35.

5 Siehe *Tabelle 1 (Grundindikatoren)*, S. 158 ff., *Tabelle 5 (Bildung)*, S. 198 ff. und *Tabelle 6 (Demographische Indikatoren)* S. 208 ff.

6 UNICEF, *Zur Situation der Kinder in der Welt* 2005, a.a.O., S. 56–60.

7 Siehe *Tabelle 5 (Bildung)*, S. 198 ff.

8 Siehe *Tabelle 5 (Bildung)*, S. 198 ff.

9 Joint United Nations Programme on HIV/Aids, UNICEF and USAID, *Children on the Brink 2004: A Joint Report of New Orphan Estimates and a Framework for Action*, Population, Health and Nutrition Information Project for USAID, Washington, D. C., Juli 2004, S. 7.

10 Siehe *Tabelle 4 (HIV/Aids)*, S. 188 ff.

11 Joint United Nations Programme on HIV/Aids, UNICEF and USAID, *Children on the Brink 2004*, a.a.O., S. 2.

12 Joint United Nations Programme on HIV/Aids and WHO, *Aids Epidemic Update*, UNAIDS/WHO, Genf, Dezember 2004, S. 1.

13 Huang, Rui., Lilyan E. Fulginiti und E. Wesley F. Peterson, *Investing in Hope: Aids, Life Expectancy and Human Capital Accumulation*, Paper prepared for Presentation at the Meetings of the International Association of Agricultural Economists, Durban, Südafrika, August 2003, Auszug, S. 1.

14 Joint United Nations Programme on HIV/Aids, *2004 Report on the Global Aids Epidemic*, Genf, Juni 2004, S. 93, und Joint United Nations Programme on HIV/ Aids und WHO, *Aids Epidemic Update*, a.a.O., S. 1.

15 Die Berechnungen von UNICEF basieren auf den Daten aus »Demographic and Health Survey (DHS)« sowie »Multiple Indicator Cluster Surveys (MICS)«.

16 UNICEF, *Progress for Children: A Report Card on Gender Parity and Primary Education*, No. 2, UNICEF, New York, April 2005, S. 6.

17 Ebda., S. 7.

18 United Nations Millennium Project, *A Home in the City: Task Force Report on Improving the Lives of Slum Dwellers*, Executive Summary, Earthscan, London/Sterling, VA, 2005, S. 10.

19 Ebda., S. 16–17.

20 UNICEF, *Progress for Children*, a.a.O., S. 4.

21 Ebda., S. 8.

22 United Nations Population Fund, *State of the World Population Report 2004. The Cairo Consensus at Ten: Population, Reproductive Health and the Global Effort to End Poverty*, UNFPA, New York, 2004, S. 34–35.
23 United Nations Development Programme, *Human Development Report 2004: Cultural Liberty in Today's Diverse World*, Oxford University Press for UNDP, New York, 2004, S. 27.
24 NGO/UNICEF Regional Network for Children, Central and Eastern Europe, the Commonwealth of Independent States, The Baltics, *Leave No Child Out Campaign*, Fact Sheet, RNC, 2003, S. 7.
25 United Nations Development Programme, *Human Development Report 2004*, a.a.O., S. 32–33.
26 UNICEF, *Ensuring the Rights of Indigenous Children*, Innocenti Digest No. 11, UNICEF, Innocenti Research Centre, Florenz, 2004, S. 7.
27 Ebda., S. 7.
28 Ebda., S. 7–10.
29 Ebda., Kasten 9, S. 9.
30 Ebda., S. 9–10.
31 Ebda., S. 10.
32 Ebda., S. 9–10.
33 Ebda., S. 9.
34 Ebda., S. 11.
35 UNESCO, *EFA Flagship Initiatives*, UNESCO, Paris, 2004, S. 19.
36 NGO/UNICEF Regional Network for Children, *Leave No Child Out Campaign*, a.a.O., S. 18–19.
37 UNICEF, *Progress for Children: A Report Card on Immunization*, Number 3, UNICEF, New York, September 2005, S. 7.
38 WHO, *Nutrition for Health and Development. A Global Agenda for Combating Malnutrition, Progress Report*, WHO, France, 2000, S. 14–15.
39 International Campaign to Ban Landmines, *Landmine Monitor Report 2003: Toward a Mine-Free World*, Executive Summary, Human Rights Watch, New York, August 2003, S. 53.
40 United Nations General Assembly and Economic and Social Council, *Implementation of the Programme of Action for the Least Developed Countries for the Decade 2001–2010*, Report of the Secretary-General, Mai 2005, A/60/81-E/2005/68.
41 Otunnu, Olara A., *Special Comment on Children and Security*, Disarmament Forum, No. 3, United Nations Institute for Disarmament Research, Genf, 2002, S. 2.
42 UNICEF, *Zur Situation der Kinder in der Welt 2005*, a.a.O. S. 71–72.

Kapitel 3

1 UNICEF, *The ›Rights‹ Start to Life: A Statistical Analysis of Birth Registration*, UNICEF, New York, 2005, S. 3.
2 Ebda., S. 1.
3 UNICEF, *Birth Registration: Right from the Start*, Innocenti Digest No. 9, UNICEF Innocenti Research Centre, Florenz, März 2002, S. 1.
4 UNICEF, *The ›Rights‹ Start to Life*, a.a.O., S. 1.
5 Siehe *Tabelle 9 (Kinderschutz)*, S. 238 ff.
6 Ebda.
7 UNICEF, *The ›Rights‹ Start to Life: A Statistical Analysis of Birth Registration*, a.a.O., Tabelle 2, S. 29.
8 Siehe *Tabelle 9 (Kinderschutz)*, S. 238 ff.; und UNICEF, *Birth Registration: Right from the Start*, a.a.O., S. 10–12.
9 Office of the United Nations High Commissioner for Human Rights, 2004 *Global Refugee Trends: Overview of Refugee Populations, New Arrivals, Durable Solutions, Asylum-Seekers, Stateless and Other Persons of Concern to UNHCR*, UNHCR, Genf, Juni 2005, S. 2.
10 Norwegian Refugee Council, *Internal Displacement: Global Overview of Trends and Developments in 2004*, Global IDP Project, Genf, 2004, S. 9.
11 Norwegian Refugee Council, *Internal Displacement*, a.a.O., S. 23.
12 UNICEF, *UNICEF and Displacement*, a.a.O., S. 2.
13 Executive Committee of the High Commissioner's Programme, *Agenda for Protection*, UNHCR, Juni 2002, EC/52/SC/CRP.9/Rev.1.
14 Als Waisenkind gilt ein Kind unter

18 Jahren, das beide Elternteile oder mindestens einen Elternteil verloren hat. Siehe auch Joint United Nations Programme on HIV/Aids, *Children on the Brink 2004*, a.a.O., S. 7.

15 Ebda., S. 7.

16 Ebda., S. 7.

17 Kifle, Abiy, *Ethiopia, Child Domestic Workers in Addis Abeba: A Rapid Assessment*, International Programme on the Elimination of Child Labour, International Labour Office, Internationale Arbeitsorganisation, Genf, Juli 2002, S. 19.

18 Musingeh, A. C. S., et al., *HIV/Aids and Child Labour in Zambia: A Rapid Assessment*, Paper no. 5, International Programme on the Elimination of Child Labour, International Labour Office, Internationale Arbeitsorganisation, Genf/ Lusaka, 2003, S. vii–viii.

19 Consortium for Street Children, *Street Children FAQs*, http://www.streetchildren.org.uk/street_children.

20 UNICEF, *Zur Situation der Kinder in der Welt 2003*, UNICEF, New York, 2002, S. 39–40.

21 Casa Alianza, *Exploitation of Children – A Worldwide Outrage*, Casa Alianza, Worldwide Statistics, September 2000, S. 1.

22 Consortium for Street Children, *Street Children FAQs*, a.a.O.

23 UNICEF, *Factsheet: Child Protection*, UNICEF, New York, 2004.

24 Committee on the Rights of the Child, [Report of] 37th Session, 13. September bis 1.Oktober 2004, Genf, 2004, S. 8.

25 United Nations, *Violence Against Children in Conflict with the Law: A Thematic Consultation for the United Nations Secretary-General's Study on Violence Against Children*, UN, Genf, 4.–5. April 2005, S. 4.

26 United Nations General Assembly, *Convention on the Rights of the Child*, New York, 1989, Preamble.

27 UNICEF, Zur Situation der Kinder in der Welt 2005, a.a.O., S. 55.

28 Ebda., S. 44.

29 Save the Children, *Forgotten Casualties of War: Girls in Armed Conflict*, Executive Summary, London, April 2005, S. 1.

30 UNICEF, *Early Marriage: A Harmful Traditional Practice*, UNICEF, New York, 2005, S. 4.

31 Ebda., Tabelle 2, S. 32.

32 Assani, Aliou, *Etudes sur les Mariages Précoces et les Grossesses Précoces au Burkina Faso, Cameroun, Gambie, Liberia, Niger et Tchad*, UNICEF Abidjan, 2000. Cited in UNICEF, *Early Marriage: Child Spouses*, Innocenti Digest No. 7, UNICEF, Innocenti Research Centre, Florenz, 2001, S. 2.

33 UNICEF, *Early Marriage: Child Spouses*, a.a.O., S, 2.

34 United Nations General Assembly, *Convention on the Elimination of All Forms of Discrimination Against Women*, New York, 1979, Artikel 16.

35 UNICEF, *Early Marriage: Child Spouses*, a.a.O., S. 11.

36 Ebda., S. 11.

37 International Labour Organization, International Programme on the Elimination of Child Labour, Statistical Information and Monitoring Programme on Child Labour, *Every Child Counts: New Global Estimates on Child Labour, Summary of Highlights*, ILO/IPEC/SIMPOC, Genf, 2002, S. 8 und 12.

38 Ashagrie, Kebebew, Statistics on Working Children and Hazardous Child Labour in Brief, Internationale Arbeitsorganisation, Genf, April 1998, S. 8–12.

39 Internationale Arbeitsorganisation, *A Future Without Child Labour*, ILO, Genf, 2002, S. 32.

40 Internationale Arbeitsorganisation, *Unbearable to the Human Heart: Child Trafficking and Action to Eliminate It*, ILO, Genf, 2002, S. 14–15.

41 Internationale Arbeitsorganisation, International Programme on the Elimination of Child Labour, *Nepal, Trafficking in Girls with Special Reference to Prostitution: A Rapid Assessment*, Executive Summary, ILO/IPEC, Genf, 2001, S. 24, 42.

42 Internationale Arbeitsorganisation, *Every Child Counts*, a.a.O., S. 8 und 12.

43 Internationale Arbeitsorganisation, *A Global Alliance against Forced Labour*, a.a.O., S. 17.

44 Internationale Arbeitsorganisation, *A Future Without Child Labour*, a.a.O., S. 31.

45 Internationale Arbeitsorganisation, International Programme on the Elimination of Child Labour, *Helping Hands or Shackled Lives? Understanding Child Domestic Labour and Responses to It*, ILO/IPEC, Genf, Juni 2004, S. 20, Fußnote 25.
46 Ebda., S. 12 und 51.
47 Ebda., S. 51.
48 Organización Internacional del Trabajo, Programa Internacional para la Erradicación del Trabajo Infantil, El Salvador, *Trabajo Infantil Doméstico: Una Evaluación Rápida*, ILO/IPEC, Genf, Februar 2002, S. xi.
49 Landgren, Karin, *The Protective Environment: Development Support for Child Protection*, Human Rights Quarterly, Vol. 27, No. 1, Johns Hopkins University Press, Baltimore, 2005, S. 220.
50 UNICEF, Child Trafficking in West Africa: Policy responses, UNICEF, Innocenti Insight, Florenz, April 2002 S. 14.
51 Ebda., S. 14.

Kapitel 4

1 Interparlamentarische Union und UNICEF, *Combating Child Trafficking, Handbook for Parliamentarians No. 9*, Frankreich, März 2005, S. 11.
2 UNICEF, *Early Marriage: A Harmful Traditional Practice*, a.a.O., S. 25; und UNICEF, *Progress for Children*, a.a.O., S. 7.
3 Economic Community of West African States (ECOWAS), *ECOWAS, Initial Plan of Action against Trafficking in Persons (2002–2003)* ECOWAS, Executive Secretariat, Dakar, Dezember 2001, S. 7.
4 Internationale Arbeitsorganisation *Unbearable to the Human Heart*, a.a.O., S. 67.
5 Machel, Graça, *The Impact of Armed Conflict on Children*, UNICEF, New York, 1996.
6 Otunnu, Olara A., *Era of Application: Instituting a Compliance and Enforcement Regime for CAAC*, Statement before the Security Council, New York, 23. Februar 2005, S. 3.
7 UNICEF, *Early Marriage: Child Spouses*, a.a.O., S. 8.
8 Siehe Tabelle 9: Kinderschutz, S. 238 ff.
9 UNICEF unterscheidet zwischen zwei Indikatoren hinsichtlich der Beschneidung von Mädchen und Frauen: (A) Frauen: Die Prozentzahl der Frauen zwischen 15 und 49 Jahren, die beschnitten wurden; (B) Töchter: Die Prozentzahl der Frauen zwischen 15 und 49 Jahren, die mindestens eine beschnittene Tochter hat. Die im Text angegebene Zahl bezieht sich auf Indikator B. Siehe auch *Tabelle 9: Kinderschutz*, S. 238 ff.
10 Institute for Democracy in South Africa and Save the Children Sweden, *Report of the Global Seminar on Monitoring Government Budgets to Advance Child Rights and Child Poverty Alleviation:* How Far Have We Come?, Kapstadt, 10.–14. Mai 2004, S. 1.
11 Vásquez, Enrique und Enrique Mendizabal, *How to Make Children Come First: The Process of Visualizing Children in Peru*, April 2004, New York.
12 UNICEF, *A Children's Budget: Ensuring Adequate Resource Commitment and Budget Analysis for Children*, Child-Friendly Cities Secretariat, http://www.childfriendlycities.org.
13 Ministry of Basic Education and Culture, Namibia, *National Policy Options for Educationally Marginalized Children, 2000, cited in UNICEF, Guidance Note: Reaching Marginalized Children and Families*, UNICEF Organizational Plan 2006–2009, New York, S. 3.
14 Barberton, Conrad und John Stuart, *Re-Costing the Child Justice Bill: Updating the Original Costing Taking into Consideration Changes Made to the Bill*, Applied Fiscal Research Centre, Executive Summary, (Afrec Pty Ltd), Südafrika, Mai 2001, S. 11–IV.
15 Social Development Notes, Environmentally and Socially Sustainable Development Network, *Case Study 3 – Gujarat, India: Participatory Approaches in Budgeting and Public Expenditure Management*, prepared by Wagle, Swarning and Parmesh Shah of the Participation and Civic Engagement Group in The World Bank, Note No. 72, März 2003.

16 UNICEF, *Efforts to Address the Needs of Children Orphaned and Made Vulnerable by HIV/AIDS: Rwanda, Swaziland, and Tanzania*, draft 3, Mai 2004, New York, S. 8.
17 UNICEF, *Report on the Situation of Children and Adolescents in Brazil*, UNICEF, Brasilien, 2003, S. 125–126.
18 Department for International Development, *Departmental Report 2005*, DFID, UK, 2005, S. 128.
19 UNICEF, *Guidance Note: Reaching Marginalized Children and Families*, a.a.O., S. 17.
20 Cvekic, Ljiljana, *Serbia and Montenegro: Immunization to Reach the Unreached*, UNICEF Serbien und Montenegro, Januar 2004.
21 United Nations Millennium Project, *Investing in Development*, a.a.O., S. 306.
22 Women's Commission for Refugee Women and Children, *Only Through Peace: Hope for Breaking the Cycle of Famine and War in Sudan*, New York, September 1999, S. 10.
23 UNICEF, *Humanitarian Action Report 2005*, UNICEF, New York, 2005, S. 153.
24 UNICEF, World Conference of Religions for Peace and United States Agency for International Development, *What Religious Leaders Can Do about HIV/Aids: Action for Children and Young People*, New York, November 2003, S. 17 und 21.
25 Ebda., S. 8.
26 Joint United Nations Programme on HIV/Aids, *HIV-Related Stigma, Discrimination and Human Rights Violations: Case Studies of Successful Programmes, UNAIDS Best Practice Collection*, UNAIDS, Genf, April 2005, S. 24–25.
27 United Nations Millennium Project, *Investing in Development*, a.a.O., S. 128.
28 Global Movement for Children and Mouvement Africain des Enfants et Jeunes Travailleurs, *›A World Fit for Us… Children: African Children Organisations‹* Report of Accountability on the Promises Governments Have Made to Them, Executive Summary und S. 5, GMC/MAEJT, Dakar, Senegal, 2005.
29 Caillods, Françoise und Candy Lugaz, UNESCO and International Institute of Educational Planning, *How to Do the ›Missing Out‹ Map*, New York, April, 2004, S. 7.
30 Jempson, Mark, *Children and Media – A Global Concern*, prepared as a contribution to *Child Rights and the Media: Asia Regional Workshop*, Bangkok, 24.–25. Juni 2003, S. 5.
31 Gigli, Susan und InterMedia Survey Institute for UNICEF, *Children, Youth and Media Around the World: An Overview of Trends & Issues*, 4th World Summit on Media for Children and Adolescents, Rio de Janeiro, Brasilien, April 2004, S. 11.
32 United Nations, Joint United Nations Programme on HIV/Aids, Kaiser Family Foundation, *The Global Media Aids Initiative*, http://www.kff.org/hivaids/gmai.cfm.
33 ECPAT, UNICEF und World Tourism Organization, *Code of Conduct for the Protection of Children from Sexual Exploitation in Travel and Tourism*, http://www.thecode.org.
34 Ebda.

Kapitel 5

1 Dabei handelt es sich um das reale globale Bruttonationaleinkommen gemessen in US-Dollar umgerechnet auf die Kaufkraft der jeweiligen Währung. Siehe auch International Monetary Fund, *World Economic Outlook, Statistical Appendix*, IMF, Washington D. C., September 2005, S. 205.
2 United Nations, *Enhanced Cooperation Between the United Nations and All Relevant Partners, in Particular the Private Sector*, Report of the Secretary-General, A/58/227, United Nations, New York, 18. August 2003, S. 4.
3 United Nations General Assembly, resolution 57 (I), Establishment of an International Children's Emergency Fund, United Nations, New York, Dezember 1946.
4 UNICEF, *Zur Situation der Kinder in der Welt 1996*, UNICEF, New York, 1995, Kapitel 2, S. 61–65.

Perspektiven und Projekte

1 Die Ausgrenzung der Roma und ihrer Kinder

Die Bevölkerungsgruppe der Roma bildet mit schätzungsweise sieben bis neun Millionen Menschen die größte und gleichzeitig am stärksten von Ausgrenzung betroffene Minderheit in Europa. Rund 70 Prozent der Roma, die über kein geschlossenes historisches Siedlungsgebiet verfügen, leben in Mittel- und Osteuropa und in Ländern der ehemaligen Sowjetunion, fast 80 Prozent in Ländern, die 2004 der Europäischen Union beigetreten sind oder zurzeit Verhandlungen über eine Aufnahme in die EU führen.[1]

Seit Jahrhunderten leiden die Roma unter gesellschaftlicher, politischer, wirtschaftlicher und geographischer Ausgrenzung bis hin zu offener ethnischer Diskriminierung. Aufgrund der ihnen entgegengebrachten Vorurteile und Ängste leben die Roma häufig in einer gettoähnlichen Situation, abgesondert von der übrigen Gesellschaft. Oftmals wird ihnen sogar der Zutritt zu Restaurants oder anderen öffentlichen Einrichtungen untersagt.[2]

Roma gehören zudem zu den ärmsten Minderheiten in Mittel- und Osteuropa. Wissenschaftliche Untersuchungen zeigen, dass fast 84 Prozent der Roma in Bulgarien und 88 Prozent der Roma in Rumänien unterhalb der nationalen Armutsgrenze leben. In Ungarn sind es sogar 91 Prozent.[3] Infolge mangelnder Schulbildung, niedrigem Ausbildungsniveau und Benachteiligungen auf dem Arbeitsmarkt hat in einigen Romasiedlungen niemand eine feste Arbeitsstelle.[4] Viele Romakinder werden in regulären Schulen in getrennten Klassen unterrichtet oder besuchen eigens für Roma eingerichtete Schulen mit fast immer hoffnungslos überfüllten Klassen.[5]

Bis zu 75 Prozent der Romakinder in Mittel- und Osteuropa gehen in Sonderschulen für geistig behinderte Kinder, selten jedoch, weil sie tatsächlich geistig behindert sind.[6] Vielmehr hängt diese allgemein übliche Praxis stark mit den wirtschaftlichen Vergünstigungen zusammen, die der Besuch der Sonderschule mit sich bringt: In einigen Ländern erhalten Kinder, die Sonderschulen für geistig behinderte Kinder besuchen, Nahrungsmittelhilfen, Schulmaterial und Fahrtkosten sowie Unterkunft und Verpflegung. Eltern von Romakindern erklären sich daher oft bereit, ihre Kinder in Sonderschulen zu schicken. Viele Eltern sind sich der langfristigen Folgen ihrer Entscheidung nicht bewusst, und wenn doch, glauben sie, keine andere Wahl zu haben.[7]

Eine Untersuchung des Open Society Institute, einer privaten Stiftung mit Sitz in Budapest, zufolge waren 2001 in Bulgarien, der Tschechischen Republik, Ungarn und der Slowakei 64 Prozent der Romakin-

© UNICEF/SWZK00177/Giacomo Pirozzi

der, die die zweite Klasse der Sonderschule besuchten, als »geistig behindert« eingestuft. Nachdem diese Schüler zwei Jahre lang in Pilotklassen speziell gefördert worden waren, konnte die meisten von ihnen die Anforderungen der allgemeinen Lehrpläne erfüllen.[8]

Doch diese bedrückenden Fakten geben noch nicht das gesamte Ausmaß der Ausgrenzung wieder. In Serbien und Montenegro zum Beispiel werden viele dieser Kinder gar nicht in den nationalen Bildungsstatistiken erfasst. In Rumänien, wo mit ein bis zwei Millionen Menschen der größte Anteil der Romabevölkerung lebt, werden die besonderen Probleme der Romamädchen ignoriert. In Bosnien und Herzegowina gehen die meisten Romakinder nur unregelmäßig zur Schule. In den höheren Klassen der Grundschule und weiterführenden Schulen sind sie nur noch äußerst selten anzutreffen.

Aber nicht nur das Bildungssystem benachteiligt die Romakinder. Mehr als die Hälfte – 57 Prozent – der Kinder, die in Rumänien in Heilanstalten abgeschoben werden, sind der Herkunft nach Roma. Da ihnen häufig die entsprechenden Ausweispapiere und Geburtsurkunden für den Beitritt zur Krankenversicherung fehlen, haben die Romagemeinschaften nur selten Zugang zu medizinischer Versorgung und sind fast vollständig auf staatliche Fürsorge angewiesen. So sind die Roma in Rumänien seltener Mitglied einer Krankenversicherung oder haben einen festen Hausarzt, als dies bei der rumänischen Bevölkerung insgesamt der Fall ist.

Es gibt Anstrengungen, die Situation von Romakindern zu verbessern. Die Roma Education Initiative, ein Projekt des Budapester Open Society Institute, hat 2002 ein Programm gestartet, um Romakinder aus Sonderschulen wieder in Regelschulen einzugliedern. So erhalten sie die Chance, die Schule unter gleichen Bedingungen wie ihre Altersgenossen abzuschließen.[9] Die slowakische Regierung hat vor kurzem die Probleme der Roma ausdrücklich anerkannt und ein Maßnahmenpaket verabschiedet, um ihre Situation zu verbessern. Darüber hinaus hat UNICEF 2004 in Rumänien zusammen mit dortigen Kinderrechtsorganisationen die Kampagne »Kein Kind ausschließen« gestartet, um die Diskriminierung von Romakindern zu bekämpfen und deren Zugang zum Bildungssystem zu verbessern. Bereits jetzt hat die Kampagne 65 Prozent der Romabevölkerung im Land erreicht.

Anmerkungen

1 Ringold, Dena, Mitchell A. Orenstein und Erika Wilkens, *Roma in an Expanding Europe: Breaking the Cycle of Poverty*, The International Bank for Reconstruction and Development/The World Bank, Washington, D. C., 2003, S. 12.

2 Ebda., S. 19–20.

3 United Nations Development Programme, *The Roma in Central and Eastern Europe: Avoiding the Dependency Trap. A Regional Human Development Report*, UNDP, New York, 2002, Tabelle 8, S. 47.

4 Ringold, et al., a.a.O., Kasten 1, S. 9.

5 United Nations Development Programme, *Roma in Central and Eastern Europe*, a.a.O., S. 53–62.

6 International Step by Step Association, Open Society Institute, *School Success for Roma Children, Step by Step Special Schools Initiative*, Interim Report, Open Society Institute, New York, 2001, S. 4.

7 Ebda., S. 4.

8 Ebda., S. 15–16.

9 Proactive Information Services, *Transition of Students: Roma Special Schools Initiative – Year 4, Final Evaluation Report*, prepared for the Open Society Institute, New York, Februar 2004.

2 Leben mit Behinderung
von Bethany Stevens

Die ersten beiden Wochen meines Lebens habe ich auf der Intensivstation für Neugeborene einer amerikanischen Militärbasis in Bremerhaven verbracht. Kurz nachdem ich meine ersten Atemzüge getan hatte, erklärte ein junger Arzt meinem Vater, dass ich an einer Krankheit litt, die die meisten Menschen auf der Welt dazu bringen würde, mit mir auf einen hohen Berg zu steigen und mich dort auszusetzen.

Bei der Erkrankung handelt es sich um eine seltene erbliche Knochenkrankheit namens Osteogenesis imperfecta, im Volksmund »Glasknochen« genannt. Daran leiden weltweit nur ungefähr 0,008 Prozent aller Menschen.[1] Die Krankheit lässt die Knochen spröde werden, häufige Brüche sind die Folge. Im schlimmsten Fall endet die Krankheit tödlich. Ich habe eine eher gemäßigte Form von Osteogenesis imperfecta. Heute bin ich 24 und hatte bisher 55 Knochenbrüche. Ich wurde zwölf Mal operiert, damit Metallstangen in meine Beine gesetzt werden konnten, um sie zu kräftigen. In einer anderen Operation wurde versucht, eine weitere Verkrümmung meiner Wirbelsäule aufzuhalten, indem Knochen versetzt wurden.

Zu den körperlichen Schmerzen der Operationen und Knochenbrüche kamen die seelischen Verletzungen. Das Stigma der Behinderung, Scham und Selbstverachtung quälten mich seit frühester Jugend. Damit schlage ich mich auch heute als Jurastudentin noch herum. Als Kind begriff ich noch nicht, was es bedeutet, in dieser Gesellschaft behindert zu sein. Ich fühlte mich wie ein ganz normales Kind, das einfach körperliche Grenzen hat. Nichtsdestotrotz waren die in unvorhersehbaren Abständen auftretenden Knochenbrüche sowohl für meine Mutter als auch für mich beängstigend und nervenaufreibend. Als ich noch klein war, fürchtete meine Mutter, dass ich mir beim Spielen etwas brechen könnte und hielt mich deshalb von Gleichaltrigen fern. Ich habe einmal zusammengerechnet, wie viel Zeit ich alleine zugebracht habe, während meine zahllosen Verletzungen verheilten. Ich bin auf sieben Jahre gekommen – die Jahre vor meiner Schulzeit nicht mitgezählt.

Im Alter von drei Jahren kam ich in einen Kindergarten für behinderte Kinder in Colorado in den USA. Ich dachte, es müsste wundervoll sein, mit Gleichaltrigen zusammenzutreffen, aber weil die anderen Kinder teilweise erheblich schlimmer behindert waren als ich, konnten wir nicht wirklich viel miteinander anfangen. Ein paar Jahre später zogen wir nach Kalifornien, wo ich in die Grundschule kam – als einziges behindertes Kind unter lauter nicht behinderten Schülern. Ich genoss es, zur Schule zu gehen. Endlich hatte ich die lang vermisste Gelegenheit zu zwischenmenschlichen Kontakten. Trotzdem gab es immer wieder Zeiten, in denen ich mich aufgrund meiner Behinderung isoliert gefühlt habe, vor allem, wenn ich außerhalb der Schule mit Menschen zusammentraf.

Als ich acht Jahre alt war, wurde ich auf eine Schule für behinderte Kinder geschickt. Dort sollte ich im Anschluss an eine weitere Beinoperation die beste Physiotherapie erhalten. Zwar wurde ich dort medizinisch und therapeutisch hervorragend versorgt. Doch der Unterricht hatte bestenfalls das Niveau einer Förderklasse. Alles, was ich schon in den ersten Schuljahren gelernt hatte, wurde mir ein zweites Mal beigebracht. Es war eine nette geistige Ablenkung, aber ich war froh, dass ich nur ein Jahr dort verbringen musste.

Ich kehrte an meine kleine Grundschule in den Bergen Kaliforniens zurück und war glücklich, wieder Kontakt zu Kindern mit gleichen intellektuellen Fähigkeiten zu haben. Ich schloss Freundschaften, doch dann musste ich wegen einer weiteren Wirbelsäulenoperation nochmals für ein Jahr die Schule verlassen. Während der Genesung wurde ich täglich eine Stunde von einem Hauslehrer unterrichtet. Aber wieder fehlte es mir an geistigen Anregungen.

Anfang der 1990er Jahre konnte ich mehrere Jahre ohne Unterbrechung, Probleme und erneute Operationen zur Schule gehen. Doch als ich in die Pubertät kam, ging es wieder bergab. Wie alle Kinder in dem Alter wurde ich mir der körperlichen Veränderungen bewusst. Ich fühlte mich körperlich zu anderen Menschen hingezogen und entwickelte sexuelles Verlangen – genauso wie andere Jugendliche. Gleichzeitig erlebte ich jedoch eine enorme Kluft zwischen den Gefühlen, die ich empfand, und meiner Unfähigkeit sie auszuleben. Ich fühlte mich verloren, alleine und war wütend auf mich und die Welt.

Ich entwickelte immer mehr Hassgefühle gegenüber meinem eigenen Körper. Die von den Medien vermittelten Schönheitsideale und das soziale Stigma gegenüber Behinderten spielten dabei eine große Rolle – davon bin ich mittlerweile überzeugt. Nirgendwo fand ich positive Vorbilder, die den menschlichen Wert Behinderter zum Ausdruck gebracht hätten. Überall wurden wir als Objekte dargestellt, die Mitleid oder Mitgefühl wecken sollten. Mein Selbstwertgefühl erreichte einen Tiefstand, und ich hatte das Gefühl, mich nie wieder aus dieser Verzweiflung befreien zu können. Diese heftigen Gefühle wurden noch stärker, als ich alle meine besten Freunde zurücklassen musste, um eine Schule auf der anderen Seite der Stadt zu besuchen. Denn die Schule, zu der meine Freunde wechselten, war nicht behindertengerecht ausgestattet.

Als ich in eine Kleinstadt in South Carolina umzog, wuchs meine Verzweiflung noch. Im Alter zwischen 11 und 16 Jahren hasste ich mich. Ich konnte nicht in den Spiegel sehen, ohne zu schaudern. Diese Phase meines Lebens klingt noch heute in mir nach, noch immer kann ich die Narben dieser Erfahrungen spüren.

Meine eigentliche Berufung entdeckte ich, als ich mein Studium an der Universität von Florida aufnahm. Als Studentin begann ich mich leidenschaftlich für die Rechte Behinderter zu engagieren. Ich trat für Ideen wie Gleichberechtigung, Schönheit und Stolz von Behinderten ein, und ich verinnerlichte diese Vorstellungen. So entwickelte ich das Bedürfnis, positive Veränderungen für behinderte Menschen anzustoßen. Ich durfte die Vereinigten Staaten bei zwei internationalen Konferenzen zu den Rechten von Behinderten in Norwegen vertreten. Mit den Vereinten Nationen und der Organisation Rehabilitation International veröffentlichte ich mehrere Berichte zu diesem Thema. An der Universität organisierte ich Großveranstaltungen mit bekannten behinderten Persönlichkeiten.

Durch all diese Erfahrungen verstand ich allmählich, auf welche Weise das mit Behinderung verbundene Stigma überall auf der Welt zu sozialer und wirtschaftlicher Benachteiligung führt. Tatsache ist, dass die Mehrheit der Bevölkerung, ungefähr 80 Prozent allein in den Vereinigten Staaten, zu irgendeinem Zeitpunkt ihres Lebens an einer Behinderung leiden wird.[2] Es ist mein berufliches Ziel, eine nationale Interessenvertretung zu gründen, die nicht nur innerhalb des etablierten Rechtssystems arbeitet, sondern auch mit direkten Aktionen Einzelpersonen, Gesetzgeber und Unternehmen anspornt, ein neues gesellschaftliches Verständnis von Behinderung zu entwickeln.

Bildung kann positive soziale Entwicklungen für behinderte Menschen in Gang setzen. Informationen über die Situation von Menschen mit Behinderungen sollten in die Lehrpläne staatlicher Schulen aufgenommen werden. Große Unternehmen könnten verpflichtet werden, Informationsseminare durchzuführen, ähnlich wie zu Rassismus oder sexueller Belästigung. Menschen halten oftmals aus Unkenntnis an Vorbehalten fest.

Auf beiden Seiten, sowohl innerhalb der nicht behinderten als auch der behinderten Bevölkerung, ist ein radikales Umdenken notwendig. Nur zu oft identifizieren wir Behinderten uns mit den negativen Stigmata, die unserer Behinderung anhaften. Wir sind unfähig, unsere eigene Schönheit wahrzunehmen. Die meiste Zeit meines Lebens war ich die einzige behinderte Person, die ich kannte. Es fiel mir schwer, in den Spiegel zu schauen und dort einen Menschen zu sehen, der zwar nicht den ästhetischen Normen entspricht, aber dennoch schön ist. Wir müssen ein Gefühl von innerem Stolz entwickeln, ebenso wie die Gesellschaft lernen muss, unsere Fähigkeiten und Vorzüge wahrzunehmen. Diese Erkenntnis hat in mir den Wunsch geweckt, ein Buch über Schönheit und Behinderung herauszugeben, mit Interviews und Fotos von berühmten sowie unbekannten behinderten Menschen. Dieses Buch soll allen behinderten Menschen gewidmet sein, die sich schwer damit tun, ihre eigene Schönheit wahrzunehmen – so wie ich es viele Jahre lang getan habe.

Ich habe jahrelang gekämpft, die Gefühle von Unzulänglichkeit und Scham zu überwinden, die mich meine ganze Kindheit und Jugendzeit hindurch gequält haben. Doch inzwischen bin ich davon überzeugt, dass meine Behinderung das Beste ist, was mir je passiert ist. Ohne sie hätte ich niemals all die wundervollen Chancen erhalten und wahrnehmen können. Für mich war es ein großer Schritt vorwärts, als ich mit 16 Jahren zu meinem Vater gezogen bin. Er gab mir menschliche Anerkennung und ermutigte mich. Er brachte mir das Autofahren bei und half mir, eine Stelle zu finden. Er gestattete mir ein Maß an Freiheit, das meine Mutter nie zugelassen hätte. So fand ich meine Identität, in der ich mich wohl fühle. Es ist wundervoll, mich endlich selbst lieben zu können. Es ist wichtig, dass mehr Eltern ihren behinderten Kindern ermöglichen, ein Gefühl von Unabhängigkeit zu entwickeln. Denn dies brauchen sie, um für sich selbst sorgen zu können. Meine Hoffnung ist, dass ich behinderte Menschen in meiner Umgebung so unterstützen kann, wie mein Vater es für mich getan hat – damit junge Leute wie ich sich nicht länger schämen, behindert zu sein.

Anmerkungen

1 Osteogenesis Imperfecta Federation Europe, Factsheet, http://www.oife.org.

2 Russell, Marta, *Beyond Ramps: Disability at the End of the Social Contract*, Common Courage Press, Monroe, ME, 1998.

Bethany Stevens ist Jurastudentin an der Universität von Florida und engagiert sich seit fünf Jahren für die Rechte behinderter Menschen. Sie führte eine Bewegung, die zur Eröffnung eines Prüfungszentrums mit angegliedertem Wohnheim für behinderte Studenten geführt hat. Bethany Stevens ist Vorsitzende der Vereinigung behinderter Studierender und leitete vor kurzem die Konferenz »Building a DisAbility Movement« an der Universität von Florida.

3 Kinder und Aids – eine weltweite Kampagne

Jede Minute stirbt ein Kind unter 15 Jahren an den Folgen von Aids.[1] Jede Minute infiziert sich ein weiteres Kind mit HIV. Jede Minute stecken sich vier junge Menschen zwischen 15 und 24 Jahren mit dem Virus an.[2]

© UNICEF/0015/Christian Schneider

Diese erschreckenden Fakten unterstreichen die verheerenden Auswirkungen der Epidemie auf Kinder. Am härtesten hat sie bisher die Kinder in Afrika südlich der Sahara getroffen. Doch wenn das Virus nicht gestoppt und zurückgedrängt wird, kann die Zahl der HIV-Infektionen in Asien schon im Jahr 2010 über der in Afrika liegen.[3] Millionen Kinder, Jugendliche und junge Menschen, die bereits durch Aids zu Waisen wurden oder mit dem Virus leben, brauchen dringend medizinische Versorgung, Betreuung und Schutz. Wenn die Infektionsraten und die Zahl der Todesfälle weiter steigen, wird die Aids-Krise noch Jahrzehnte andauern.

Aids raubt Millionen Kindern ihre Kindheit. Die Krankheit verschärft all jene Faktoren, die zur Ausgrenzung der ärmsten Kinder beitragen: Armut, Mangelernährung, unzureichender Zugang zur sozialen Grundversorgung, Diskriminierung und Stigmatisierung, die Ungleichheit der Geschlechter und die sexuelle Ausbeutung von Frauen und Mädchen.

Während der Sonder-Generalversammlung der Vereinten Nationen zu Aids 2001 haben sich die Regierungen dazu verpflichtet, Kinder vor den Auswirkungen von Aids zu schützen, doch seitdem hat es nur kleine Fortschritte gegeben. Und wenn Strategien gegen die Epidemie entworfen, Programme formuliert und Mittel verteilt werden, werden Kinder bis heute oft übersehen.

UNICEF hat deshalb gemeinsam mit Partnern wie UNAIDS im Oktober 2005 die weltweite Kampagne zu Kindern und Aids unter dem Motto »Unite for Children. Unite against Aids« gestartet, damit Kinder und

Jugendliche in den Mittelpunkt aller Anstrengungen beim Kampf gegen Aids rücken. Das Ziel der Kampagne ist gleichzeitig auch das Millenniums-Entwicklungsziel 6: die weitere Ausbreitung von Aids bis 2015 zu stoppen und die Epidemie zurückzudrängen.

Die Kampagne geht Aids weltweit an, setzt aber einen starken Schwerpunkt auf Afrika südlich der Sahara – jener Region, in der 24 der 25 Länder mit der höchsten HIV-Infektionsrate zu finden sind.[4] Kernstück der Kampagne ist ein Handlungsrahmen mit vier Elementen:

Aufklärung

Kinder und Jugendliche müssen über die Gefahren von Aids aufgeklärt werden. UNICEF setzt sich dafür ein, Beratungsstellen zu schaffen, in denen junge Leute – Jungen wie Mädchen – in geschützter Umgebung Informationen bekommen und sich auf HIV testen lassen können. Insbesondere Mädchen müssen in ihrer Rolle gestärkt werden, um sich besser vor sexueller Gewalt und Aids schützen zu können.

Mutter-Kind-Übertragung vermeiden

Beratungsangebote und medizinische Versorgung, um die Übertragung des Virus von schwangeren Mädchen und Frauen auf ihre Kinder zu vermeiden, müssen ausgedehnt werden. Durch Medikamente kann das Risiko der HIV-Übertragung deutlich gesenkt werden. Betreuung, Unterstützung und medizinische Behandlung für HIV-infizierte Kinder und schwangere Frauen müssen verstärkt werden.

Medikamente für Kinder

Kinder müssen Zugang zu bezahlbaren und wirksamen Aids-Medikamenten erhalten, darunter auch Antibiotika wie Cotrimoxazol, um die mit einer HIV-Infektion einhergehenden Infektionen zu verhindern.

Schutz und Hilfe für von Aids betroffene Kinder

Nur eine geringe Zahl Waisen und weitere von Aids betroffene Kinder haben Zugang zu Geburtsregistrierung, Gesundheitsversorgung, ausreichender Ernährung, Schulbildung und psychosozialer Betreuung. Die Kampagne hat zum Ziel, die Unterstützung der Kinder durch ihre Familien, die Gemeinden und die jeweiligen Regierungen zu verbessern und auszudehnen.

Die weltweite Kampagne Kinder und Aids bezieht Partner aus allen Bereichen der internationalen Gemeinschaft und der Gesellschaft ein. So viele Menschen, Organisationen und Partner wie möglich sollen sich in der Kampagne zusammentun, um die Auswirkungen von Aids auf Kinder endlich sichtbar zu machen und den betroffenen Kindern zu helfen. Die Kampagne ist dabei eng verzahnt mit nationalen Anstrengungen und weiteren internationalen Aktivitäten wie der gemeinsamen

Initiative »3 bis 5« von Weltgesundheitsorganisation und UNAIDS. Diese hat zum Ziel, die Zahl der mit antiretroviralen Medikamenten versorgten HIV-positiven Menschen auf drei Millionen zu erhöhen.

Regierungen und internationale Organisationen, Aktivisten und Wissenschaftler, Unternehmen und ehrenamtliche Helfer in den Gemeinden und viele weitere werden in der Kampagne zusammenarbeiten. Sie alle haben ein Ziel: Dass dies die letzte Generation von Kindern ist, die so sehr unter der Last der weltweiten Aids-Epidemie leidet.

Anmerkungen

1 Joint United Nations Programme on HIV/AIDS, AIDS Epidemic Update, a.a.O., S. 1.

2 Joint United Nations Programme on HIV/AIDS, 2004 Report on the Global AIDS Epidemic, UNAIDS, New York, Juni 2004, S. 15.

3 Barnett, Tony und Gabriel Rugalema, ›HIV/AIDS‹ in 2020 Focus 5, Health and Nutrition: Emerging and Reemerging Issues in Developing Countries, Brief 3, International Food Policy Research Institute, Washington D. C., Februar 2001.

4 Joint United Nations Programme on HIV/AIDS, *Children on the Brink 2004*, a.a.O., S. 8.

4 Straßenkinder
von Elena Poniatowska

© UNICEF/HQ01–0614/Shehzad Noorani

Auf den Straßen von Mexiko-Stadt leben und arbeiten nach offiziellen Angaben über 11 000 Kinder. Sie waschen Autos und Busse, machen Botengänge und verkaufen Getränke. Jungen müssen oft Lasten tragen und verladen, eine Aufgabe, die sie hassen. Viele sind an der Wirbelsäule verletzt oder werden von Autos überfahren. Smog, Verkehrschaos und extreme Armut prägen neben Gewalt, nicht vorhandenen sozialen Strukturen und Umweltzerstörung das Leben der Kinder in der Stadt. Drogen und Kriminalität gehören zum Alltag.

Die Kinder putzen Windschutzscheiben und schlucken Feuer. In der Dunkelheit funkeln die Nieten ihrer Kleidung und ihre breitrandigen Hüte glitzern. Mit Gitarren, Geigen oder Trompeten warten sie auf Zuhörer, als Jongleure, Clowns und Zauberer unterhalten sie Passanten. Die Show dauert bis drei oder vier Uhr morgens, besonders am Wochenende, wenn romantisch gestimmte Paare ihnen ein paar Pesos zusätzlich geben.

Diese Kinder sind inzwischen zu Berühmtheiten geworden und werden auch die »kleinen Pyramiden von Teotihuacán« genannt. Die meisten Vorübergehenden bleiben aber unberührt vom Zauber ihrer Gesichter und Hände. Sie sehen die Straßenkinder, aber sie nehmen sie nicht wahr als das, was sie in Wirklichkeit sind: Kinder. Sie sind unsichtbar, isoliert und abgestempelt.

Schule bedeutet für diese Kinder oftmals eine Qual. Es fällt ihnen schwer, zu behalten, was man ihnen beigebracht hat. Sie können sich nicht konzentrieren und wollen nichts wissen von einem Dach über dem Kopf: Was ist das schon im Vergleich zur Straße? Die Straße ist wie eine Sucht.

Nur die Straße gehört ihnen. Sie entschädigt für Einsamkeit, Ablehnung und mangelnde Zuneigung. Sie verführt sie. Sie gibt ihnen das Geld, das sie zu Hause nie bekamen. Sie bestimmt ihren Rhythmus, ihr Tempo und verspricht sofortige Belohnung. »Ich bin jemand, ich kann etwas, ich habe mir gerade mein Abendbrot verdient.«

Auf der Straße erscheint alles ursprünglich und unverfälscht: die Wirklichkeit, Nahrung, Augen, Solidarität. Nichts ist kompliziert. Aggressive Spitznamen werden den Kindern ins Gesicht gesagt, sie erfahren unbarmherziges Gelächter, Plünderung, Spott und Hohn, werden misshandelt und tragen Verletzungen davon, die niemals verheilen.

Zeit hat für diese Kinder eine andere Bedeutung. Es interessiert sie nicht, was ihnen der jeweilige Tag bringt. Wochentage engen sie nur ein. Jede Stunde ist eine weitere Stunde des Elends. Sie kennen nur zwei Jahreszeiten, die Trockenzeit und die Regenzeit. In der unbeliebten Regenzeit (von Juni bis September) kommen am Nachmittag alle Straßenaktivitäten zum Erliegen. Auch Fußball zu spielen, eine ihrer Lieblingsbeschäftigungen, wird unmöglich.

Die in Paris geborene Elena Poniatowska ist Schriftstellerin, Journalistin und Professorin und lebt seit ihrer Kindheit in Mexiko. Sie hat mehrere bekannte Bücher geschrieben und wurde mit zahlreichen Preisen und Ehrungen ausgezeichnet, darunter ein Guggenheim-Stipendium, ein Emeritus-Stipendium des National Council of Culture and Arts und der Nationale Mexikanische Preis für Journalismus.

5 Nigeria: Kinder und Jugendliche im Gefängnis

Ihre Augen waren feucht, obwohl sie sich darum bemühte, die Tränenflut zurückzuhalten. Doch bald öffneten sich die Schleusen, als sie begann, von den fünfeinhalb Jahren zu erzählen, die sie im Gefängnis verbracht hatte.

Mit 15 Jahren war Nkeiruka schwanger geworden, ohne verheiratet zu sein. Dies kam in der Gemeinschaft der Igbo, der sie angehört, einem Tabubruch gleich. Im Dezember 1999 brachte Nkeiruka ohne medizinische Betreuung zu Hause ein Baby zur Welt. Doch es starb an den Folgen von Komplikationen bei der Geburt. Ihr Onkel beschuldigte sie, das Neugeborene getötet zu haben. Sowohl Nkeiruka als auch ihre Mutter Monica wurden verhaftet und ins Gefängnis nach Anambra gebracht.

Jetzt, mit 21, steht Nkeiruka vor einer ungewissen Zukunft: Ohne eine Schulausbildung während ihres Gefängnisaufenthaltes und ohne besondere Fertigkeiten weiß sie nicht, wie die Dorfgemeinschaft sie und ihre Mutter aufnehmen wird, wenn beide nach Hause zurückkehren.

Ein ordentliches Ermittlungsverfahren fand nie statt. Es wurden keine Beweise für das angebliche Verbrechen gefunden, die Gerichtsakten verschwanden spurlos. Nkeiruka und ihre Mutter verbrachten 1971 Tage zusammen mit 37 weiteren Frauen in einer Zelle. »Wie so viele andere Kinder und junge Leute, die in Nigeria im Gefängnis sitzen, wurden sie einfach vergessen«, sagt Nkolika Ebede von der Internationalen Gesellschaft von Rechtsanwältinnen in Anambra. Im Rahmen eines von UNICEF unterstützten Projektes trug Ebede zur Freilassung der beiden Frauen bei.

Mehr als 6000 Kinder und Jugendliche sitzen in Nigeria in Gefängnissen oder in Jugendstrafanstalten ein.[1] Etwa 70 Prozent von ihnen sind erstmals straffällig geworden,[2] im Allgemeinen aufgrund von Vergehen wie Landstreicherei oder kleineren Diebstählen. Andere landeten im Gefängnis, weil sie die Schule schwänzten oder auf der Straße herumlungerten. Wieder andere wurden auf Bitten von Eltern oder eines Vormunds inhaftiert, die behaupteten, ihre Kinder nicht mehr unter Kontrolle zu haben. Oft kommen diese Kinder aus zerrütteten oder armen Familien. Nach Angaben von Uche Nwokocha, einer Hilfsorganisation für inhaftierte Frauen in Enugu, sind manche der minderjährigen Gefangenen von der Polizei auch anstelle ihrer Eltern in Gewahrsam genommen worden, oft noch in sehr jungem Alter.

Heranwachsende, insbesondere Mädchen, werden häufig Opfer krimineller Handlungen wie häuslicher Gewalt, Vergewaltigung, sexueller Ausbeutung und Menschenhandel. Aufgrund von Irrtümern und Verzögerungen in der Justizverwaltung finden sich diese häufig plötzlich selbst im Gefängnis wieder. Ihren Eltern wird der Zugang zu ihnen verwehrt, eine ordentliche Verhandlung bleibt ihnen versagt. Die Haftbedingungen sind erschreckend, oft werden Minderjährige zusammen mit erwachsenen Straftätern eingesperrt. Die Gefahr von körperlichen Misshandlungen und sexuellem Missbrauch ist groß. Oft wird ihnen ihr Recht auf Freilassung gegen Kaution verwehrt. Viele Kinder werden gezwungen, zu erklären, sie seien älter als sie tatsächlich sind. Oder die Polizei setzt ihr Alter auf dem Haftbefehl herauf, um sie als Erwachsene behandeln zu können.

Die Gefängnisse in Nigeria bieten kaum Möglichkeiten für eine Schul- oder Berufsausbildung oder Freizeitangebote. Eine Zeit lang lernte Nkeiruka stricken und wie man Seife herstellt. Aber der Unterricht wurde 2003 plötzlich eingestellt. Die inhaftierten Jugendlichen haben niemanden, an den sie sich wenden können und der sie berät. Während ihres Gefängnisaufenthalts bekommen etwa 90 Prozent der jungen Menschen keine ordentlichen Mahlzeiten und keine Bettwäsche. Der Zugang zu Toiletten und Waschgelegenheiten wird ihnen untersagt, was sie anfällig für Krankheiten macht. Nkeiruka und ihre Mutter hatten Glück, ihre Zelle mit Frauen teilen zu können. Viele andere weibliche Gefangene werden in gemischten Zellen untergebracht, was das Risiko des sexuellen Missbrauchs und der Ausbeutung noch erhöht.

Wo es keine Jugendgerichte gibt, werden Kinder und Jugendliche vor ein Erwachsenengericht gestellt. Da sie sich meistens keinen Anwalt oder keine Kaution leisten können, schmachten sie oft lange Zeit im Gefängnis. Sie sind abgeschnitten von Familie oder Freunden, da tief sitzende Furcht und Misstrauen gegenüber Polizei und Justiz die Menschen dazu veranlassen, alle zu meiden, die mit dem Gesetz in Konflikt kamen, sei es als Täter oder als Opfer. Stigmatisierung und Ablehnung durch die Gesellschaft beeinträchtigen die Wiedereingliederung. Während der fünfeinhalb Jahre, sagt Nkeiruka, habe sie nur einen Besucher gehabt – eines ihrer Geschwister – und zwar eine Woche, bevor sie entlassen wurde.

Seit 2003 setzt sich UNICEF Nigeria für eine bessere Behandlung und juristische Unterstützung für Jugendliche ein, die mit dem Gesetz in Konflikt gekommen sind. Als Teil des Juvenile Justice Administration Project, das gemeinsam mit der Nationalen Menschenrechtskommission, der nigerianischen Anwaltskammer und lokalen Nichtregierungsorganisationen durchgeführt wird, entstand ein Beratungsdienst für Anwälte, die ihre Lizenzen bei der Anwaltskammer erneuern lassen. UNICEF unterstützt auch die Schulung von Richtern, Polizisten,

Gefängnisbeamten, Rechtsanwälten und Sozialarbeitern, um kostenlose Beratungsdienste für Heranwachsende zu stärken.
Das Projekt startete zunächst in drei Bundesstaaten im Süden Nigerias. Bis Mitte 2005 profitierten davon fast 600 Kinder. Sie wurden aus dem Gefängnis oder Jugendstrafanstalten entlassen oder kamen gegen Kaution frei. Bei anderen wurden die Fälle abgewiesen oder außergerichtlich geregelt. Weitere Kinder und Jugendliche erhielten rechtliche Unterstützung, während ihr Fall bearbeitet wurde.

Die Zahl der inhaftierten Kinder und Jugendlichen hat sich inzwischen deutlich verringert. Die Schulung von Richtern hat dazu geführt, dass bei kleineren Vergehen Haftstrafen für Jugendliche zurückhaltender verhängt werden. Polizeibeamte schließen die Jugendlichen nicht mehr so schnell weg, sondern bringen den Fall stattdessen vor Gericht. Aufgrund seines Erfolges wird das Projekt jetzt in enger Zusammenarbeit mit der Polizei auf neun weitere Bundesstaaten ausgeweitet.

Anmerkungen

1 The Federal Government of Nigeria und UNICEF, *Juvenile Justice in Nigeria*, Fact Sheet, UNICEF Abuja, 2003; Submission from UNICEF Abuja, 2005, and group discussions with children held in Enugu, Nigeria, 14. Mai 2005.

2 Ebda.

6 Warum frühe Geburten Mädchen krank machen

© UNICEF/Dieter Pool

Mindestens zwei Millionen junge Frauen in den Entwicklungsländern leiden unter den schmerzhaften, gefährlichen und erniedrigenden Folgen von Fisteln im Genitalbereich. Sie werden durch Komplikationen bei der Geburt verursacht. Meistens ist das Becken der jungen Frauen zu schmal, oder das Baby liegt bei der Geburt ungünstig. In der Folge entstehen Öffnungen zwischen Scheide und Blase oder Rektum, durch die Urin oder Exkremente durchsickern. Mädchen und junge Frauen, die darunter leiden, werden von ihren Dorfgemeinschaften geächtet. Oft werden sie sogar von ihren Familien im Stich gelassen, so dass viele sich mit Betteln durchschlagen müssen.

In Europa und Nordamerika kommen diese krankhaften Veränderungen dank moderner medizinischer Versorgung kaum noch vor. In vielen Entwicklungsländern sind sie aber immer noch sehr häufig. Gründe dafür sind Schwangerschaften in zu jungem Alter und eine unzureichende medizinische Versorgung. Chronische Mangelernährung und die dadurch zurückbleibende körperliche Entwicklung tragen dazu bei, dass Frauen während Schwangerschaft und Geburt in Gefahr geraten und mit Fisteln rechnen müssen.

Wenn Mädchen aufgrund von Traditionen oder einfach aus Armut früh verheiratet werden, stehen sie meist auch unter Druck, möglichst bald nach der Hochzeit schwanger zu werden. Häufig haben sie zudem keinen Zugang zu Verhütungsmitteln und keinen Einfluss auf die Familienplanung. Zwar sind Kinderehen in fast allen Ländern gesetzlich verboten, trotzdem werden 82 Millionen Mädchen in den Entwicklungsländern verheiratet, bevor sie 18 Jahre alt sind. Weltweit gebären jedes Jahr ungefähr 14 Millionen Mädchen zwischen 15 und 19 Jahren eigene Kinder.

Teenagerschwangerschaften gefährden Gesundheit und Leben von Mutter und Kind. Je jünger das

Mädchen ist, desto höher ist das Risiko. Für Mädchen unter 15 ist die Gefahr, bei der Geburt zu sterben, fünfmal größer als bei Frauen über 20. Die Vermeidung früher Schwangerschaften ist entscheidend, um das Auftreten von Fisteln sowie anderen Gefahren und in der Folge die Müttersterblichkeit insgesamt zu verringern.

Fisteln können durch eine Operation, die weniger als 300 US-Dollar kostet, behandelt werden. Als Reaktion auf neue Untersuchungsergebnisse über die entsetzlichen Auswirkungen von Fisteln auf das Leben der betroffenen Frauen hat der UN-Bevölkerungsfonds (UNFPA) 2003 eine weltweite Kampagne gestartet. Daran arbeiten derzeit Partnerorganisationen in etwa 30 Ländern im südlichen Afrika, in Südasien und einigen arabischen Staaten.

In Niger haben 600 Gesundheitshelfer in Kursen gelernt, wie Fisteln vorgebeugt werden kann. In Nigeria wurden 545 Frauen durch Operationen geheilt. Dutzende Ärzte und Krankenschwestern erhielten Fortbildungen, wie betroffene Frauen richtig behandelt werden. Im Tschad haben Hunderte Frauen nach dem erfolgreichen Abschluss der medizinischen Behandlung neue praktische Fertigkeiten erlernt und Kleinkredite erhalten, die ihnen die Chance geben, für ihren eigenen Unterhalt zu sorgen.

In Entwicklungsländern sollen Fisteln so selten werden, wie dies bereits heute in den Industriestaaten der Fall ist. Das ist das langfristige Ziel der Kampagne. Jedes beteiligte Land durchläuft dabei drei Phasen. Zunächst erfolgt eine Bestandsaufnahme, um das Ausmaß des Problems und die finanziellen Erfordernisse festzustellen. Danach wird ein nationaler Aktionsplan entwickelt und schließlich werden die Hilfsprogramme umgesetzt. Dabei stehen zunächst die Prävention und medizinische Versorgung betroffener Frauen im Vordergrund. Nach ihrer Genesung werden die Frauen unterstützt, damit sie wieder in ihren Dorfgemeinschaften Fuß fassen können und die Möglichkeit erhalten, sich eine eigene wirtschaftliche Existenz aufzubauen.

7 Wann ist ein Staatshaushalt kinderfreundlich? Das Beispiel Südafrika

Die Beobachtung und Bewertung der Regierungshaushalte ist noch ein neues Gebiet der politischen Lobbyarbeit für die Kinderrechte. Das Beispiel Südafrika zeigt, wie eine derartige Analyse aufdecken kann, ob ausreichende Ressourcen zur Verfügung stehen und sie auch effektiv eingesetzt werden. Am Institut für Demokratie in Südafrika, einer unabhängigen Organisation, konzentriert sich eine Abteilung darauf, den Haushalt der Regierung mit Blick auf Kinder zu untersuchen.

In der Anfangszeit der Demokratie verfolgte das Institut die Ratifizierung der Kinderrechtskonvention und der Afrikanischen Charta über die Rechte des Kindes, deren Einhaltung es inzwischen überprüft.

In den ersten zehn Jahren wurden bedeutende Fortschritte bei der Finanzierung von Programmen zur Unterstützung besonders bedrohter Kinder registriert. Dazu zählten die Bereitstellung eines Sozialgeldes für arme Kinder bis zum Alter von 14 Jahren, die Schulspeisung in Grundschulen, kostenlose Gesundheitsversorgung für Kleinkinder und schwangere Frauen sowie ein Programm für Kinder, die von HIV/Aids betroffen sind.

Die Abteilung identifizierte aber auch Probleme. So waren Kinderschutz-Organisationen unterfinanziert. Außerdem mahnten die Beobachter an, dass die Regierung gesetzlich vorgeschriebene Dienstleistungen auch wirklich finanzieren muss und mehr für die Entwicklung von Standards zur Förderung der frühkindlichen Entwicklung tun sollte.

Es wurde auch der Etat 2005 überprüft. Nach Einschätzung der Experten wird das Haushaltsziel der Förderung des Wirtschaftswachstums durch steigende Einkommen auch Not leidenden Familien zugute kommen. Sie hoffen, dass mehr Wachstum auch mehr direkte Investitionen in die soziale Infrastruktur und Hilfe für die ärmsten Kinder ermöglicht.

Die Beobachter fragen sich jedoch, ob die im Haushalt vorgesehenen zusätzlichen Mittel für die Ausweitung sozialer Fürsorge auch ausreichen. Insbesondere gab es keine neue Finanzierung für Nichtregierungsorganisationen. Auch fanden sich in der Budgetplanung keine Hinweise auf die Ausweitung des Sozialgeldes für arme Jugendliche bis zum 18. Lebensjahr.

Die Analyse des Staatshaushalts ist ein wirksames Mittel, um Regierungen und Kinderrechtsorganisationen auf notwendige weitere Aktionen und finanzielle Ressourcen aufmerksam zu machen. In Südafrika lernen jetzt junge Nachwuchskräfte, auch die Haushalte auf kommunaler wie Provinzebene kritisch zu bewerten.

8 Der »Kinderrechte-Index« in Ecuador und Mexiko

In Ecuador und Mexiko beobachten nationale Forschungseinrichtungen die Situation von Kindern und Jugendlichen, um sicherzustellen, dass ihre Rechte in der Praxis gewahrt werden. In beiden Ländern hat die Beteiligung verschiedener Bereiche der Gesellschaft sehr zur Förderung der Umsetzung der Kinderrechte beigetragen.

2001 unternahm in Ecuador der »Observatorio por los Derechos de la Niñez y Adolescencia« (Beobachter für die Rechte von Kindern und Jugendlichen) die ersten Schritte auf dem Weg hin zur Entwicklung eines Kinderrechte-Index. Dieser dokumentiert, in welchem Ausmaß das Recht auf Überleben, Gesundheit, ausreichende Nahrung und Bildung während jeder Lebensphase von Kindern und Jugendlichen verwirklicht wird. Das Projekt führte dazu, dass sich heute auch lokale Behörden darum bemühen, mit ihren Maßnahmen den Kinderrechte-Index auf Gemeindebene anzuheben.

In Mexiko trug UNICEF mit Hilfe prominenter Mitstreiter aus der Wirtschaft, den Universitäten, der Politik, den Medien und der Unterhaltungsindustrie entscheidend dazu bei, dass auch hier ein Kinderrechte-Index eingerichtet und veröffentlicht wurde. Der UNICEF-Beirat in Mexiko erarbeitete den Index 2004 gemeinsam mit der Nichtregierungsorganisation »Observatorio Ciudadano de Politicias de Niñez, Adolescencia y Familias«.

Kinder haben in verschiedenen Altersstufen unterschiedliche Herausforderungen hinsichtlich ihrer körperlichen, seelischen und geistigen Entwicklung zu bewältigen. Diese Tatsache versuchen sowohl der mexikanische als auch der ecuadorianische Index zu berücksichtigen.

Um den wechselnden Prioritäten bei der Erfüllung der Kinderrechte gerecht zu werden, sind die Indizes für drei Entwicklungsstadien berechnet – frühe Kindheit (0–5), Kinder im Schulalter (6–12) und Jugendliche (13–18). Die Indizes messen das Ausmaß, in dem ein Land die Rechte von Kindern und Jugendlichen auf Überleben, Gesundheit und Bildung erfüllt. Sie decken auf, wo soziale, wirtschaftliche oder kulturelle Barrieren die Verwirklichung von Kinderrechten verhindern. Sie messen auch die Auswirkungen sozialpolitischer Maßnahmen und die Folgen, die Veränderungen bei den Sozialausgaben nach sich ziehen. Insgesamt werden große Datenmengen zusammengeführt, um einen umfassenden Überblick über die Situation zu geben.

Nachdem Daten aus verschiedenen Quellen gesammelt wurden, wandeln die Indizes alle Indikatoren auf einer Skala von 0–10 um, wobei 0 die in jedem Land für jeden Indikator

© UNICEF/HQ00-0584/José Hernandez-Claire

gefundene schlechteste Situation darstellt und 10 anzeigt, dass das Recht von allen Kindern voll wahrgenommen wird. Ein einfacher Durchschnitt wird für jedes berücksichtigte Recht errechnet, das Endergebnis ist der Durchschnitt der sich ergebenden Zahlen.

Die Indizes in Ecuador und Mexiko sind ein Instrument, um den sozialen Fortschritt für Kinder über einen bestimmten Zeitraum zu messen und zu verfolgen. Sie dienen auch dazu, ungleiche Entwicklungen innerhalb der jeweiligen Länder zu erkennen. Laut dem mexikanischen Kinderrechte-Index hat es insgesamt eine allmähliche Verbesserung bei der Umsetzung der Kinderrechte gegeben. Der Index stand 1998 auf 4,68, im Jahre 2000 auf 5,25 und 2003 auf 5,71. Aber er weist auch große Unterschiede zwischen einzelnen Bundesstaaten auf. So sind diejenigen mit dem niedrigsten Stand zugleich die mit dem höchsten Anteil an indigener Bevölkerung.

Ähnlich geringe Punkte für Provinzen mit einem hohen Anteil indigener Bevölkerung wurden in Ecuador beobachtet. Die Wahrscheinlichkeit, dass Kinderrechte nicht eingehalten wurden, war in den verarmten Provinzen von Cotopaxi und Chimborazo neun Mal höher als in Galápagos, der Provinz mit der höchsten Punktzahl. Wesentliche Unterschiede wurden auch zwischen städtischen und ländlichen Gebieten beobachtet. Ins-

Kinderrechte-Indizes in Ecuador und Mexiko: Parameter zur Beurteilung von Überleben, Gesundheit und Bildung in früher Kindheit

Rechte	Indikatoren	Prioritäten
	Frühe Kindheit (0–5 Jahre)	
Das Recht auf Überleben	Sterblichkeitsrate von Kindern unter 5 Jahren Sterblichkeitsrate von Frauen während Schwangerschaft und Geburt	Zugang zu Gesundheitsversorgung für Mütter und Kinder einschließlich pränataler Fürsorge und Geburtshilfe
Das Recht auf eine gesunde und sichere Entwicklung	Zu geringes Gewicht für das jeweilige Alter	Gesundes Wohnumfeld einschließlich ausreichender Unterkunft, sauberem Trinkwasser und sanitären Einrichtungen
	Sterblichkeitsrate aufgrund von Mangelernährung	Allgemeiner Zugang zu adäquater Ernährung, einschließlich Informationen über Ernährung sowie Zugang zu Programmen für Zusatzernährung
Das Recht auf geistige und seelische Entwicklung sowie auf Bildung	Nichtteilnahme an Vorschulunterricht Bildung der Mutter Analphabetenrate bei Frauen unter 15 Jahren	Allgemeiner Zugang zu früher Bildung und Anregung einschließlich Informationsdiensten und Unterstützung für Eltern

gesamt zeigte der Index für die frühe Kindheit in Ecuador eine Verbesserung von 3,4 auf 3,6 zwischen 2002 und 2003.

Durch das Sammeln offizieller Daten und die Analyse und Verbreitung dieser Informationen bieten die Indizes Familien und Gemeinden einen Beurteilungsmaßstab, wie gut die Rechte von Kindern gewahrt werden. Sie können die Entwicklung des Index beobachten und sich für eine Politik einsetzen, die sich für Fortschritte hinsichtlich der Kinderrechte stark macht.

Um ihren Index zu verbessern, müssen Regierungen entschlossene Maßnahmen in der Zusammenarbeit mit Familien und Gemeinden, Organisationen, den Medien und der Wirtschaft ergreifen. Die Bündelung ihrer Anstrengungen ist entscheidend dafür, ob es gelingt, Todesfälle bei Kindern zu verringern, Mangelernährung zurückzudrängen und alle Kinder in die Schule zu schicken.

Es gibt eine Reihe ermutigender Anzeichen, dass sich solche Partnerschaften bilden. In den Staaten Michoacán und Zacatecas in Mexiko zum Beispiel hat die Regierung einen »sozialen Dialog für Kinder« ins Leben gerufen, der darauf abzielt, einen breiten Konsens über Schritte zur Verwirklichung der Kinderrechte aufzubauen.

Nachdem Maßnahmen durch ein solches lokales Unterstützungsprogramm ergriffen wurden, stieg in der Provinz Carchi in Ecuador der Kinderrechte-Index von 2,8 auf 3,9. Die Sterblichkeitsrate von Kindern unter fünf Jahren sank deutlich, die Einschulungsraten stiegen erkennbar an. Das lokale Programm sollte eigentlich auslaufen, aber aufgrund seiner positiven Auswirkung und der rechtzeitigen Intervention des »Observatorio« beschloss die Regierung, dieser Initiative einen festen Etat zu bewilligen.

9 Kinderarbeit und die Verantwortung von Unternehmen: Das UNICEF-IKEA-Projekt

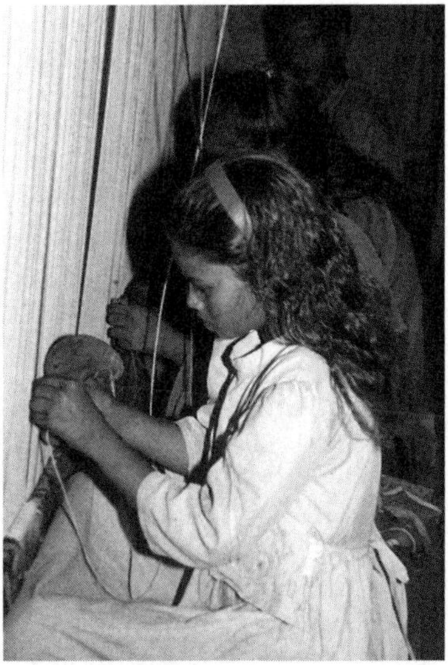

© UNICEF/Petra Isselhorst

Schätzungsweise 14 Prozent der indischen Kinder zwischen fünf und 14 Jahren arbeiten. Die meisten von ihnen sind im so genannten informellen Sektor tätig, zum Beispiel in der Heimarbeit oder in kleinen Zulieferbetrieben. Viele produzieren auch Waren, die für den Export bestimmt sind.

Seit Anfang der 1990er Jahre haben internationale Unternehmen begonnen, Grundsätze gegen Kinderarbeit in ihre Verträge aufzunehmen. Die IKEA-Gruppe, die Möbel und Haushaltseinrichtungen herstellt und vertreibt, ist ein Beispiel, wie ein weltweit tätiges Unternehmen seine Geschäfte in Entwicklungsländern auf der Grundlage der UN-Kinderrechtskonvention sozial zu gestalten versucht.

Um sicherzustellen, dass an keiner Stelle der Lieferkette Kinder ausgebeutet werden, hat das Unternehmen spezielle Regeln und Verpflichtungen formuliert, die für alle Zulieferfirmen verbindlich sind. Alle Geschäftspartner müssen unterzeichnen, dass sie die Kinderrechtskonvention anerkennen und einhalten. Um dies zu überprüfen, führen Mitarbeiter regelmäßig Kontrollbesuche in allen Produktionsstätten durch. Mindestens einmal im Jahr finden unangemeldete Inspektionen durch unabhängige Kontrolleure statt.

Die Geschäftsregeln basieren neben der Kinderkonvention auf den einheimischen Gesetzen zum Kinderschutz und dem darin festgelegten Mindestalter für Arbeitsverhältnisse.

Um diese Grundsätze weiter mit Leben zu füllen, starteten IKEA und UNICEF im Jahr 2000 ein Projekt gegen Kinderarbeit in der Teppichproduktion in zunächst 200 Dörfern des indischen Bundesstaates Uttar Pradesch. Das Projekt wurde bis heute auf 500 Dörfer ausgeweitet.

Die Teppichindustrie in Uttar Pradesch produziert 85 Prozent der Teppiche, die für den Export bestimmt sind. Die Teppiche werden meist in dörflichen Familienbetrieben hergestellt, in denen Kinder oftmals zur Mitarbeit gezwungen sind. Schätzungsweise 15 Prozent der Kinderarbeiter in Indien kommen aus diesem armen Bundesstaat.

Das Projekt von IKEA und UNICEF gründet auf der Erkenntnis, dass Kinderarbeit nicht dadurch zu überwinden ist, Kinder einfach aus den Produktionsstätten zu entfernen oder Verträge zu kündigen. Es geht vielmehr darum, die Wurzeln der Kinderarbeit anzugehen: Armut, Überschuldung, Arbeitslosigkeit der Erwachsenen und fehlende Bildungsmöglichkeiten.

Deshalb zielt das Projekt gleichzeitig auf die Kinder und auf ihre Familien. Die Frauen – insbesondere Mütter – erhalten Unterstützung, um in ihren Dörfern Selbsthilfegruppen zu gründen. Rasch bildeten sich 430 solcher Gruppen mit insgesamt 5600 Frauen, die jeden Monat rund 3700 US-$ auf ein Sparkonto einzahlen. Aus diesem Kapitalstock können sich die Mitglieder Geld leihen, wenn sie zum Beispiel Medikamente brauchen, Schulmaterial kaufen müssen, eine Hochzeit ausrichten oder ein Geschäft aufmachen wollen. So sind sie nicht mehr auf die Wucherzinsen professioneller Geldverleiher angewiesen. Wenn Familien aus der Schuldenfalle herauskommen, sinkt die Wahrscheinlichkeit, dass sie ihre Kinder zur Arbeit schicken.

Gleichzeitig zielt das Projekt auf eine Verbesserung der Schulbildung. Mit jährlichen Haus-zu-Haus-Kampagnen wurden bereits Eltern von 75 000 Kindern dazu bewegt, die Jungen und Mädchen zwischen sechs und zwölf Jahren in den öffentlichen Schulen anzumelden.

Ein weiteres Element im Kampf gegen Kinderarbeit sind so genannte alternative Lernzentren für Kinder im Alter zwischen acht und 13 Jahren, die anders nicht erreicht werden können. Zunächst entstanden 103 dieser einfachen Zentren in den Dörfern mit dem Ziel, den Kindern später den Besuch der Regelschule zu ermöglichen. Seither haben 6300 Kinder die Zentren durchlaufen; 4980 von ihnen schafften bis Juni 2005 auch den Abschluss der Regelschule. Weitere 300 alternative Lernzentren sollen in Zukunft geschaffen werden.

Mitte 2002 entschied sich IKEA zusätzlich dafür, ein Impfprogramm für alle Neugeborenen und schwangere Frauen im Distrikt Jaunpur im Osten von Uttar Pradesch zu unterstützen. Ziel ist eine Impfrate von 80 Prozent in 21 Bezirken bis 2007. Dabei soll sichergestellt werden, dass das Impfprogramm auch nach dem Auslaufen externer Unterstützung weitergehen kann.

Durch die Initiative wurden bisher 52 558 Neugeborene und 56 407 schwangere Frauen in 1126 Dörfern geimpft. Da die Regierung des Bundesstaates das Programm unterstützt, ist zu erwarten, dass die übrigen 14 Bezirke ebenfalls von Impfprogrammen erreicht werden.

10 Filmemacher berichten über »unsichtbare« Kinder

Eine Gruppe weltbekannter Regisseure hat sich zusammengefunden, um ausgegrenzten und »unsichtbaren« Kindern eine Stimme zu geben: Mehdi Charef, Emir Kusturica, Spike Lee, Katia Lund, Jordan Scott, Ridley Scott, Stefano Veneruso und John Woo. Gemeinsam mit UNICEF und dem Welternährungsprogramm der Vereinten Nationen sowie mit Unterstützung der italienischen Regierung produzierten sie den Film »All die unsichtbaren Kinder« (»All the Invisible Children«), der im September 2005 auf den 62. Filmfestspielen in Venedig erstmals vorgestellt wurde und Anfang 2006 auch in Deutschland in die Kinos kommt. Die acht Regisseure porträtieren in sieben Episoden Kinder aus verschiedenen Regionen der Welt: aus Burkina Faso, Serbien, den USA, aus Brasilien, England, Italien und China. Jede Geschichte stellt ein anderes Thema – wie Armut, Gewalt, Krieg oder Aids – in den Mittelpunkt.

Die Welt der Straßenkinder behandeln drei der Filme. Im Beitrag von Katia Lund schlagen sich zwei Geschwister auf den Straßen von São Paulo durch, indem sie Kartons und Altmetall sammeln. Emir Kusturicas und Stefano Venerusos Filme zeigen, wie sich Kinder in Serbien und in der süditalienischen Metropole Neapel verzweifelt mit Stehlen über Wasser halten. Spike Lee erzählt die tragische Geschichte eines HIV-positiven Teenagers im New Yorker Stadtteil Brooklyn, der von seinen Altersgenossen abgelehnt und misshandelt wird. Jordan und Ridley Scotts Film beschreibt, wie ein Kriegsfotograf sich in Erinnerungen an seine Kindheit flüchtet, weil er die schrecklichen Erfahrungen des Krieges nicht mehr ertragen kann. Mehdi Charef porträtiert das Leben von Kindersoldaten, die mit Leichtigkeit Schnellfeuergewehre bedienen können, aber niemals in ihrem Leben Liebe und Schulbildung erfahren haben. Der Episodenfilm endet mit einem Beitrag von John Woo, der das Leben eines reichen dem eines armen Mädchens in China gegenüberstellt.

Die Figuren von »All die unsichtbaren Kinder« stehen für ihre Altersgenossen auf der ganzen Welt: für die bis zu 100 Millionen Straßenkinder, die Kinder in den Kriegs- und Krisengebieten der Erde, die mehr als zwei Millionen HIV-positiven Kinder. »Überall auf der Welt werden Kinder missbraucht und vergessen. Ich hoffe, dass der Film Verständnis für ihr Leiden weckt«, sagt Spike Lee.

Die Regisseurin Hanna Polak hat das gleiche Anliegen. Mit ihrer Dokumentation »Die Kinder von Leningradsky«, die für einen Oscar nominiert wurde, taucht sie in die Welt der schätzungsweise 25 000 bis

30 000 Moskauer Straßenkinder ein. Ihr Alltag ist maßgeblich von Alkohol, Drogen, sexuellem Missbrauch und körperlicher Gewalt bestimmt. »Als Einzelne kann ich nur sehr wenig für diese Kinder tun«, sagt Hanna Polak. »Aber indem ich ihre Probleme in einem Film darstelle und sie ihre Geschichten erzählen lasse, hoffe ich, andere Menschen zu beeinflussen – damit sie selbst auch helfen. Tatsächlich ist ein Film ein praktischer Weg, diesen Kindern zu helfen … Manchmal werde ich gefragt, wie ich die schrecklichsten Dinge im Leben dieser Kinder filmen kann. Aber diese gehören nun mal unbedingt zu ihrer Wirklichkeit. Wie könnte man sonst ihre Tragödie verstehen und dazu gebracht werden zu helfen, ohne diese Wirklichkeit zu kennen?«

Obwohl es schwierig für die Regisseurin war, an die obdachlosen Kinder in Moskau heranzukommen, war dies für sie auch persönlich eine wichtige Erfahrung, bei der sie neue Freunde gewann. Hanna Polak gründete im Anschluss an die Dreharbeiten die Stiftung »Active Child Aid«, die Einnahmen aus dem Film und aus anderen Quellen für Hilfsprojekte zugunsten der Straßenkinder einsetzt.

Die größte Auszeichnung für Hanna Polak war es, den Kindern in ihrem Film zu zeigen, dass ein anderes Leben möglich ist: »Es ist wundervoll zu sehen, wie die Kinder realisieren, dass es Alternativen gibt und sie nicht zu einem Leben auf der Straße verurteilt sind.«

Karten

Karte 1 **Bildung für alle**

Gleiche Bildungschancen für Mädchen und Jungen

Nach dem Millenniums-Entwicklungsziel Nr. 2 sollen alle Jungen und Mädchen bis 2015 die Chance erhalten, die Grundschule zu besuchen und auch abzuschließen.
Kinder aus den am wenigsten entwickelten Ländern, den ärmsten Dörfern, Stadtteilen oder Haushalten haben die geringsten Chancen auf einen regulären Schulbesuch. Das gilt besonders für Kinder aus ländlichen Gegenden, für behinderte Kinder in vielen Ländern und für Kinder, die in Kriegs- und Krisengebieten leben. Kinder aus ethnischen Minderheiten oder Gruppen mit einer eigenen Sprache stehen zusätzlich oft dem Problem gegenüber, dass sie erst noch die Unterrichtssprache lernen müssen. Kinder in die Schule zu bringen ist ein wichtiger Schritt, aber nur der Anfang. Es muss auch sichergestellt werden, dass die einmal eingeschulten Kinder auch regelmäßig den Unterricht besuchen und die Schule mit dem nötigen Wissen abschließen.
In vielen Ländern besuchen weniger Mädchen die Schule als Jungen, das gilt besonders für die höheren Klassen. Gleiche Bildungschancen sind grundlegend, um die Geschlechterbeziehungen zu verändern und zu garantieren, dass Mädchen und Jungen ihr Potenzial voll ausschöpfen können. Im Jahr 2005 haben 54 Länder zusätzliche Anstrengungen unternommen, um das Millenniums-Entwicklungsziel Nr. 3 der gleichen Bildungschancen für alle zu erreichen.[1]
Bildung für alle Kinder ist bezahlbar – es gibt keine Entschuldigung dafür, Kindern dieses Recht vorzuenthalten. Allen Jungen und Mädchen im Grundschulalter weltweit einen guten Unterricht zu ermöglichen, würde zwischen 7 und 17 Milliarden US-Dollar pro Jahr kosten – ein vergleichsweise geringer Betrag verglichen mit anderen Ausgaben der Regierungen.[2] Die Vorteile einer solchen Investition für die Kinder heute und die künftiger Generationen sind mit Blick auf die Gesundheit, das soziale Wohl und die Produktivität einer Gesellschaft nicht zu unterschätzen.

1 UNICEF, Progress for Children: A report card on gender parity and primary education (No. 2), UNICEF, New York, Juni 2005.
2 UN Millennium Project, Task Force on Education and Gender Equality, Toward universal primary education: investments, incentives, and institutions, Earthscan, London, 2005, S. 9.

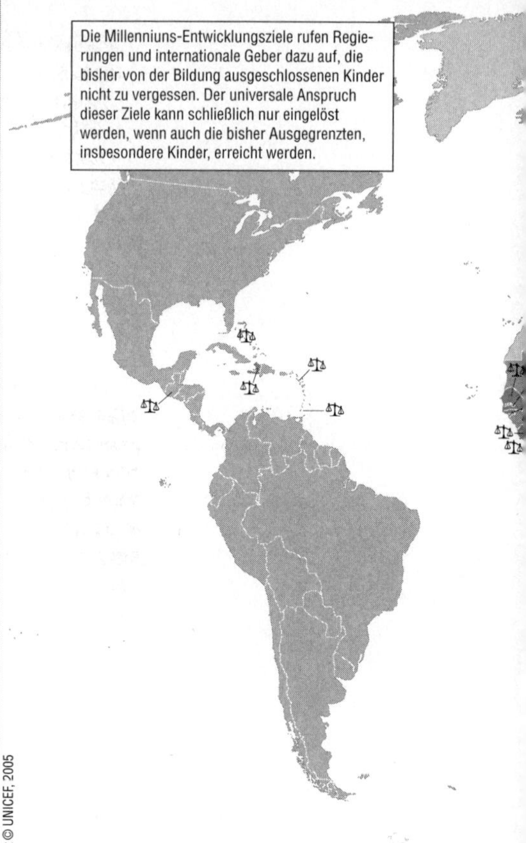

Besuch von weiterführenden Schulen: Anzahl der Mädchen pro 100 Jungen

81	Südasien
84	West- und Zentralafrika
85	Naher Osten und Nordafrika
106	Ostasien und Pazifik
112	Ost- und Südafrika
115	Lateinamerika und Karibik
90	Am wenigsten entwickelte Länder
93	Entwicklungsländer
93	Welt

Quelle: Statistikbüro der UNESCO (1998–2002), einschließlich Education for All Assessment, siehe Tabelle 5, S. 198ff.

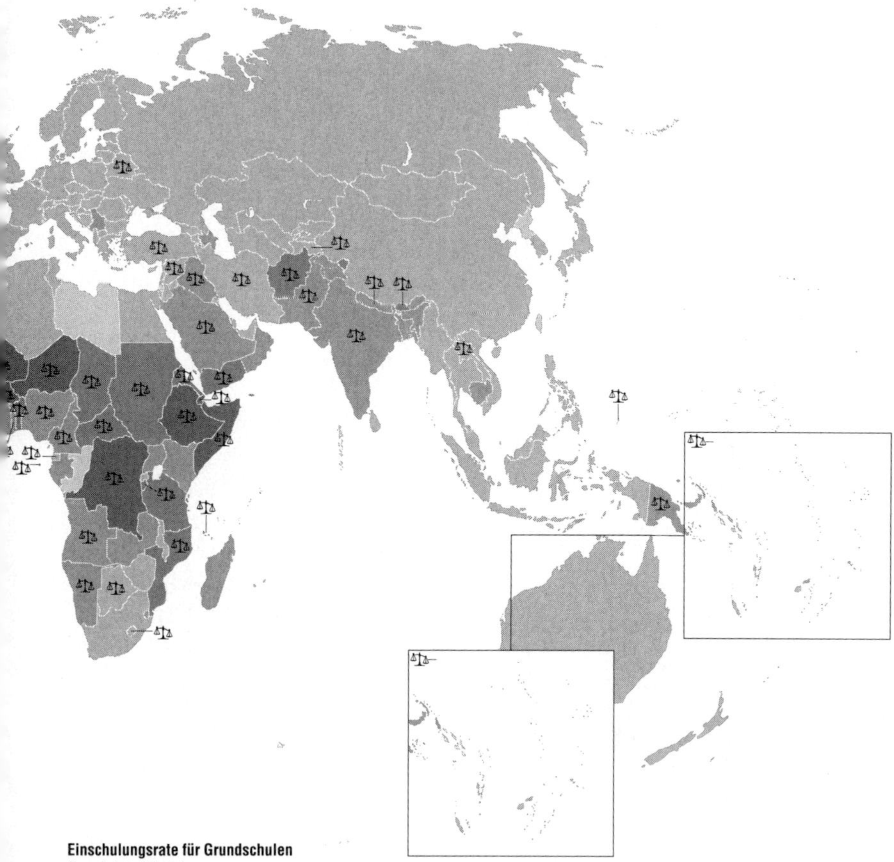

Einschulungsrate für Grundschulen (bereinigte Werte)

- unter 40 %
- 40-59 %
- 60-79 %
- 80-89 %
- über 90 %
- keine Angaben

Quelle: Statistikbüro der UNESCO (2005)

⚖ **Länder, die verstärkte Anstrengungen unternehmen müssen, um das Ziel Gleichstellung der Geschlechter zu erreichen**

Quelle: UNICEF, Progress for children: A report card on gender parity and primary education (Nr. 2), New York, Juni 2005.

Karte 2 **Ein annehmbarer Lebensstandard**

Extreme und relative Armut

Millenniums-Entwicklungsziel Nr. 1 setzt den Schwerpunkt darauf, die extreme Armut bis 2015 zu halbieren. Nach der weltweit am häufigsten angewandten Messgröße gelten Menschen, die weniger als umgerechnet einen US-Dollar pro Tag zum Leben haben, als arm. Armut hat jedoch viele Definitionen und trifft Kinder auf vielfältige Weise. Kinder erleben extreme Armut anders als Erwachsene: Kinderarmut ist deshalb nicht nur mit Blick auf das Familieneinkommen zu verstehen. Kinder erleben Armut sowohl als Mangel an materiellen Dingen als auch an Entwicklungsmöglichkeiten. Strategien gegen Armut müssen umgekehrt auch die Erfahrungen von Kindern berücksichtigen.
Kinder müssen auch nicht in extremer Armut leben, um sich ausgeschlossen zu fühlen. Untersuchungen weisen darauf hin, dass Kinder sehr stark spüren, wenn ihr Lebensstandard deutlich unter dem einer »normalen« Familie in einer Gesellschaft liegt. Dieser relative Mangel basiert auf der Tatsache, dass die Menschen im Vergleich mit anderen entscheiden, wie begütert oder benachteiligt sie sind, was sie verdienen oder erwarten können. Eine der einfachsten Methoden, um Ungleichheit in einem Land zu messen, ist herauszufinden, welche Ressourcen die reichsten und die ärmsten Gruppen der Gesellschaft zur Verfügung haben.
Selbst wenn es Fortschritte bei der Beseitigung der extremen Armut gibt, der Millionen Menschen ausgesetzt sind: Die relative Armut und damit auch die Ausgrenzung von Kindern und ihren Familien wird andauern, bis besondere Maßnahmen ergriffen werden, um benachteiligte Gruppen zu unterstützen und die Chancengleichheit in einer Gesellschaft zu fördern. Dazu gehört auch, ausreichende Mittel für die Bildung, die Gesundheitsversorgung und weitere Grunddienste bereitzustellen, damit die Rechte jedes Kindes erfüllt werden.

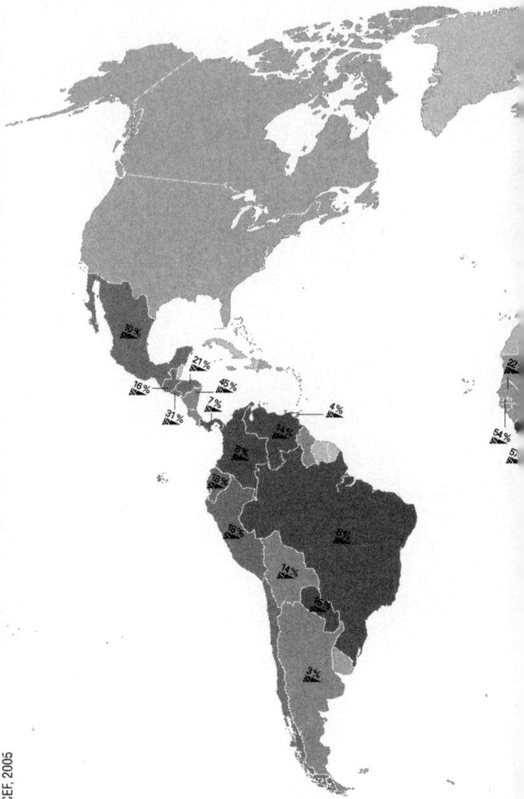

Anteil der Bevölkerung, der mit weniger als 1 US-$ pro Tag auskommen muss (Armutsgrenze), nach Regionen

- 55 % West- und Zentralafrika
- 38 % Ost- und Südafrika
- 33 % Südasien
- 14 % Ostasien und Pazifik
- 10 % Lateinamerika und Karibik
- 4 % Mittel- und Osteuropa, GUS
- 3 % Naher Osten und Nordafrika
- 22 % Entwicklungsländer
- 41 % Am wenigsten entwickelte Länder
- 21 % Welt

Quelle: Weltbank, 2005 World Development Indicators, siehe Tabelle 7, S. 218ff.

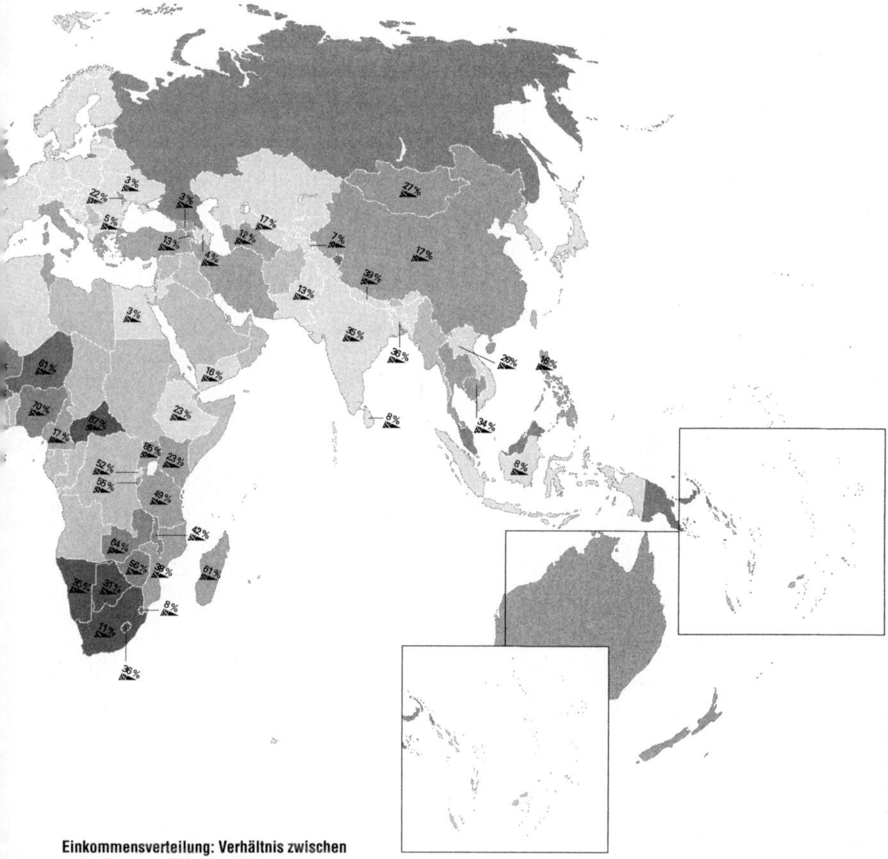

Einkommensverteilung: Verhältnis zwischen den reichsten und ärmsten 10 %

- 0–9 mal höher
- 10–19 mal höher
- 20–39 mal höher
- 40–59 mal höher
- über 60 mal höher
- keine Angaben

Quelle: Human Development Report 2004

% **Anteil der Bevölkerung, der mit weniger als 1 US-$ pro Tag auskommen muss, liegt über 2 %**

Quelle: Weltbank, 2005 World Development Indicators.

Karte 3 **Kindheit schützen**

Jedes Kind zählt

Die Fähigkeit, Alter, Nationalität und Identität nachzuweisen, ist der Schlüssel zur Sicherstellung der Rechte eines Kindes. Artikel 7 der Kinderrechtskonvention beinhaltet das Recht eines jeden Kindes auf einen Namen und eine Nationalität. Dies setzt voraus, dass Jungen und Mädchen sofort nach der Geburt registriert werden. Doch in vielen Ländern hat bis heute ein großer Teil der Bevölkerung keinen Zugang zur offiziellen Geburtenregistrierung.
Ein formeller Nachweis des Alters kann sogar helfen, das Recht eines Kindes auf eine Kindheit zu schützen. Kinder, die in den Arbeitsmarkt gezwungen werden, die als Soldaten missbraucht oder zu einer frühen Heirat gezwungen werden, nehmen die Rolle von Erwachsenen an. Für nicht registrierte Kinder und diejenigen, die sie unterstützen wollen, ist es oft schwierig, auf die Rechte der Kinder zu pochen oder überhaupt zu beweisen, dass diese Rechte verletzt worden sind.
Die Registrierung der Geburt garantiert das Recht, überhaupt offiziell zu existieren, in staatlichen Statistiken mitgezählt und als Mitglied einer Gesellschaft anerkannt zu werden. Die genaue Ermittlung der Zahl der Kinder in einer bestimmten Gemeinde, einem Dorf oder einer Region ist die Grundlage, um Ressourcen zu verteilen und ausreichende Grunddienste – etwa Gesundheitsstationen – verfügbar zu machen.
Kinder ohne Geburtsurkunde sind meist diejenigen, die von wichtigen Diensten und Leistungen ausgeschlossen sind, die am Rand der Gesellschaft stehen. Deshalb sollte die Geburtenregistrierung aller Kinder der erste Schritt sein, kein Kind mehr auszugrenzen und zu übersehen.

Heirat vor Erreichen des 18. Lebensjahrs – bei Mädchen auf dem Land wahrscheinlicher als in der Stadt

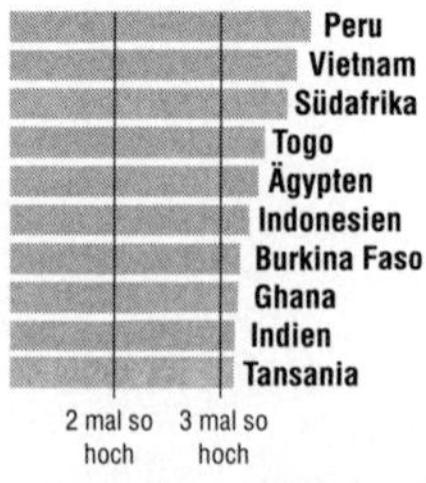

Quelle: Demographic and Health Surveys.

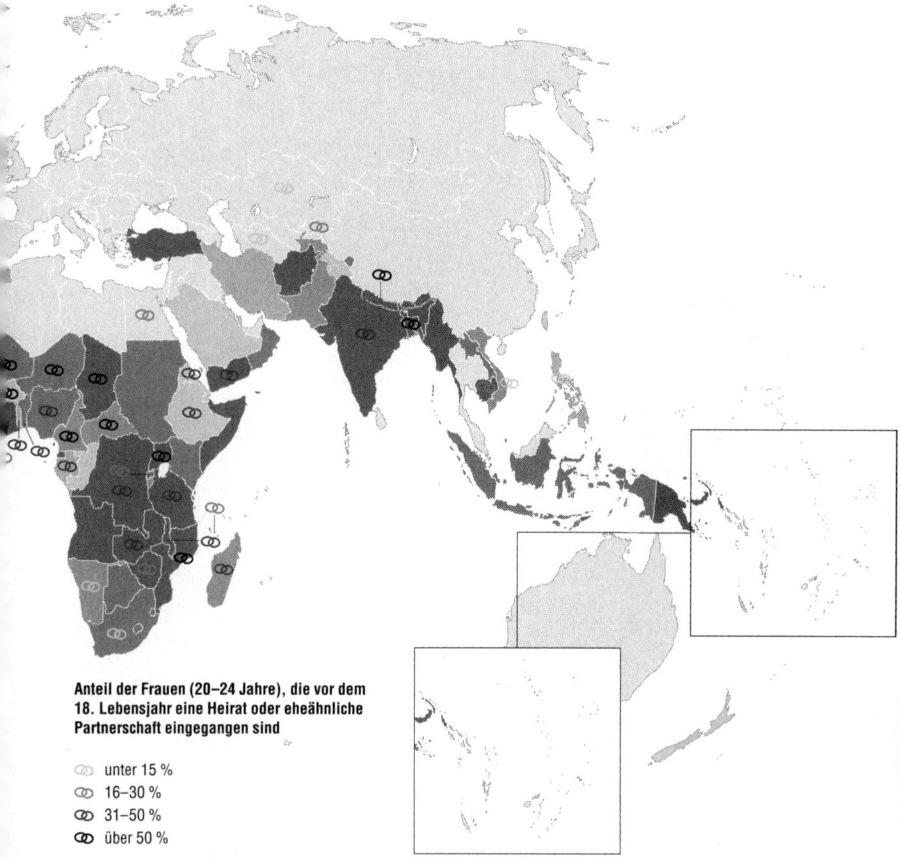

Anteil der Frauen (20–24 Jahre), die vor dem 18. Lebensjahr eine Heirat oder eheähnliche Partnerschaft eingegangen sind

- unter 15 %
- 16–30 %
- 31–50 %
- über 50 %

Quelle: Demographic and Health Surveys.

Geburtenregistrierung: Anteil der Kinder unter 5 Jahren

- unter 40 %
- 40–69 %
- 70–79 %
- 80–89 %
- über 90 %
- keine Angaben

Quellen: Demographic and Health Surveys, Multiple Indicator Cluster Surveys, siehe Tabelle 9, S. 238 ff.

Karte 4 **Unsere gemeinsame Zukunft**

Demographische Herausforderungen

38 Prozent der Weltbevölkerung sind jünger als 18 Jahre. In den 50 am wenigsten entwickelten Ländern machen Kinder die Hälfte der Bevölkerung aus. In 91 Ländern wird der Anteil der Bevölkerung unter 18 Jahren bis 2015 – dem Jahr, bis zu dem viele der Millenniums-Entwicklungsziele erreicht sein sollen – weiter zunehmen.
Veränderungen in der demographischen Zusammensetzung stellen die Politik vor Herausforderungen. Ressourcen müssen zur Verfügung gestellt werden, um die Bedürfnisse der wachsenden Zahl von Kindern und Jugendlichen zu befriedigen. Wenn Strategien zur Armutsbekämpfung langfristig Erfolg haben sollen, ist es wichtig, der jüngsten Generation gleich am Anfang ihres Lebenszyklus bessere Chancen zu eröffnen – zum Beispiel durch eine gute Gesundheitsversorgung, frühe Förderung und Bildung.
Die Verstädterung ist eine weitere Herausforderung. Immer mehr Kinder in den Entwicklungsländern wachsen in den großen Metropolen auf. Es muss sichergestellt werden, dass Kinder aus den ärmsten Familien in den Städten nicht zu kurz kommen. Gleichzeitig muss gegen die Benachteiligung der Kinder auf dem Land vorgegangen werden.

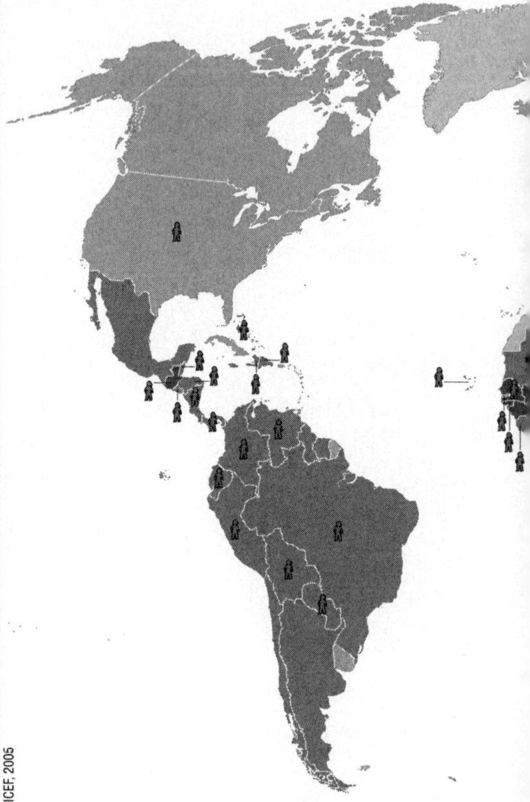

Prozentualer Anteil der Kinder an der städtischen Bevölkerung in 10 Ländern

Quelle: UN Bevölkerungsabteilung, siehe auch Tabelle 6, S. 208 ff.

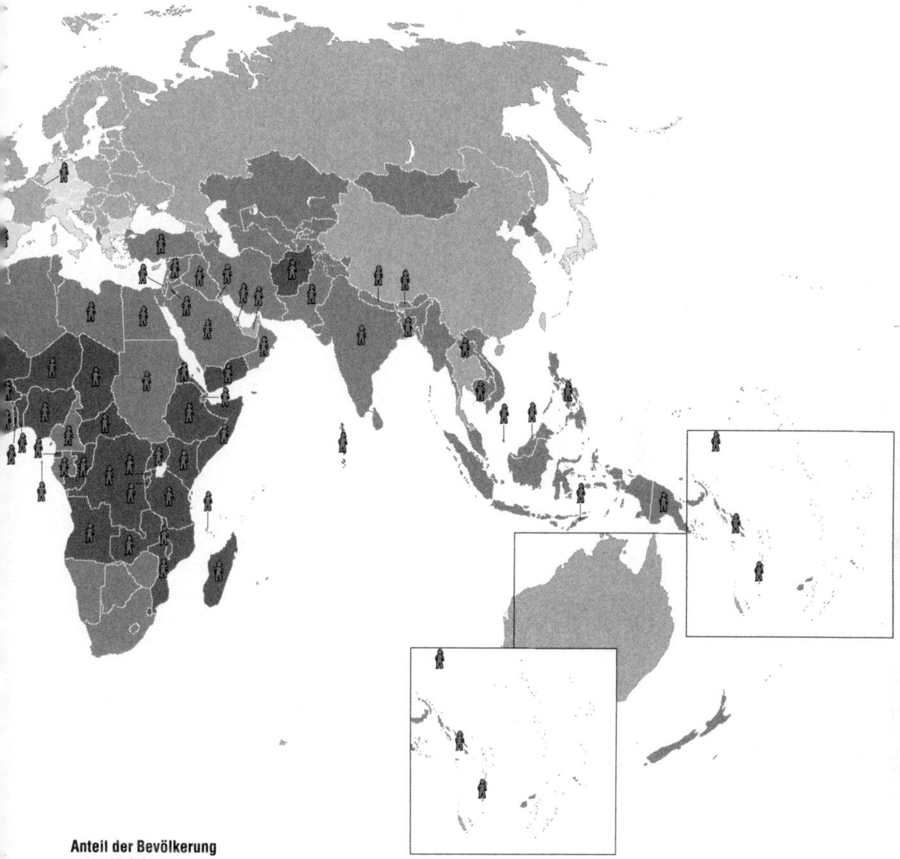

Anteil der Bevölkerung unter 18 Jahren

- 10–19 %
- 20–29 %
- 30–49 %
- über 50 %
- keine Angaben

Quelle: UN Bevölkerungsabteilung, siehe auch Tabelle 6, S. 208 ff.

Länder, in denen die Anzahl der Kinder 2015 höher liegen wird

Quelle: UN Bevölkerungsabteilung, 2005

Statistik

Allgemeine Hinweise zu den Daten

Die in den folgenden Tabellen vorgelegten Daten werden durch Definitionen (*siehe* S. 259 ff.), Quellenangaben (*siehe* S. 264 ff.) und Zeichenerklärungen ergänzt. Wo immer möglich, wurden Daten aus den zuständigen Unterorganisationen der Vereinten Nationen verwendet. Wo keine solchen international standardisierten Schätzungen vorliegen, greifen die Tabellen auf andere Quellen zurück, insbesondere auf Daten, die von örtlichen UNICEF-Büros zur Verfügung gestellt wurden. Wo immer dies möglich ist, werden landesweit gültige oder repräsentative Daten herangezogen.

In Ländern, die in letzter Zeit unter bewaffneten Konflikten oder Naturkatastrophen zu leiden hatten, steht oft nur wenig verlässliches Datenmaterial zur Verfügung. Dies gilt besonders für Länder, in denen die grundlegende Infrastruktur zerstört wurde oder größere Bevölkerungsbewegungen stattgefunden haben.

Die Angaben für die Lebenserwartung, die Fruchtbarkeitsrate, die Rohwerte der Geburten- und Sterberate entstammen den regelmäßig vorgenommenen Schätzungen und Hochrechnungen der Bevölkerungsabteilung der Vereinten Nationen. Diese Daten werden ebenso wie andere international erstellte Schätzungen regelmäßig überarbeitet. Aus diesem Grund können einige Zahlenangaben von den Werten in früheren UNICEF-Publikationen abweichen.

In diesem Jahr wurden mehrere Tabellen revidiert. In Tabelle 1 werden die Säuglings- und Kindersterblichkeitsraten für die Jahre 1990 und 2004 (bisher 1960 und 1990) angegeben, um die Fortschritte bezogen auf die Millenniumsziele mit der Basis 1990 besser zu dokumentieren.

In Tabelle 3 wurden sowohl Daten zur Impfung gegen Haemophilus influenzae Typ B (HiB) als auch Daten zur Erstimpfung gegen Diphtherie, Pertusis (Keuchhusten) und Tetanus (DPT) ergänzt. Der Vergleich mit der Zahl der Kinder, die zur DPT3-Impfung erschienen sind, macht deutlich, wie viele Kinder keine Nachfolgeimpfung erhalten.

Wichtige Änderungen gab es bei den Indikatoren für Bildung in den Tabellen 1 und 5. In Tabelle 1 wurde die Einschulungs/Besuchsrate für Grundschulen, basierend auf Haushaltsbefragungen aus den Jahren 2000 bis 2004 sowie aufgrund von Daten des Statistikbüros der UNESCO, neu berechnet. Die Einschulungsrate (bereinigte Werte) ist ein bewährter Indikator sowohl für den Besuch von Grundschulen als auch von weiterführenden Schulen. Auch die Daten für weiterführende Schulen wurden neu berechnet; zum

einen basieren sie auf bereinigten Werten zur Einschulung, zum anderen auf Haushaltsbefragungen zum tatsächlichen Schulbesuch. Außerdem wird die Alphabetisierungsrate von Erwachsenen nur noch für das Jahr 2000 genannt, da ein Vergleich mit 1990 aufgrund unterschiedlicher Definitionen bzw. Methoden der Datenerfassung nicht sinnvoll ist.
Auch die demographischen Indikatoren in Tabelle 6 wurden ergänzt. Aufgenommen wurden Schätzungen zur gesamten Geburten- und Sterberate sowie die Daten aus 1990 für die Lebenserwartung im Vergleich zu denen von 1970 und 2004. Auch diese Ergänzungen dienen dazu, konsistente Daten für das Basisjahr 1990 der Millenniumsziele zu liefern.
Tabelle 8, Frauen, wurde um die bereinigten Werte zu den Einschulungsraten von Mädchen in Grundschulen und weiterführenden Schulen in % ihrer männlichen Altersgenossen ergänzt, um einen Vergleich mit den bisherigen Daten der Gesamtwerte zu ermöglichen.
Schließlich enthält Tabelle 10, Gradmesser des Fortschritts, jetzt Daten, die einen Vergleich zwischen 1970 und 1990 sowie zwischen 1990 und 2004 ermöglichen. Bisher wurden hier Daten aus dem Jahr 1960 als Vergleichsbasis genannt. Das Bezugsjahr 1970 wurde gewählt, um einen aktuelleren Zeitrahmen für den Wandel der Schlüsselindikatoren zu bekommen.

Länder nach der Rangfolge ihrer Kindersterblichkeitsrate

In der nachfolgenden Liste werden die Länder in absteigender Reihenfolge gemäß ihrer für 2004 geschätzten Sterblichkeitsrate von Kindern unter fünf Jahren (SRUJ5) aufgeführt, einer der entscheidenden Indikatoren für das Wohlergehen von Kindern. In den nachfolgenden Tabellen sind die Länder und Gebiete alphabetisch sortiert.

Land	Sterblichkeitsrate von Kindern unter 5 Jahren	
	Wert	Rang
Sierra Leone	283	1
Angola	260	2
Niger	259	3
Afghanistan	257	4
Liberia	235	5
Somalia	225	6
Mali	219	7
Kongo, Dem. Rep.	205	8
Äquatorialguinea	204	9
Guinea-Bissau	203	10
Ruanda	203	10
Tschad	200	12
Nigeria	197	13
Elfenbeinküste	194	14
Zentralafrik. Rep.	193	15
Burkina Faso	192	16
Burundi	190	17
Sambia	182	18
Malawi	175	19
Äthiopien	166	20
Swasiland	156	21
Guinea	155	22
Benin	152	23

Land	Sterblichkeitsrate von Kindern unter 5 Jahren Wert	Rang	Land	Sterblichkeitsrate von Kindern unter 5 Jahren Wert	Rang
Mosambik	152	23	Bolivien	69	62
Kamerun	149	25	Usbekistan	69	62
Kambodscha	141	26	Kirgisistan	68	64
Togo	140	27	Südafrika	67	65
Uganda	138	28	Kiribati	65	66
Senegal	137	29	Guyana	64	67
Simbabwe	129	30	Namibia	63	68
Dschibuti	126	31	Marshallinseln	59	69
Tansania	126	31	Salomonen	56	70
Irak	125	33	Korea, DVR (Nordk.)	55	71
Mauretanien	125	33	Mongolei	52	72
Madagaskar	123	35	Tuvalu	51	73
Gambia	122	36	Malediven	46	74
Kenia	120	37	Georgien	45	75
São Tomé u. Princípe	118	38	Guatemala	45	75
Tadschikistan	118	38	Marokko	43	77
Haiti	117	40	Honduras	41	78
Botsuana	116	41	Algerien	40	79
Ghana	112	42	Vanuatu	40	79
Jemen	111	43	Belize	39	81
Kongo, Rep.	108	44	Suriname	39	81
Myanmar	106	45	Indonesien	38	83
Turkmenistan	103	46	Iran	38	83
Pakistan	101	47	Nicaragua	38	83
Papua-Neuguinea	93	48	Ägypten	36	86
Gabun	91	49	Kap Verde	36	86
Sudan	91	49	Brasilien	34	88
Aserbaidschan	90	51	Philippinen	34	88
Indien	85	52	Armenien	32	90
Laos	83	53	Dominikan Rep.	32	90
Eritrea	82	54	Türkei	32	90
Lesotho	82	54	China	31	91
Bhutan	80	56	Libanon	31	93
Timor-Leste	80	56	Nauru	30	95
Bangladesch	77	58	Samoa	30	95
Nepal	76	59	Peru	29	97
Kasachstan	73	60	El Salvador	28	98
Komoren	70	61	Mexiko	28	98

Land	Sterblichkeitsrate von Kindern unter 5 Jahren Wert	Rang
Moldau	28	98
Jordanien	27	101
Palau	27	101
Saudi-Arabien	27	101
Ecuador	26	104
Tonga	25	125
Tunesien	25	105
Palästina, besetzte Gebiete	24	107
Panama	24	107
Paraguay	24	107
Mikronesien	23	110
Vietnam	23	110
St. Vincent u. d. Grenad.	22	112
Cookinseln (NZ)	21	113
Grenada	21	113
Katar	21	113
Kolumbien	21	113
Russ. Föderation	21	113
St. Kitts und Nevis	21	113
Thailand	21	113
Fidschi	20	120
Jamaika	20	120
Libyen	20	120
Rumänien	20	120
Trinidad und Tobago	20	120
Albanien	19	125
Venezuela	19	125
Argentinien	18	127
Ukraine	18	127
Uruguay	17	129
Syrien	16	130
Bosnien und Herzegowina	15	131
Bulgarien	15	131
Mauritius	15	131
Serbien und Montenegro	15	131
Dominica	14	135
Mazedonien	14	135
Seychellen	14	135

Land	Sterblichkeitsrate von Kindern unter 5 Jahren Wert	Rang
Sri Lanka	14	135
St. Lucia	14	135
Bahamas	13	140
Costa Rica	13	140
Oman	13	140
Antigua und Barbuda	12	143
Barbados	12	143
Kuwait	12	143
Lettland	12	143
Malaysia	12	143
Bahrain	11	148
Weißrussland	11	148
Brunei	9	150
Slowakei	9	150
Chile	8	152
Estland	8	152
Litauen	8	152
Polen	8	152
Ungarn	8	152
Ver. Arab. Emirate	8	152
Ver. St. v. Amerika	8	152
Andorra	7	159
Kroatien	7	159
Kuba	7	159
Australien	6	162
Großbritannien	6	162
Irland	6	162
Israel	6	162
Kanada	6	162
Korea, Rep. (Südk.)	6	162
Luxemburg	6	162
Malta	6	162
Neuseeland	6	162
Niederlande	6	162
Belgien	5	172
Deutschland	5	172
Frankreich	5	172
Griechenland	5	172

Land	Sterblichkeitsrate von Kindern unter 5 Jahren Wert	Rang	Land	Sterblichkeitsrate von Kindern unter 5 Jahren Wert	Rang
Italien	5	172	Japan	4	185
Liechtenstein	5	172	Norwegen	4	185
Monaco	5	172	San Marino	4	185
Österreich	5	172	Schweden	4	185
Portugal	5	172	Slowenien	4	185
Schweiz	5	172	Tschechische Rep.	4	185
Spanien	5	172	Island	3	192
Zypern	5	172	Singapur	3	192
Dänemark	4	185	Niue (NZ)	..	..
Finnland	4	185	Vatikan	..	..

Tabelle 1: Grundindikatoren

	Kindersterblichkeitsrate (SRUJ5)			Säuglingssterblichkeitsrate (SSR)		Gesamtbevölkerung in Tsd.	Jährliche Anzahl der Geburten in Tsd.	Jährl. Anzahl d. Sterbefälle bei Kindern unter 5 Jahren in Tsd.
	Rang	1990	2004	1990	2004	2004	2004	2004
Afghanistan	4	260	257	168	165	28574	1395	359
Ägypten	86	104	36	76	26	72642	1890	68
Albanien	125	45	19	37	17	3112	53	1
Algerien	79	69	40	54	35	32358	671	27
Andorra	159	..	7	..	6	67	1	0
Angola	2	260	260	154	154	15490	749	195
Antigua und Barbuda	143	..	12	..	11	81	2	0
Äquatorialguinea	9	170	204	103	122	492	21	4
Argentinien	127	29	18	26	16	38372	685	12
Armenien	90	60	32	52	29	3026	34	1
Aserbaidschan	51	105	90	84	75	8355	132	12
Äthiopien	20	204	166	131	110	75600	3064	509
Australien	162	10	6	8	5	19942	249	1
Bahamas	140	29	13	24	10	319	6	0
Bahrain	148	19	11	15	9	716	13	0
Bangladesch	58	149	77	100	56	139215	3738	288
Barbados	143	16	12	14	10	269	3	0
Belgien	172	10	5	8	4	10400	111	1
Belize	81	49	39	39	32	264	7	0
Benin	23	185	152	111	90	8177	341	52
Bhutan	56	166	80	107	67	2116	64	5
Bolivien	62	125	69	89	54	9009	265	18
Bosnien und Herzegowina	131	22	15	18	13	3909	37	1
Botsuana	41	58	116	45	84	1769	46	5
Brasilien	88	60	34	50	32	183913	3728	127
Brunei	150	11	9	10	8	366	8	0
Bulgarien	131	18	15	15	12	7780	67	1
Burkina Faso	16	210	192	113	97	12822	601	115
Burundi	17	190	190	114	114	7282	330	63
Chile	152	21	8	17	8	16124	249	2
China	93	49	31	38	26	1307989	17372	539
Cookinseln (NZ)	113	32	21	26	18	18	0	0
Costa Rica	140	18	13	16	11	4253	79	1
Dänemark	172	9	5	8	4	5414	63	0
Deutschland	172	9	5	7	4	82645	687	3
Dominica	135	17	14	15	13	79	2	0
Dominikan. Rep.	90	65	32	50	27	8768	211	7
Dschibuti	31	163	126	122	101	779	27	3
Ecuador	104	57	26	43	23	13040	296	8
Elfenbeinküste	14	157	194	103	117	17872	661	128

BNE pro Einw. in US-$ 2004	Lebenserwartung zum Zeitpunkt der Geburt in Jahren 2004	Alphabetisierungsrate bei Erwachs. 2000–2004*	Einschulungsrate eines Geburtenjahrgangs in % 1996–2004**	Einkommensverteilung der Haushalte in % d. Gesamteink. niedr. 40% 1993–2003**	höchste 20%	
250x	46	..	53s	..	..	Afghanistan
1310	70	56	83s	21	44	Ägypten
2080	74	99	95	23	37	Albanien
2280	71	70	94s	19	43	Algerien
d	..	..	89	..	..	Andorra
1030	41	67	58s	..	..	Angola
10000	..	..	..	..	..	Antigua und Barbuda
c	43	84	62s	..	..	Äquatorialguinea
3720	75	97	..	10	56	Argentinien
1120	72	99	97s	18	45	Armenien
950	67	99	91s	19	45	Aserbaidschan
110	48	42	31s	22	39	Äthiopien
26900	81	..	97	18	41	Australien
14920x	70	..	86	..	..	Bahamas
10840x	75	88	86s	..	..	Bahrain
440	63	41	79s	22	41	Bangladesch
9270x	75	100	100	..	..	Barbados
31030	79	..	100	22	37	Belgien
3940	72	77	99	..	..	Belize
530	54	34	54s	..	..	Benin
760	63	..	..	..	..	Bhutan
960	64	87	78s	13	49	Bolivien
2040	74	95	86s	24	36	Bosnien und Herzegowina
4340	35	79	84s	7	70	Botsuana
3090	71	88	95s	8	63	Brasilien
24100x	77	93	..	..	..	Brunei
2740	72	98	90	20	39	Bulgarien
360	48	13	32s	12	61	Burkina Faso
90	44	59	47s	15	48	Burundi
4910	78	96	85	10	62	Chile
1290	72	91	99	14	50	China
..	..	..	..	..	..	Cookinseln (NZ)
4670	78	96	90	13	52	Costa Rica
40650	77	..	100	23	36	Dänemark
30120	79	..	83	22	37	Deutschland
3650	..	..	81	..	..	Dominica
2080	68	88	92s	14	53	Dominikan. Rep.
1030	53	..	36	..	..	Dschibuti
2180	75	91	100	11	58	Ecuador
770	46	48	58s	14	51	Elfenbeinküste

	Kindersterblichkeitsrate (SRUJ5)			Säuglingssterblichkeitsrate (SSR)		Gesamtbevölkerung in Tsd.	Jährliche Anzahl der Geburten in Tsd.	Jährl. Anzahl d. Sterbefälle bei Kindern unter 5 Jahren in Tsd.
	Rang	1990	2004	1990	2004	2004	2004	2004
El Salvador	98	60	28	47	24	6762	166	5
Eritrea	54	147	82	88	52	4232	166	14
Estland	152	16	8	12	6	1335	13	0
Fidschi	120	31	20	25	16	841	19	0
Finnland	185	7	4	6	3	5235	55	0
Frankreich	172	9	5	7	4	60257	744	4
Gabun	49	92	91	60	60	1362	42	4
Gambia	36	154	122	103	89	1478	52	6
Georgien	75	47	45	43	41	4518	50	2
Ghana	42	122	112	75	68	21664	679	76
Grenada	113	37	21	30	18	102	2	0
Griechenland	172	11	5	10	4	11098	102	1
Großbritannien	162	10	6	8	5	59479	663	4
Guatemala	75	82	45	60	33	12295	433	19
Guinea	22	240	155	145	101	9202	383	59
Guinea-Bissau	10	253	203	153	126	1540	77	16
Guyana	67	88	64	64	48	750	16	1
Haiti	40	150	117	102	74	8407	253	30
Honduras	78	59	41	44	31	7048	206	8
Indien	52	123	85	84	62	1087124	26000	2210
Indonesien	83	91	38	60	30	220077	4513	171
Irak	33	50	125	40	102	28057	972	122
Iran	83	72	38	54	32	68803	1308	50
Irland	162	10	6	8	5	4080	63	0
Island	192	7	3	6	2	292	4	0
Israel	162	12	6	10	5	6601	134	1
Italien	172	9	5	9	4	58033	531	3
Jamaika	120	20	20	17	17	2639	52	1
Japan	185	6	4	5	3	127923	1169	5
Jemen	43	142	111	98	82	20329	826	92
Jordanien	101	40	27	33	23	5561	150	4
Kambodscha	26	115	141	80	97	13798	422	60
Kamerun	25	139	149	85	87	16038	562	84
Kanada	162	8	6	7	5	31958	328	2
Kap Verde	86	60	36	45	27	495	15	1
Kasachstan	60	63	73	53	63	14839	237	17
Katar	113	26	21	21	18	777	14	0
Kenia	37	97	120	64	79	33467	1322	159
Kirgisistan	64	80	68	68	58	5204	116	8
Kiribati	66	88	65	65	49	97	2	0
Kolumbien	113	36	21	30	18	44915	970	20
Komoren	61	120	70	88	52	777	28	2
Kongo, Dem. Rep.	8	205	205	129	129	55853	2788	572

BNE pro Einw. in US-$ 2004	Lebenserwartung zum Zeitpunkt der Geburt in Jahren 2004	Alphabetisierungsrate bei Erwachs. 2000–2004*	Einschulungsrate eines Geburtenjahrgangs in % 1996–2004**	Einkommensverteilung der Haushalte in % d. Gesamteink. 1993–2003** niedr. 40%	höchste 20%	
2350	71	80	90	10	57	El Salvador
180	54	..	63s	..	..	Eritrea
7010	72	100	95	18	44	Estland
2690	68	93	100	..	..	Fidschi
32790	79	..	100	24	37	Finnland
30090	80	..	99	20	40	Frankreich
3940	54	..	94s	..	..	Gabun
290	56	..	53s	14	53	Gambia
1040	71	..	89	18	44	Georgien
380	57	54	61s	16	47	Ghana
3760	..	..	84	..	..	Grenada
16610	78	91	99	19	44	Griechenland
33940	79	..	100	18	44	Großbritannien
2130	68	69	78s	9	64	Guatemala
460	54	..	57s	17	47	Guinea
160	45	..	41s	14	53	Guinea-Bissau
990	64	..	97s	..	..	Guyana
390	52	52	54s	..	..	Haiti
1030	68	80	87	9	59	Honduras
620	64	61	77s	21	43	Indien
1140	67	88	94s	20	43	Indonesien
2170x	59	..	78s	..	..	Irak
2300	71	77	86	15	50	Iran
34280	78	..	96	19	43	Irland
38620	81	..	100	..	..	Island
17380	80	97	99	18	44	Israel
26120	80	..	99	19	42	Italien
2900	71	88	95	17	46	Jamaika
37180	82	..	100	25	36	Japan
570	61	49	72s	20	41	Jemen
2140	72	90	99s	19	44	Jordanien
320	57	74	65s	18	48	Kambodscha
800	46	68	75s	15	51	Kamerun
28390	80	..	100	20	40	Kanada
1770	71	76	99	..	..	Kap Verde
2260	63	100	91s	20	40	Kasachstan
12000x	73	89	94	..	..	Katar
460	48	74	78s	16	49	Kenia
400	67	99	89s	20	43	Kirgisistan
970	..	..	..	..	..	Kiribati
2000	73	94	93s	9	62	Kolumbien
530	64	56	31s	..	..	Komoren
120	44	65	52s	..	..	Kongo, Dem. Rep.

	Kindersterblichkeitsrate (SRUJ5)			Säuglingssterblichkeitsrate (SSR)		Gesamtbevölkerung in Tsd.	Jährliche Anzahl der Geburten in Tsd.	Jährl. Anzahl d. Sterbefälle bei Kindern unter 5 Jahren in Tsd.
	Rang	1990	2004	1990	2004	2004	2004	2004
Kongo, Rep.	44	110	108	83	81	3883	172	19
Korea, DVR (Nordk.)	71	55	55	42	42	22384	349	19
Korea, Rep. (Südk.)	162	9	6	8	5	47645	467	3
Kroatien	159	12	7	11	6	4540	41	0
Kuba	159	13	7	11	6	11245	136	1
Kuwait	143	16	12	14	10	2606	50	1
Laos	53	163	83	120	65	5792	204	17
Lesotho	54	120	82	84	61	1798	50	4
Lettland	143	18	12	14	10	2318	21	0
Libanon	93	37	31	32	27	3540	66	2
Liberia	5	235	235	157	157	3241	164	39
Libyen	120	41	20	35	18	5740	133	3
Liechtenstein	172	10	5	9	4	34	0	0
Litauen	152	13	8	10	8	3443	31	0
Luxemburg	162	10	6	7	5	459	6	0
Madagaskar	35	168	123	103	76	18113	704	87
Malawi	19	241	175	146	110	12608	550	96
Malaysia	143	22	12	16	10	24894	549	7
Malediven	74	111	46	79	35	321	10	0
Mali	7	250	219	140	121	13124	647	142
Malta	162	11	6	9	5	400	4	0
Marokko	77	89	43	69	38	31020	713	31
Marshallinseln	69	92	59	63	52	60	0	0
Mauretanien	33	133	125	85	78	2980	123	15
Mauritius	131	23	15	21	14	1233	20	0
Mazedonien	135	38	14	33	13	2030	23	0
Mexiko	98	46	28	37	23	105699	2201	62
Mikronesien	110	31	23	26	19	110	3	0
Moldau	98	40	28	30	23	4218	43	1
Monaco	172	9	5	7	4	35	0	0
Mongolei	72	108	52	78	41	2614	58	3
Mosambik	23	235	152	158	104	19424	769	117
Myanmar	45	130	106	91	76	50004	992	105
Namibia	68	86	63	60	47	2009	56	4
Nauru	95	..	30	..	25	13	0	0
Nepal	59	145	76	100	59	26591	786	60
Neuseeland	162	11	6	8	5	3989	55	0
Nicaragua	83	68	38	52	31	5376	153	6
Niederlande	162	9	6	7	5	16226	190	1
Niger	3	320	259	191	152	13499	734	190
Nigeria	13	230	197	120	101	128709	5323	1049
Niue (NZ)	..	..	..	..	..	1	0	..
Norwegen	185	9	4	7	4	4598	55	0

BNE pro Einw. in US-$ 2004	Lebens-erwartung zum Zeitpunkt der Geburt in Jahren 2004	Alphabeti-sierungs-rate bei Erwachs. 2000–2004*	Einschulungs-rate eines Geburten-jahrgangs in % 1996–2004**	Einkommens-verteilung der Haushalte in % d. Gesamteink. 1993–2003** niedr. 40%	höchste 20%	
770	52	83	54	..	..	Kongo, Rep.
a	63	..	..	..	..	Korea, DVR (Nordk.)
13980	77	..	100	22	38	Korea, Rep. (Südk.)
6590	75	98	89	21	40	Kroatien
1170x	78	100	93	..	..	Kuba
16340x	77	83	83	..	..	Kuwait
390	55	69	62s	19	45	Laos
740	35	81	65s	6	67	Lesotho
5460	72	100	86	20	41	Lettland
4980	72	..	97s	..	..	Libanon
110	42	56	70	..	..	Liberia
4450	74	82	..	..	..	Libyen
d	..	..	..	..	..	Liechtenstein
5740	73	100	91	21	40	Litauen
56230	79	..	90	..	..	Luxemburg
300	56	71	76s	13	54	Madagaskar
170	40	64	76s	13	56	Malawi
4650	73	89	93	13	54	Malaysia
2510	67	96	92	..	..	Malediven
360	48	19	39s	13	56	Mali
12250	79	88	96	..	..	Malta
1520	70	51	89s	17	47	Marokko
2370	..	..	84	..	..	Marshallinseln
420	53	51	44s	17	46	Mauretanien
4640	72	84	97	..	..	Mauritius
2350	74	96	91	22	37	Mazedonien
6770	75	90	99	10	59	Mexiko
1990	68	..	..	..	..	Mikronesien
710	68	96	98s	18	44	Moldau
d	..	..	..	..	..	Monaco
590	65	98	79s	16	51	Mongolei
250	42	46	60s	17	47	Mosambik
220x	61	90	80s	..	..	Myanmar
2370	47	85	78s	4	79	Namibia
..	..	..	81	..	..	Nauru
260	62	49	74s	19	45	Nepal
20310	79	..	100	18	44	Neuseeland
790	70	77	80s	15	49	Nicaragua
31700	79	..	99	21	39	Niederlande
230	45	14	30s	10	53	Niger
390	43	67	62s	13	56	Nigeria
..	..	..	99	..	..	Niue (NZ)
52030	80	..	100	24	37	Norwegen

	Kindersterblichkeitsrate (SRUJ5)			Säuglingssterblichkeitsrate (SSR)		Gesamtbevölkerung in Tsd.	Jährliche Anzahl der Geburten in Tsd.	Jährl. Anzahl d. Sterbefälle bei Kindern unter 5 Jahren in Tsd.
	Rang	1990	2004	1990	2004	2004	2004	2004
Oman	140	32	13	25	10	2534	64	1
Österreich	172	10	5	8	5	8171	75	0
Pakistan	47	130	101	100	80	154794	4729	478
Palästinens. Autonomiegeb.	107	40	24	34	22	3587	136	3
Palau	101	34	27	28	22	20	0	0
Panama	107	34	24	27	19	3175	70	2
Papua-Neuguinea	48	101	93	74	68	5772	176	16
Paraguay	107	41	24	33	21	6017	175	4
Peru	97	80	29	60	24	27562	627	18
Philippinen	88	62	34	41	26	81617	2026	69
Polen	152	18	8	19	7	38559	365	3
Portugal	172	14	5	11	4	10441	112	1
Ruanda	10	173	203	103	118	8882	365	74
Rumänien	120	31	20	27	17	21790	213	4
Russ. Föderation	113	29	21	23	17	143899	1511	32
Salomonen	70	63	56	38	34	466	15	1
Sambia	18	180	182	101	102	11479	468	85
Samoa	95	50	30	40	25	184	5	0
San Marino	185	14	4	13	3	28	0	0
São Tomé u. Princípe	38	118	118	75	75	153	5	1
Saudi-Arabien	101	44	27	35	21	23950	665	18
Schweden	185	7	4	6	3	9008	95	0
Schweiz	172	9	5	7	5	7240	68	0
Senegal	29	148	137	90	78	11386	419	57
Serbien und Montenegro	131	28	15	24	13	10510	122	2
Seychellen	135	19	14	17	12	80	3	0
Sierra Leone	1	302	283	175	165	5336	245	69
Simbabwe	30	80	129	53	79	12936	384	50
Singapur	192	9	3	7	3	4273	40	0
Slowakei	150	14	9	12	6	5401	51	0
Slowenien	185	10	4	8	4	1967	17	0
Somalia	6	225	225	133	133	7964	359	81
Spanien	172	9	5	8	3	42646	447	2
Sri Lanka	135	32	14	26	12	20570	330	5
St. Kitts und Nevis	113	36	21	30	18	42	1	0
St. Lucia	135	21	14	20	13	159	3	0
St. Vincent u. d. Grenad.	112	25	22	22	18	118	2	0
Südafrika	65	60	67	45	54	47208	1093	73
Sudan	49	120	91	74	63	35523	1163	106
Suriname	81	48	39	35	30	446	9	0
Swasiland	21	110	156	78	108	1034	30	5
Syrien	130	44	16	35	15	18582	526	8
Tadschikistan	38	128	118	99	91	6430	186	22

BNE pro Einw. in US-$ 2004	Lebens-erwartung zum Zeitpunkt der Geburt in Jahren 2004	Alphabeti-sierungs-rate bei Erwachs. 2000–2004*	Einschulungs-rate eines Geburten-jahrgangs in % 1996–2004**	Einkommens-verteilung der Haushalte in % d. Gesamteink. niedr. 40% 1993–2003**	höchste 20%	
7830x	74	74	72	..	..	Oman
32300	79	..	90	21	39	Österreich
600	63	49	56s	21	42	Pakistan
1110x	73	92	91	..	..	Palästinens. Autonomiegeb.
6870	..	..	96	..	..	Palau
4450	75	92	100	9	60	Panama
580	56	57	74	12	57	Papua-Neuguinea
1170	71	92	89	9	61	Paraguay
2360	70	88	96s	11	53	Peru
1170	71	93	88s	14	52	Philippinen
6090	75	..	98	20	42	Polen
14350	78	..	100	17	46	Portugal
220	44	64	75s	23x	39x	Ruanda
2920	72	97	89	20	41	Rumänien
3410	65	99	90	21	39	Russ. Föderation
550	63	..	..	..	..	Salomonen
450	38	68	68s	11	57	Sambia
1860	71	99	98	..	..	Samoa
d	..	..	..	..	..	San Marino
370	63	..	78s	..	..	São Tomé u. Princípe
10430	72	79	54	..	..	Saudi-Arabien
35770	80	..	100	23	37	Schweden
48230	81	..	99	20x	40x	Schweiz
670	56	39	48s	17	48	Senegal
2620	74	96	96	..	..	Serbien und Montenegro
8090	..	92	100	..	..	Seychellen
200	41	30	41s	3x	63x	Sierra Leone
480x	37	90	79s	13	56	Simbabwe
24220	79	93	..	14	49	Singapur
6480	74	100	86	24	35	Slowakei
14810	77	100	93	23	36	Slowenien
130x	47	..	11s	..	..	Somalia
21210	80	..	100	20x	40x	Spanien
1010	74	90	..	21	42	Sri Lanka
7600	..	..	95	..	..	St. Kitts und Nevis
4310	73	90	99	..	..	St. Lucia
3650	71	..	90	..	..	St. Vincent u. d. Grenad.
3630	47	82	89s	10	62	Südafrika
530	57	59	53s	..	..	Sudan
2250	69	88	90s	..	..	Suriname
1660	31	79	72s	9	64	Swasiland
1190	74	83	98	..	..	Syrien
280	64	99	81s	20	41	Tadschikistan

	Kindersterblichkeitsrate (SRUJ5)			Säuglingssterblichkeitsrate (SSR)		Gesamtbevölkerung in Tsd.	Jährliche Anzahl der Geburten in Tsd.	Jährl. Anzahl d. Sterbefälle bei Kindern unter 5 Jahren in Tsd.
	Rang	1990	2004	1990	2004	2004	2004	2004
Tansania	31	161	126	102	78	37627	1403	177
Thailand	113	37	21	31	18	63694	1015	21
Timor-Leste	56	172	80	130	64	887	45	4
Togo	27	152	140	88	78	5988	233	33
Tonga	105	32	25	26	20	102	2	0
Trinidad und Tobago	120	33	20	28	18	1301	19	0
Tschad	12	203	200	117	117	9448	456	91
Tschechische Rep.	185	13	4	11	4	10229	91	0
Tunesien	105	52	25	41	21	9995	166	4
Türkei	90	82	32	67	28	72220	1505	48
Turkmenistan	46	97	103	80	80	4766	107	11
Tuvalu	73	56	51	40	36	10	0	0
Uganda	28	160	138	93	80	27821	1412	195
Ukraine	127	26	18	19	14	46989	391	7
Ungarn	152	17	8	15	7	10124	95	1
Uruguay	129	25	17	20	15	3439	57	1
Usbekistan	62	79	69	65	57	26209	611	42
Vanuatu	79	62	40	48	32	207	6	0
Vatikan	..	..	..	..	..	1	..	..
Venezuela	125	27	19	24	16	26282	590	11
Ver. Arab. Emirate	152	14	8	12	7	4284	67	1
Ver. St. v. Amerika	152	12	8	9	7	295410	4134	33
Vietnam	110	53	23	38	17	83123	1644	38
Weißrußland	148	17	11	13	9	9811	91	1
Zentralafrik. Rep.	15	168	193	102	115	3986	149	29
Zypern	172	12	5	10	5	826	10	0
*Weltregionen**								
Afrika südl. d. Sahara		188	171	112	102	697561	28263	4833
Ost- und Südafrika		167	149	105	95	348833	13371	1992
West- und Zentralafrika		209	191	119	109	348728	14892	2844
Naher Osten u. Nordafrika		81	56	59	44	371384	9620	539
Südasien		129	92	89	67	1459305	37052	3409
Ostasien u. Pazifik		58	36	43	29	1937058	29932	1078
Lateinamerika u. Karibik		54	31	43	26	548273	11674	362
Mittel- und Osteuropa, GUS		54	38	44	32	404154	5570	212
Industriestaaten		10	6	9	5	956315	10839	65
Entwicklungsländer		105	87	72	59	5166574	119663	10411
Am wenigst. entwick. Länder		182	155	115	98	741597	27823	4313
Welt		95	79	65	54	6374050	132950	10503

* Zu den Ländern der einzelnen Regionen siehe Seite 256 ff.

** Werte beziehen sich auf das aktuellste Jahr innerhalb des genannten Zeitraums

a 825 US-$ oder weniger
b zwischen 826 und 3255 US-$
c zwischen 3256 und 10065 US-$
d 10066 US-$ oder mehr
s nationaler Haushaltsbericht

BNE pro Einw. in US-$ 2004	Lebens-erwartung zum Zeitpunkt der Geburt in Jahren 2004	Alphabeti-sierungs-rate bei Erwachs. 2000–2004*	Einschulungs-rate eines Geburten-jahrgangs in % 1996–2004**	Einkommens-verteilung der Haushalte in % d. Gesamteink. niedr. 40% 1993–2003**	höchste 20%	
330	46	69	82s	18	46	Tansania
2540	70	93	85	16	50	Thailand
550	56	..	..	..	..	Timor-Leste
380	55	53	64s	..	..	Togo
1830	72	99	100	..	..	Tonga
8580	70	98	96s	16x	46x	Trinidad und Tobago
260	44	26	39s	..	..	Tschad
9150	76	..	87	25	36	Tschechische Rep.
2630	74	74	97	16	47	Tunesien
3750	69	88	88s	17	47	Türkei
1340	63	99	85s	16	48	Turkmenistan
..	..	..	..	..	..	Tuvalu
270	48	69	79s	16	50	Uganda
1260	66	99	84	22	38	Ukraine
8270	73	99	91	23	37	Ungarn
3950	76	98	90	14	50	Uruguay
460	67	99	80s	23	36	Usbekistan
1340	69	74	94	..	..	Vanuatu
..	..	..	..	..	..	Vatikan
4020	73	93	94s	11	53	Venezuela
18060x	78	77	83	..	..	Ver. Arab. Emirate
41400	78	..	92	16	46	Ver. St. v. Amerika
550	71	90	96s	19	45	Vietnam
2120	68	100	94	21	39	Weißrussland
310	39	49	43s	7	65	Zentralafrik. Rep.
17580	79	97	96	..	..	Zypern
						*Weltregionen**
611	46	60	60	12	57	Afrika südl. d. Sahara
836	46	63	65	11	59	Ost- und Südafrika
399	46	58	55	13	53	West- und Zentralafrika
2308	68	67	79	17	46	Naher Osten u. Nordafrika
600	63	58	74	21	43	Südasien
1686	71	90	96	16	47	Ostasien u. Pazifik
3649	72	90	93	10	59	Lateinamerika u. Karibik
2667	67	97	88	20	41	Mittel- und Osteuropa, GUS
32232	79	..	95	19	42	Industriestaaten
1524	65	77	80	15	50	Entwicklungsländer
345	52	54	60	18	46	Am wenigst. entwick. Länder
6298	67	78	82	18	43	Welt

Definitionen siehe Seite 259 ff., Hauptquellen siehe Seite 264 ff.

.. keine Daten verfügbar

x Daten beziehen sich auf andere Jahre oder Zeiträume, weichen von der Standarddefinition ab oder beziehen sich nur auf einen Teil des Landes

Tabelle 2: Ernährung

	Anteil an Früh- und Mangelgeburten in % 1998–2004**	Anteil der gestillten Kinder in % (1996–2004**)			Anteil der ernährungs
		ausschließlich 0–6 Monate	mit Zusatznahrung 6–9 Monate	noch gestillt 20–23 Monate	Unter leichtes u. schweres
Afghanistan	..	..	29	54	39
Ägypten	12	30	72	31	9
Albanien	3	6	24	6	14
Algerien	7	13	38	22	10
Andorra	..	..	..	..	..
Angola	12	11	77	37	31
Antigua und Barbuda	8	..	..	..	10x
Äquatorialguinea	13	24	..	..	19
Argentinien	8	..	..	..	5
Armenien	7	30	51	13	3
Aserbaidschan	11	7	39	16	7
Äthiopien	15	55	43	77	47
Australien	7	..	..	..	..
Bahamas	7	..	..	..	..
Bahrain	8	34x, k	65x	41x	9x
Bangladesch	36	36	69	94	48
Barbados	10x	..	..	..	6x
Belgien	8x	..	..	..	..
Belize	6	24k	54	23	6x
Benin	16	38	66	62	23
Bhutan	15	..	..	..	19
Bolivien	7	54	74	46	8
Bosnien und Herzegowina	4	6	..	..	4
Botsuana	10	34	57	11	13
Brasilien	10x	..	30	17	6
Brunei	10	..	..	..	..
Bulgarien	10	..	..	..	..
Burkina Faso	19	19	38	81	38
Burundi	16	62	46	85	45
Chile	5	63	47	..	1
China	4	51	32	15	8
Cookinseln (NZ)	3	19k	..	..	..
Costa Rica	7	35x, k	47x	12x	5
Dänemark	5	..	..	..	..
Deutschland	7	..	..	..	..
Dominica	10	..	..	..	5x
Dominikan. Rep.	11	10	41	16	5
Dschibuti	..	..	..	..	18
Ecuador	16	35	70	25	12
Elfenbeinküste	17	5	73	38	17

Kinder unter 5 Jahren in %, die an
bedingten Störungen leiden (1996–2004**)

gewicht schweres	Auszehrung leichte u. schwere	Entwickl.- verzögerung leichte u. schwere	Vitamin-A- Gaben (6–59 Monate) 2003	Haushalte, die jodiertes Salz verwenden, in % 1998–2004**	
12	7	54	86t	28	Afghanistan
1	4	16	..	56	Ägypten
1	11	34	..	62	Albanien
3	8	19	..	69	Algerien
..	..	..	..	..	Andorra
8	6	45	68	35	Angola
4x	10x	7x	..	..	Antigua und Barbuda
4	7	39	..	20x	Äquatorialguinea
1	3	12	..	90x	Argentinien
0	2	13	..	84	Armenien
1	2	13	..	26	Aserbaidschan
16	11	52	65	28	Äthiopien
..	..	..	..	..	Australien
..	..	..	..	..	Bahamas
2x	5x	10x	..	..	Bahrain
13	13	43	87t	70	Bangladesch
1x	5x	7x	..	..	Barbados
..	..	..	..	..	Belgien
1x	..	..	..	90x	Belize
5	8	31	98t	72	Benin
3	3	40	..	95	Bhutan
1	1	27	38	90	Bolivien
1	6	10	..	77	Bosnien und Herzegowina
2	5	23	..	66	Botsuana
1	2	11	..	88	Brasilien
..	..	..	..	..	Brunei
..	..	..	..	98	Bulgarien
14	19	39	95t	45	Burkina Faso
13	8	57	95	96	Burundi
..	0	2	..	100	Chile
..	..	14	..	93	China
..	..	..	..	..	Cookinseln (NZ)
0	2	6	..	97x	Costa Rica
..	..	..	..	..	Dänemark
..	..	..	..	..	Deutschland
0x	2x	6x	..	..	Dominica
1	2	9	40	18	Dominikan. Rep.
6	13	26	75	..	Dschibuti
..	..	26	..	99	Ecuador
5	7	21	..	31	Elfenbeinküste

	Anteil an Früh- und Mangelgeburten in % 1998–2004**	Anteil der gestillten Kinder in % (1996–2004**)			Anteil der ernährungs
		ausschließlich 0–6 Monate	mit Zusatznahrung 6–9 Monate	noch gestillt 20–23 Monate	Unter leichtes u. schweres
El Salvador	7	24	76	43	10
Eritrea	21x	52	43	62	40
Estland	4	..	..	..	..
Fidschi	10	47x,k	..	..	8x
Finnland	4	..	..	..	..
Frankreich	7	..	..	..	..
Gabun	14	6	62	9	12
Gambia	17	26	37	54	17
Georgien	7	18k	12	12	3
Ghana	16	53	62	67	22
Grenada	9	39k	..	..	..
Griechenland	8	..	..	..	..
Großbritannien	8	..	..	..	..
Guatemala	12	51	67	47	23
Guinea	16	23	43	73	21
Guinea-Bissau	22	37	36	67	25
Guyana	12	11	42	31	14
Haiti	21	24	73	30	17
Honduras	14	35	61	34	17
Indien	30	37k	44	66	47
Indonesien	9	40	75	59	28
Irak	15	12	51	27	16
Iran	7x	44	..	0	11
Irland	6	..	..	..	..
Island	4	..	..	..	..
Israel	8	..	..	..	..
Italien	6	..	..	..	..
Jamaika	10	..	..	..	4
Japan	8	..	..	..	..
Jemen	32x	12	76	..	46
Jordanien	10x	27	70	12	4
Kambodscha	11	12	72	59	45
Kamerun	11	21	80	29	18
Kanada	6	..	..	..	..
Kap Verde	13	57k	64	13	14x
Kasachstan	8	36	73	17	4
Katar	10	12k	48	21	6x
Kenia	10	13	84	57	20
Kirgisistan	7x	24	77	21	11
Kiribati	5	80x,k	..	..	13x
Kolumbien	9	26	58	25	7
Komoren	25	21	34	45	25
Kongo, Dem. Rep.	12	24	79	52	31

Kinder unter 5 Jahren in %, die an bedingten Störungen leiden (1996–2004**) gewicht schweres	Auszehrung leichte u. schwere	Entwickl.-verzögerung leichte u. schwere	Vitamin-A-Gaben (6–59 Monate) 2003	Haushalte, die jodiertes Salz verwenden, in % 1998–2004**	
1	1	19	..	91x	El Salvador
12	13	38	52	68	Eritrea
..	..	..	..	..	Estland
1x	8x	3x	..	31x	Fidschi
..	..	..	..	..	Finnland
..	..	..	..	..	Frankreich
2	3	21	30	36	Gabun
4	9	19	91	8	Gambia
0	2	12	..	68	Georgien
5	7	30	78t	28	Ghana
..	..	..	..	..	Grenada
..	..	..	..	..	Griechenland
..	..	..	..	..	Großbritannien
4	2	49	..	67	Guatemala
..	11	33	98t	68	Guinea
7	10	30	..	2	Guinea-Bissau
3	11	11	..	..	Guyana
4	5	23	25	11	Haiti
..	1	29	35	80	Honduras
18	16	46	45w	50	Indien
9	..	..	62	73	Indonesien
2	6	22	..	40	Irak
2	5	15	..	94	Iran
..	..	..	..	..	Irland
..	..	..	..	..	Island
..	..	..	..	..	Israel
..	..	..	..	..	Italien
..	2	5	..	100	Jamaika
..	..	..	..	..	Japan
15	12	53	36	30	Jemen
1	2	9	..	88	Jordanien
13	15	45	47	14	Kambodscha
4	5	32	86	61	Kamerun
..	..	..	..	..	Kanada
2x	6x	16x	..	0x	Kap Verde
0	2	10	..	83	Kasachstan
..	2x	8x	..	..	Katar
4	6	30	33	91	Kenia
2	3	25	..	42	Kirgisistan
..	11x	28x	45	..	Kiribati
1	1	14	..	92x	Kolumbien
9	12	42	..	82	Komoren
9	13	38	80t	72	Kongo, Dem. Rep.

	Anteil an Früh- und Mangelgeburten in % 1998–2004**	Anteil der gestillten Kinder in % (1996–2004**)			Anteil der ernährungs
		ausschließlich 0–6 Monate	mit Zusatznahrung 6–9 Monate	noch gestillt 20–23 Monate	Unter leichtes u. schweres
Kongo, Rep.	..	4k	94	13	14
Korea, DVR (Nordk.)	7	65	31	37	23
Korea, Rep. (Südk.)	4	..	..	..	..
Kroatien	6	23	..	..	1
Kuba	6	41	42	9	4
Kuwait	7	12k	26	9	10
Laos	14	23	10	47	40
Lesotho	14	15	51	58	18
Lettland	5	..	..	..	..
Libanon	6	27k	35	11	3
Liberia	..	35	70	45	26
Libyen	7x	..	..	23x	5x
Liechtenstein	..	..	..	..	..
Litauen	4	..	..	..	..
Luxemburg	8	..	..	..	..
Madagaskar	17	67	78	64	42
Malawi	16	44	93	77	22
Malaysia	9	29k	..	12	11
Malediven	22	10	85	..	30
Mali	23	25	32	69	33
Malta	6	..	..	..	..
Marokko	11x	31	66	15	9
Marshallinseln	12	63x,k	..	..	..
Mauretanien	..	20	78	57	32
Mauritius	14	21k	..	..	15x
Mazedonien	6	37	8	10	6
Mexiko	8	38x,k	36x	21x	8
Mikronesien	18	60k	..	..	..
Moldau	5	..	..	..	3
Monaco	..	..	..	..	..
Mongolei	7	51	55	57	13
Mosambik	15	30	80	65	24
Myanmar	15	15k	66	67	32
Namibia	14	19	57	37	24
Nauru	..	..	..	..	..
Nepal	21	68	66	92	48
Neuseeland	6	..	..	..	..
Nicaragua	12	31	68	39	10
Niederlande	..	..	..	..	..
Niger	13	1	56	61	40
Nigeria	14	17	64	34	29
Niue (NZ)	0	..	..	..	..
Norwegen	5	..	..	..	..

Kinder unter 5 Jahren in %, die an
bedingten Störungen leiden (1996–2004**)

gewicht schweres	Auszehrung leichte u. schwere	Entwickl.-verzögerung leichte u. schwere	Vitamin-A-Gaben (6–59 Monate) 2003	Haushalte, die jodiertes Salz verwenden, in % 1998–2004**	
3	4	19	89	..	Kongo, Rep.
8	7	37	95t	40	Korea, DVR (Nordk.)
..	..	..	..	..	Korea, Rep. (Südk.)
..	1	1	..	90	Kroatien
0	2	5	..	88	Kuba
3	11	24	..	..	Kuwait
13	15	42	64	75	Laos
4	5	46	75t	69	Lesotho
..	..	..	..	..	Lettland
0	3	12	..	87	Libanon
8	6	39	..	..	Liberia
1x	3x	15x	..	90x	Libyen
..	..	..	..	..	Liechtenstein
..	..	..	..	..	Litauen
..	..	..	..	..	Luxemburg
11	13	48	91t	75	Madagaskar
..	5	45	92	49	Malawi
1	..	..	..	..	Malaysia
7	13	25	..	44	Malediven
11	11	38	61	74	Mali
..	..	..	..	..	Malta
2	4	24	..	41	Marokko
..	..	..	23	..	Marshallinseln
10	13	35	..	2	Mauretanien
2x	14x	10x	..	0x	Mauritius
1	4	7	..	80	Mazedonien
1	2	18	..	91	Mexiko
..	..	..	95t	..	Mikronesien
..	3	10	..	33	Moldau
..	..	..	..	..	Monaco
3	6	25	87t	75	Mongolei
6	4	41	50	54	Mosambik
7	9	32	87t	60	Myanmar
5	9	24	93	63	Namibia
..	..	..	..	..	Nauru
13	10	51	96t	63	Nepal
..	..	..	..	83	Neuseeland
2	2	20	91	97	Nicaragua
..	..	..	..	..	Niederlande
14	14	40	95	15	Niger
9	9	38	27	97	Nigeria
..	..	..	..	..	Niue (NZ)
..	..	..	..	..	Norwegen

	Anteil an Früh- und Mangel-geburten in % 1998–2004**	Anteil der gestillten Kinder in % (1996–2004**)			Anteil der ernährungs
		ausschließ-lich 0–6 Monate	mit Zusatz-nahrung 6–9 Monate	noch gestillt 20–23 Monate	Unter leichtes u. schweres
Oman	8	..	92	73	24x
Österreich	7	..	..	..	..
Pakistan	19x	16x,k	31x	56x	38
Palästinens. Autonomiegeb.	9	29k	78	11	4
Palau	9	59x,k	..	..	..
Panama	10	25x	38x	21x	7
Papua-Neuguinea	11x	59	74	66	35x
Paraguay	9x	22	60	..	5
Peru	11x	67	76	49	7
Philippinen	20	34	58	32	28
Polen	6	..	..	..	..
Portugal	8	..	..	..	..
Ruanda	9	84	79	71	27
Rumänien	9	..	..	..	6x
Russ. Föderation	6	..	..	..	3x
Salomonen	13x	65k	..	..	21x
Sambia	12	40	87	58	23
Samoa	4x	..	..	..	..
San Marino	..	..	..	..	..
São Tomé u. Princípe	20	56	53	42	13
Saudi-Arabien	11x	31k	60	30	14
Schweden	4	..	..	..	..
Schweiz	6	..	..	..	..
Senegal	18	24k	64	49	23
Serbien und Montenegro	4	11k	33	11	2
Seychellen	..	..	..	..	6x
Sierra Leone	23	4	51	53	27
Simbabwe	11	33	90	35	13
Singapur	8	..	..	..	14x
Slowakei	7	..	..	..	..
Slowenien	6	..	..	..	..
Somalia	..	9	13	8	26
Spanien	6x	..	..	..	..
Sri Lanka	22	84	..	73	29
St. Kitts und Nevis	9	56k	..	..	..
St. Lucia	8	..	..	..	14x
St. Vincent u. d. Grenad.	10	..	..	..	..
Südafrika	15	7	67	30	12
Sudan	31	16	47	40	17x
Suriname	13	9	25	11	13
Swasiland	9	24	60	25	10
Syrien	6	81k	50	6	7
Tadschikistan	15	50	..	..	..

Kinder unter 5 Jahren in %, die an bedingten Störungen leiden (1996–2004**)

gewicht schweres	Auszehrung leichte u. schwere	Entwickl.-verzögerung leichte u. schwere	Vitamin-A-Gaben (6–59 Monate) 2003	Haushalte, die jodiertes Salz verwenden, in % 1998–2004**	
4x	13x	23x	..	61	Oman
..	..	..	..	..	Österreich
12	13	37	95t	17	Pakistan
1	3	9	..	65	Palästinens. Autonomiegeb.
..	..	..	..	..	Palau
..	1	14	..	95	Panama
..	..	..	1	..	Papua-Neuguinea
..	1	14	..	88	Paraguay
1	1	25	..	93x	Peru
..	6	30	76t	56	Philippinen
..	..	..	..	..	Polen
	..	..	..	..	Portugal
7	6	41	86	90	Ruanda
1x	3x	8x	..	53	Rumänien
1x	4x	13x	..	35	Russ. Föderation
4x	7x	27x	..	..	Salomonen
..	5	49	73t	77	Sambia
..	..	..	..	..	Samoa
..	..	..	..	..	San Marino
2	4	29	..	74	São Tomé u. Princípe
3	11	20	..	..	Saudi-Arabien
..	..	..	..	..	Schweden
..	..	..	..	..	Schweiz
6	8	25	..	16	Senegal
0	4	5	..	73	Serbien und Montenegro
0x	2x	5x	..	..	Seychellen
9	10	34	84t	23	Sierra Leone
2	6	27	46	93	Simbabwe
..	4x	11x	..	..	Singapur
..	..	..	..	..	Slowakei
..	..	..	..	..	Slowenien
7	17	23	..	..	Somalia
..	..	..	..	..	Spanien
..	14	14	..	88	Sri Lanka
..	..	..	..	100	St. Kitts und Nevis
..	6x	11x	..	..	St. Lucia
..	..	..	..	..	St. Vincent u. d. Grenad.
2	3	25	..	62	Südafrika
7x	..	..	34	1	Sudan
2	7	10	..	..	Suriname
2	1	30	80	59	Swasiland
1	4	18	..	79	Syrien
..	5	36	..	28	Tadschikistan

	Anteil an Früh- und Mangelgeburten in % 1998–2004**	Anteil der gestillten Kinder in % (1996–2004**) ausschließlich 0–6 Monate	mit Zusatznahrung 6–9 Monate	noch gestillt 20–23 Monate	Anteil der ernährungs Unter leichtes u. schweres
Tansania	13	41	91	55	22
Thailand	9	4x,k	71x	27x	19x
Timor-Leste	12	31	82	35	46
Togo	18	18	65	65	25
Tonga	0	62k	..	..	..
Trinidad und Tobago	23	2	19	10	7x
Tschad	10	2	77	66	28
Tschechische Rep.	7	..	..	..	1x
Tunesien	7	47	..	22	4
Türkei	16	21	38	24	4
Turkmenistan	6	13	71	27	12
Tuvalu	5	..	..	..	..
Uganda	12	63	75	50	23
Ukraine	5	22	..	..	1
Ungarn	9	..	..	..	2x
Uruguay	8	..	..	..	5x
Usbekistan	7	19	49	45	8
Vanuatu	6	50k	..	..	20x
Vatikan	..	..	..	..	..
Venezuela	9	7k	50	31	4
Ver. Arab. Emirate	15x	34x,k	52x	29x	14x
Ver. St. v. Amerika	8	..	..	..	1x
Vietnam	9	15	..	26	28
Weißrußland	5	..	..	..	..
Zentralafrik. Rep.	14	17	77	53	24
Zypern	..	..	..	..	..
*Weltregionen**					
Afrika südl. d. Sahara	14	30	67	53	28
Ost- und Südafrika	14	41	69	58	29
West- und Zentralafrika	15	20	65	48	28
Naher Osten u. Nordafrika	15	29	60	23	14
Südasien	31	38	45	69	46
Ostasien u. Pazifik	7	43	44	27	15
Lateinamerika u. Karibik	9	..	45	26	7
Mittel- u. Osteuropa, GUS	9	22	45	26	5
Industriestaaten	7	..	..	..	..
Entwicklungsländer	17	36	51	46	27
Am wenigst. entwick. Länder	19	34	63	65	36
Welt	16	36	51	46	26

* Zu den Ländern der einzelnen Regionen siehe Seite 256 ff.
** Werte beziehen sich auf das aktuellste Jahr innerhalb des genannten Zeitraums
Definitionen siehe Seite 259 ff., Hauptquellen siehe Seite 264 ff.
.. keine Daten verfügbar

Kinder unter 5 Jahren in %, die an bedingten Störungen leiden (1996–2004**)

gewicht schweres	Auszehrung leichte u. schwere	Entwickl.-verzögerung leichte u. schwere	Vitamin-A-Gaben (6–59 Monate) 2003	Haushalte, die jodiertes Salz verwenden, in % 1998–2004**	
4	3	38	91t	43	Tansania
..	6x	16x	..	63	Thailand
15	12	49	95	72	Timor-Leste
7	12	22	84t	67	Togo
..	..	..	..	..	Tonga
0x	4x	5x	..	1	Trinidad und Tobago
9	11	29	..	58	Tschad
0x	2x	2x	..	..	Tschechische Rep.
1	2	12	..	97	Tunesien
1	1	12	..	64	Türkei
2	6	22	..	100	Turkmenistan
..	..	..	..	..	Tuvalu
5	4	39	..	95	Uganda
0	0	3	..	32	Ukraine
0x	2x	3x	..	..	Ungarn
1x	1x	8x	..	..	Uruguay
2	7	21	93t	19	Usbekistan
..	..	19x	..	..	Vanuatu
..	..	..	..	..	Vatikan
1	3	13	..	90	Venezuela
3x	15x	17x	..	..	Ver. Arab. Emirate
0x	1x	2x	..	..	Ver. St. v. Amerika
4	7	32	99t, w	83	Vietnam
..	..	..	..	55	Weißrussland
6	9	39	84	86	Zentralafrik. Rep.
..	..	..	..	..	Zypern
					*Weltregionen**
8	9	38	64	64	Afrika südl. d. Sahara
8	7	41	68	60	Ost- und Südafrika
9	10	35	60	68	West- und Zentralafrika
3	6	21	..	58	Naher Osten u. Nordafrika
16	14	44	58	49	Südasien
..	..	19	73e	85	Ostasien u. Pazifik
1	2	16	..	86	Lateinamerika u. Karibik
1	3	14	..	47	Mittel- und Osteuropa, GUS
..	..	..	..	..	Industriestaaten
10	10	31	61e	69	Entwicklungsländer
11	10	42	76	53	Am wenigst. entwick. Länder
10	10	31	61e	68	Welt

x Daten beziehen sich auf andere Jahre oder Zeiträume, weichen von der Standarddefinition ab oder beziehen sich nur auf einen Teil des Landes
e Angaben für Ostasien und Pazifik ohne China
k ausschließliches Stillen in einem Zeitraum von weniger als vier Monaten
t Länder, die zum zweiten Mal bei den Vitamin-A-Gaben 70 % oder mehr erreicht haben
w Länder mit Vitamin-A-Zusatzprogrammen, die nicht alle Kinder bis 59 Monate erreichen

Tabelle 3: Gesundheit

	Anteil der Bevölkerung mit Zugang zu sauberem Trinkwasser in %, 2002			Anteil der Bevölkerung mit Zugang zu Sanitäreinrichtungen in %, 2002			Anteil der Impfschutzmaß			
								Voller Einjährige		
	gesamt	Stadt	Land	gesamt	Stadt	Land	gesamt	BCG	DPT1†	DPT3
Afghanistan	13	19	11	8	16	5	0	78	80	66
Ägypten	98	100	97	68	84	56	100	98	98	97
Albanien	97	99	95	89	99	81	60	97	98	97
Algerien	87	92	80	92	99	82	100	98	93	86
Andorra	100	100	100	100	100	100	..	..	99	99
Angola	50	70	40	30	56	16	43	72	75	59
Antigua und Barbuda	91	95	89	95	98	94	100	..	91	97
Äquatorialguinea	44	45	42	53	60	46	100	73	65	33
Argentinien	..	97	..	..	..	..	100	99	95	90
Armenien	92	99	80	84	96	61	6	96	97	91
Aserbaidschan	77	95	59	55	73	36	100	99	98	96
Äthiopien	22	81	11	6	19	4	18	82	93	80
Australien	100	100	100	100	100	100	100	..	97	92
Bahamas	97	98	86	100	100	100	100	..	99	93
Bahrain	..	100	..	..	100	..	100	70	97	98
Bangladesch	75	82	72	48	75	39	100	95	95	85
Barbados	100	100	100	99	99	100	94	..	97	93
Belgien	..	100	..	..	..	..	..	..	97	95
Belize	91	100	82	47	71	25	100	99	99	95
Benin	68	79	60	32	58	12	73	99	99	83
Bhutan	62	86	60	70	65	70	0	92	93	89
Bolivien	85	95	68	45	58	23	34	93	94	81
Bosnien und Herzegowina	98	100	96	93	99	88	70	95	93	84
Botsuana	95	100	90	41	57	25	100	99	98	97
Brasilien	89	96	58	75	83	35	100	99	96	96
Brunei	..	..	..	..	..	..	100	99	99	92
Bulgarien	100	100	100	100	100	100	100	98	95	95
Burkina Faso	51	82	44	12	45	5	100	99	99	88
Burundi	79	90	78	36	47	35	6	84	86	74
Chile	95	100	59	92	96	64	100	96	94	94
China	77	92	68	44	69	29	100	94	97	91
Cookinseln (NZ)	95	98	88	100	100	100	11	99	99	99
Costa Rica	97	100	92	92	89	97	100	90	89	90
Dänemark	100	100	100	..	..	..	..	..	95	95
Deutschland	100	100	100	..	..	..	..	..	98	97
Dominica	97	100	90	83	86	75	70	99	99	99
Dominikan. Rep.	93	98	85	57	67	43	60	97	88	71
Dschibuti	80	82	67	50	55	27	85	78	81	64
Ecuador	86	92	77	72	80	59	100	99	99	90
Elfenbeinküste	84	98	74	40	61	23	58	51	63	50

›ölkerung, der von staatlichen ımen erreicht wird, in %, 2004					ORT-Anwendungsrate in %	Anteil der Kinder unter 5 Jahren in %				
›fschutz in %				Tetanus bei Schwangeren		akute Infektion der Atemwege (ARI)		Malaria		
·der							ärztl. Behandlung	mit Moskitonetz	mit imprägniertem Moskitonetz	Medikamente bei Fieber
io3	Masern	HepB3	HiB3		1998–2004**	1996–2004**		1999–2004		
66	61	..	..	35	48	19	28	..	..	..
97	97	97	..	71	29	10	70	..	..	..
98	96	99	..	..	51	1	83	..	..	..
86	81	81	..	..	..	9	52	..	..	..
99	98	54	95	..	..	..	..	..	..	..
57	64	..	..	75	32	8	58	10	2	63
97	97	97	97	..	..	..	..	..	..	..
39	51	..	..	40	36	..	..	15	1	49
95	95	88	90	..	..	..	..	..	..	..
93	92	91	..	..	48	11	26	..	..	..
97	98	97	..	..	40	3	36	12	1	1
80	71	..	..	45	38	24	16	..	..	3
92	93	95	95	..	..	..	..	..	..	..
92	89	93	93	..	..	..	..	..	..	..
98	99	98	98	..	..	..	..	..	..	..
85	77	..	..	45	35	21	20	..	..	..
93	98	93	93	..	..	..	..	..	..	..
96	82	65	95	..	..	..	..	..	..	..
95	95	96	96	..	..	..	66	..	..	..
89	85	89	..	69	42	12	35	32	7	60
90	87	89	..	..	..	..	..	..	..	..
79	64	84	81	..	54	22	52	..	..	..
87	88	81	79	..	23	2	80	..	..	..
97	90	79	..	..	7	40	14	..	..	..
98	99	90	96	..	28	24x	46x	..	..	..
92	99	99	92	..	..	..	..	..	..	..
94	95	94	..	..	..	..	..	..	..	..
83	78	..	..	65	..	9	36	20	2	50
69	75	83	83	45	16	13	40	3	1	31
94	95	..	94	..	..	..	..	..	..	..
92	84	72	..	..	..	..	..	..	..	..
99	99	99	..	..	..	..	..	..	..	..
90	88	89	90	..	..	..	..	..	..	..
95	96	..	95	..	..	..	..	..	..	..
94	92	81	90	..	..	..	..	..	..	..
99	99	..	..	..	..	..	..	..	..	..
57	79	71	71	..	53	20	63	..	..	..
54	60	..	..	..	..	..	..	..	..	..
93	99	90	90	..	..	..	..	..	..	..
50	49	50	..	75	34	4	38	14	4	..

	Anteil der Bevölkerung mit Zugang zu sauberem Trinkwasser in %, 2002			Anteil der Bevölkerung mit Zugang zu Sanitäreinrichtungen in %, 2002				Anteil d… Impfschutzma… Voll… Einjährig…	
	gesamt	Stadt	Land	gesamt	Stadt	Land	gesamt	BCG	DPT1†
El Salvador	82	91	68	63	78	40	100	94	90
Eritrea	57	72	54	9	34	3	0	91	91
Estland	..	..	..	..	93	..	..	99	98
Fidschi	..	..	..	98	99	98	100	93	75
Finnland	100	100	100	100	100	100	..	98	98
Frankreich	..	100	..	..	..	..	..	85	98
Gabun	87	95	47	36	37	30	100	89	69
Gambia	82	95	77	53	72	46	45	95	95
Georgien	76	90	61	83	96	69	20	91	88
Ghana	79	93	68	58	74	46	62	92	88
Grenada	95	97	93	97	96	97	100	..	87
Griechenland	..	..	..	..	..	..	..	88	96
Großbritannien	..	100	..	..	..	..	..	..	96
Guatemala	95	99	92	61	72	52	100	98	94
Guinea	51	78	38	13	25	6	8	71	75
Guinea-Bissau	59	79	49	34	57	23	0	80	86
Guyana	83	83	83	70	86	60	60	94	90
Haiti	71	91	59	34	52	23	30	71	76
Honduras	90	99	82	68	89	52	100	93	96
Indien	86	96	82	30	58	18	100	73	71
Indonesien	78	89	69	52	71	38	80	82	88
Irak	81	97	50	80	95	48	100	93	93
Iran	93	98	83	84	86	78	100	99	99
Irland	..	100	..	..	..	..	..	90	96
Island	100	100	100	..	..	..	..	..	99
Israel	100	100	100	..	100	..	100	..	98
Italien	..	100	..	..	..	..	..	..	98
Jamaika	93	98	87	80	90	68	100	85	86
Japan	100	100	100	100	100	100	100	..	99
Jemen	69	74	68	30	76	14	100	63	92
Jordanien	91	91	91	93	94	85	100	58	96
Kambodscha	34	58	29	16	53	8	12	95	92
Kamerun	63	84	41	48	63	33	65	83	80
Kanada	100	100	99	100	100	99	..	..	97
Kap Verde	80	86	73	42	61	19	80	79	78
Kasachstan	86	96	72	72	87	52	100	65	85
Katar	100	100	100	100	100	100	100	99	99
Kenia	62	89	46	48	56	43	5	87	72
Kirgisistan	76	98	66	60	75	51	22	98	99
Kiribati	64	77	53	39	59	22	100	94	75
Kolumbien	92	99	71	86	96	54	100	92	95
Komoren	94	90	96	23	38	15	0	79	85
Kongo, Dem. Rep.	46	83	29	29	43	23	17	78	76

Bevölkerung, der von staatlichen nahmen erreicht wird, in %, 2004						Anteil der Kinder unter 5 Jahren in %				
Impfschutz in %				Tetanus bei Schwangeren	ORT-Anwendungsrate in %	akute Infektion der Atemwege (ARI)		Malaria		
Kinder							ärztl. Behandlung	mit Moskitonetz	mit imprägniertem Moskitonetz	Medikamente bei Fieber
Polio3	Masern	HepB3	HiB3		1998–2004**	1996–2004**		1999–2004		
90	93	83	83	..	..	42	62	..	..	..
83	84	83	..	62	54	19	44	12	4	4
95	96	90	27	..	..	..	..	..	..	..
76	62	73	71	..	..	..	..	..	..	..
96	97	..	96	..	..	..	..	..	..	..
97	86	28	86	..	..	..	..	..	..	..
31	55	..	..	45	44	13	48	..	..	..
90	90	90	90	..	38	8	75	42	15	55
66	86	64	..	..	..	4	99	..	..	..
81	83	80	80	70	40	10	44	15	4	63
84	74	83	83	..	..	..	..	..	..	..
87	88	88	88	..	..	..	..	..	..	..
91	81	..	91	..	..	..	..	..	..	..
84	75	..	..	..	22	18	64	6	1	..
68	73	..	..	77	44	15	33	25	4	56
80	80	..	..	56	23	10	64	67	7	58
91	88	91	91	..	40	5	78	67	6	3
43	54	..	..	52	41	39	26	..	..	12
90	92	89	89	..	..	..	..	..	..	..
70	56	..	..	80	22	19	67	..	..	..
70	72	75	..	54	61	8	61	..	..	1
87	90	70	..	70	..	7	76	..	..	..
98	96	95	..	..	..	24	93	..	..	..
89	81	..	89	..	..	..	..	..	..	..
99	93	..	99	..	..	..	..	..	..	..
92	96	98	96	..	..	..	..	..	..	..
97	84	95	90	..	..	..	..	..	..	..
71	80	77	77	..	21	3	39	..	..	..
97	99	..	..	..	..	..	..	..	..	..
78	76	49	..	21	23x	24	47	..	..	..
95	99	95	95	..	44	6	78	..	..	..
86	80	..	..	51	59	20	37	..	..	..
72	64	..	..	60	33	11	40	..	..	..
88	95	..	83	..	..	..	..	..	..	..
76	69	68	..	..	..	..	..	..	..	..
99	99	99	..	..	22	3	48	..	..	..
95	99	97	96	..	..	..	..	..	..	..
73	73	73	73	70	33	18	49	15	5	27
98	99	99	..	..	16	4x	48x	..	..	..
61	56	67	..	..	..	..	..	..	..	..
89	92	89	89	..	44	13	51	24	1	..
73	73	77	..	46	31	10	49	36	9	63
63	64	..	..	58	17	11	36	12	1	45

	Anteil der Bevölkerung mit Zugang zu sauberem Trinkwasser in %, 2002			Anteil der Bevölkerung mit Zugang zu Sanitäreinrichtungen in %, 2002			Anteil der Impfschutzmaß			
								Voller		
								Einjährige		
	gesamt	Stadt	Land	gesamt	Stadt	Land	gesamt	BCG	DPT1†	DPT3†
Kongo, Rep.	46	72	17	9	14	2	73	85	67	67
Korea, DVR (Nordk.)	100	100	100	59	58	60	80	95	75	72
Korea, Rep. (Südk.)	92	97	71	..	..	..	100	93	95	88
Kroatien	..	..	..	..	..	..	100	98	96	96
Kuba	91	95	78	98	99	95	99	99	89	88
Kuwait	..	..	..	..	..	..	100	..	99	98
Laos	43	66	38	24	61	14	0	60	66	45
Lesotho	76	88	74	37	61	32	10	83	83	78
Lettland	..	..	..	..	..	..	100	99	99	98
Libanon	100	100	100	98	100	87	100	..	98	92
Liberia	62	72	52	26	49	7	0	60	48	31
Libyen	72	72	68	97	97	96	100	99	99	97
Liechtenstein	..	..	..	..	..	..	..	..	..	..
Litauen	..	..	..	..	..	..	100	99	94	94
Luxemburg	100	100	100	..	..	..	..	..	98	98
Madagaskar	45	75	34	33	49	27	0	72	71	61
Malawi	67	96	62	46	66	42	0	97	99	89
Malaysia	95	96	94	..	..	98	100	99	99	99
Malediven	84	99	78	58	100	42	100	98	98	96
Mali	48	76	35	45	59	38	100	75	99	76
Malta	100	100	100	..	100	..	..	..	76	55
Marokko	80	99	56	61	83	31	100	95	99	97
Marshallinseln	85	80	95	82	93	59	..	91	71	64
Mauretanien	56	63	45	42	64	9	100	86	83	70
Mauritius	100	100	100	99	100	99	100	99	98	98
Mazedonien	..	..	..	..	..	..	99	94	96	94
Mexiko	91	97	72	77	90	39	95	99	99	98
Mikronesien	94	95	94	28	61	14	0	62	83	78
Moldau	92	97	88	68	86	52	86	96	99	98
Monaco	..	100	..	..	100	..	..	90	99	99
Mongolei	62	87	30	59	75	37	33	95	99	99
Mosambik	42	76	24	27	51	14	47	87	88	72
Myanmar	80	95	74	73	96	63	0	85	86	82
Namibia	80	98	72	30	66	14	100	71	88	81
Nauru	..	..	..	..	..	..	100	95	93	80
Nepal	84	93	82	27	68	20	65	85	88	80
Neuseeland	..	100	..	..	..	..	100	..	96	90
Nicaragua	81	93	65	66	78	51	40	88	92	79
Niederlande	100	100	99	100	100	100	..	..	98	98
Niger	46	80	36	12	43	4	100	72	75	62
Nigeria	60	72	49	38	48	30	100	48	43	25
Niue (NZ)	100	100	100	100	100	100	100	96	99	99
Norwegen	100	100	100	..	..	..	..	..	91	91

·evölkerung, der von staatlichen ahmen erreicht wird, in %, 2004						Anteil der Kinder unter 5 Jahren in %				
npfschutz in %					ORT-Anwendungsrate in %	akute Infektion der Atemwege (ARI)		Malaria		
inder				Tetanus bei Schwangeren			ärztl. Behandlung	mit Moskitonetz	mit imprägniertem Moskitonetz	Medikamente bei Fieber
'olio3	Masern	HepB3	HiB3		1998–2004**	1996–2004**		1999–2004		
67	65	..	..	65	..	..	..	..	..	..
99	95	98	..	..	..	12	93	..	..	..
90	99	92	..	..	..	..	..	..	..	..
98	96	..	93	..	..	..	..	..	..	..
98	99	99	99	..	..	..	..	..	..	..
98	97	94	98	..	..	..	..	..	..	..
46	36	45	..	30	37	1	36	82	18	9
78	70	67	..	..	29	7	49	..	..	..
97	99	99	95	..	..	..	..	..	..	..
92	96	88	92	..	..	4	74	..	..	..
33	42	..	..	35	..	39	70	..	..	..
97	99	99	..	..	..	..	..	..	..	..
..	..	..	..	..	..	..	..	..	..	..
90	98	94	35	..	..	..	..	..	..	..
98	91	49	86	..	..	..	..	..	..	..
63	59	61	..	55	47	9	48	..	..	34
94	80	89	89	70	51	27	27	8	3	27
95	95	95	99	..	..	..	..	..	..	..
96	97	97	..	..	..	22	22	..	..	..
72	75	73	..	50	45	10	36	72	8	38
55	87	8	55	..	..	..	..	..	..	..
97	95	95	10	..	50	12	38	..	..	..
68	70	72	46	..	..	..	..	..	..	..
68	64	..	..	33	28	10	41	..	..	..
98	98	98	..	..	..	..	..	..	..	..
95	96	..	..	..	..	..	..	..	..	..
98	96	98	98	..	..	..	..	..	..	..
82	85	80	65	..	..	..	..	..	..	..
98	96	99	..	..	52	1	78	..	..	..
99	99	99	99	..	..	..	..	..	..	..
95	96	95	..	..	66	2	78	..	..	..
70	77	72	..	60	33	10	55	10	..	15
82	78	54	..	85	48	2	66	..	..	..
81	70	..	..	67	39	18	53	7	3	14
59	40	75	..	..	..	..	..	..	..	..
80	73	87	..	42	43	23	26	..	..	..
82	85	90	90	..	..	..	..	..	..	..
80	84	79	79	..	49	31	57	..	..	2
98	96	..	97	..	..	..	..	..	..	..
62	74	..	..	43	43	12	27	17	6	48
39	35	..	..	51	28	10	33	6	1	34
99	99	99	99	..	..	..	..	..	..	..
91	88	..	93	..	..	..	..	..	..	..

	Anteil der Bevölkerung mit Zugang zu sauberem Trinkwasser in %, 2002			Anteil der Bevölkerung mit Zugang zu Sanitäreinrichtungen in %, 2002			Anteil der Impfschutzmaß			
								Voller		
								Einjährige		
	gesamt	Stadt	Land	gesamt	Stadt	Land	gesamt	BCG	DPT1†	DPT3
Oman	79	81	72	89	97	61	100	99	99	99
Österreich	100	100	100	100	100	100	..	..	97	83
Pakistan	90	95	87	54	92	35	61	80	75	65
Palästinens. Autonomiegeb.	94	97	86	76	78	70	..	98	97	96
Palau	84	79	94	83	96	52	100	..	99	98
Panama	91	99	79	72	89	51	100	99	99	99
Papua-Neuguinea	39	88	32	45	67	41	100	54	60	46
Paraguay	83	100	62	78	94	58	98	82	91	76
Peru	81	87	66	62	72	33	100	91	95	87
Philippinen	85	90	77	73	81	61	100	91	90	79
Polen	..	100	..	..	..	..	..	94	99	99
Portugal	..	..	..	..	..	..	..	83	98	95
Ruanda	73	92	69	41	56	38	50	86	94	89
Rumänien	57	91	16	51	86	10	100	99	98	97
Russ. Föderation	96	99	88	87	93	70	100	96	98	97
Salomonen	70	94	65	31	98	18	0	84	82	80
Sambia	55	90	36	45	68	32	10	94	94	80
Samoa	88	91	88	100	100	100	100	93	90	68
San Marino	..	..	..	..	..	..	..	..	95	98
São Tomé u. Princípe	79	89	73	24	32	20	..	99	99	99
Saudi-Arabien	..	97	..	..	100	..	100	95	96	96
Schweden	100	100	100	100	100	100	..	16	99	99
Schweiz	100	100	100	100	100	100	..	..	98	95
Senegal	72	90	54	52	70	34	70	95	95	87
Serbien und Montenegro	93	99	86	87	97	77	25	97	96	97
Seychellen	87	100	75	..	..	100	100	99	99	99
Sierra Leone	57	75	46	39	53	30	0	83	77	61
Simbabwe	83	100	74	57	69	51	0	95	90	85
Singapur	..	100	..	..	100	..	100	99	95	94
Slowakei	100	100	100	100	100	100	80	98	99	99
Slowenien	..	..	..	..	..	..	100	98	97	92
Somalia	29	32	27	25	47	14	0	50	50	30
Spanien	..	..	..	..	..	..	..	..	98	96
Sri Lanka	78	99	72	91	98	89	69	99	98	97
St. Kitts und Nevis	99	99	99	96	96	96	97	89	87	96
St. Lucia	98	98	98	89	89	89	100	99	99	91
St. Vincent u. d. Grenad.	..	..	93	..	..	96	100	99	99	99
Südafrika	87	98	73	67	86	44	100	97	99	93
Sudan	69	78	64	34	50	24	0	51	79	55
Suriname	92	98	73	93	99	76	100	..	92	85
Swasiland	52	87	42	52	78	44	100	84	94	83
Syrien	79	94	64	77	97	56	100	99	99	99
Tadschikistan	58	93	47	53	71	47	2	97	87	82

·evölkerung, der von staatlichen ahmen erreicht wird, in %, 2004						Anteil der Kinder unter 5 Jahren in %				
npfschutz in %				Tetanus bei Schwangeren	ORT-Anwendungsrate in %	akute Infektion der Atemwege (ARI)		Malaria		
inder							ärztl. Behandlung	mit Moskitonetz	mit imprägniertem Moskitonetz	Medikamente bei Fieber
olio3	Masern	HepB3	HiB3		1998–2004**	1996–2004**		1999–2004		
99	98	99	99	..	..	..	..	..	..	..
83	74	83	83	..	..	..	..	..	..	..
65	67	65	..	45	33x	16x	66x	..	..	..
96	96	96	..	..	..	17	65	..	..	..
98	99	98	98	..	..	..	..	..	..	..
99	99	99	99	..	..	..	..	..	..	..
36	44	45	..	10	..	13x	75x	..	..	..
75	89	76	76	..	..x	17x	51x	..	..	..
87	89	87	91	..	46	20	58	..	..	..
80	80	40	..	70	76	10	55	..	..	..
98	97	98	..	..	..	..	..	..	..	..
95	95	94	95	..	..	..	..	..	..	..
89	84	89	89	76	16	12	20	6	5	13
97	97	99	..	..	..	..	..	..	..	..
98	98	96	..	..	..	..	..	..	..	..
75	72	72	..	..	..	..	..	..	..	..
80	84	..	80	83	48	15	69	16	7	52
41	25	70	..	..	..	..	..	..	..	..
98	98	97	98	..	..	..	..	..	..	..
99	91	99	..	..	44	5	47	52	..	..
96	97	96	96	..	..	..	..	..	..	..
99	94	1	98	..	..	..	..	..	..	..
95	82	..	91	..	..	..	..	..	..	..
87	57	54	..	85	33	7	27	15	2	36
96	96	89	..	..	..	3	97	..	..	..
99	99	99	..	..	..	..	..	..	..	..
61	64	..	..	76	39	9	50	15	2	61
85	80	85	..	70	80	16	50	3	..	..
94	94	93	..	..	..	..	..	..	..	..
99	98	99	99	..	..	..	..	..	..	..
93	94	..	93	..	..	..	..	..	..	..
30	40	..	..	60	..	..	..	1	0	19
97	97	97	96	..	..	..	..	..	..	..
97	96	85	..	..	..	..	..	..	..	..
96	98	96	95	..	..	..	..	..	..	..
91	95	91	91	..	..	..	..	..	..	..
99	99	99	99	..	..	..	..	..	..	..
94	81	92	92	61	37	19	75	..	..	..
55	59	..	..	37	38	5	57	23	0	50
84	86	..	..	..	43	4	58	77	3	..
82	70	78	..	..	24	10	60	0	0	26
99	98	99	99	..	..	18	66	..	..	..
84	89	81	..	..	29	1	51	6	2	69

	Anteil der Bevölkerung mit Zugang zu sauberem Trinkwasser in %, 2002			Anteil der Bevölkerung mit Zugang zu Sanitäreinrichtungen in %, 2002			Anteil der Impfschutzmaß			
								Voller		
								Einjährige		
	gesamt	Stadt	Land	gesamt	Stadt	Land	gesamt	BCG	DPT1†	DPT
Tansania	73	92	62	46	54	41	23	91	99	95
Thailand	85	95	80	99	97	100	100	99	99	98
Timor-Leste	52	73	51	33	65	30	0	72	65	57
Togo	51	80	36	34	71	15	40	91	83	71
Tonga	100	100	100	97	98	96	100	99	99	99
Trinidad und Tobago	91	92	88	100	100	100	100	..	91	94
Tschad	34	40	32	8	30	0	42	38	68	50 [?]
Tschechische Rep.	..	..	..	..	..	..	..	99	98	98
Tunesien	82	94	60	80	90	62	100	97	97	97
Türkei	93	96	87	83	94	62	100	88	86	85
Turkmenistan	71	93	54	62	77	50	67	99	98	97
Tuvalu	93	94	92	88	92	83	100	99	99	98
Uganda	56	87	52	41	53	39	7	99	99	87
Ukraine	98	100	94	99	100	97	100	98	96	99
Ungarn	99	100	98	95	100	85	..	99	99	99 [?]
Uruguay	98	98	93	94	95	85	100	99	98	95 [?]
Usbekistan	89	97	84	57	73	48	80	99	99	99 [?]
Vanuatu	60	85	52	50	78	42	100	63	73	49 [?]
Vatikan	..	..	..	..	..	..	..	..	..	..
Venezuela	83	85	70	68	71	48	100	97	99	86 [?]
Ver. Arab. Emirate	..	..	..	100	100	100	100	98	96	94
Ver. Staaten v. Amerika	100	100	100	100	100	100	56	..	99	96 [?]
Vietnam	73	93	67	41	84	26	70	96	92	96 [?]
Weißrußland	100	100	100	..	..	..	100	99	99	99 [?]
Zentralafrik. Rep.	75	93	61	27	47	12	0	70	65	40 [?]
Zypern	100	100	100	100	100	100	25	..	99	98 [?]
*Weltregionen**										
Afrika südl. d. Sahara	57	82	44	36	55	26	47	76	77	65 [?]
Ost- und Südafrika	56	87	43	37	60	27	24	87	89	86 [?]
West- und Zentralafrika	58	78	45	35	52	24	68	67	67	52 [?]
Naher Osten u. Nordafrika	87	95	77	72	88	52	88	88	94	88 [?]
Südasien	84	94	80	35	64	23	90	77	75	67 [?]
Ostasien u. Pazifik	78	92	68	50	72	35	90	92	94	86 [?]
Lateinamerika u. Karibik	89	95	69	75	84	44	95	96	96	91 [?]
Mittel- und Osteuropa, GUS	91	98	79	81	92	62	89	93	94	93 [?]
Industriestaaten	100	100	100	100	100	100	69	..	98	96 [?]
Entwicklungsländer	79	92	70	49	73	31	80	84	84	76 [?]
Am wenigst. entwick. Länder	58	80	50	35	58	27	38	82	87	75 [?]
Welt	83	95	72	58	81	37	80	84	86	78 [?]

* Zu den Ländern der einzelnen Regionen siehe Seite 256 ff.

** Werte beziehen sich auf das aktuellste Jahr innerhalb des genannten Zeitraums

Definitionen siehe Seite 259 ff., Hauptquellen siehe Seite 264 ff.

.. keine Daten verfügbar

ölkerung, der von staatlichen …men erreicht wird, in %, 2004						Anteil der Kinder unter 5 Jahren in %				
…ofschutz in % / …der				Tetanus bei Schwangeren	ORT-Anwendungsrate in %	akute Infektion der Atemwege (ARI)		Malaria		
…lio3	Masern	HepB3	HiB3				ärztl. Behandlung	mit Moskitonetz	mit imprägniertem Moskitonetz	Medikamente bei Fieber
					1998–2004**	1996–2004**		1999–2004		
95	94	95	..	90	38	14	68	36	10	58
98	96	96	..	..	..	..	..	..	..	..
57	55	..	..	..	..	14	24	48	8	47
71	70	..	..	61	25	9	30	15	2	60
99	99	99	..	..	..	..	..	..	..	..
94	95	94	94	..	31	3	74	..	..	..
47	56	..	..	40	50	12	22	27	1	32
96	97	98	98	..	..	..	..	..	..	..
97	95	96	97	..	..	9	43	..	..	..
85	81	77	..	41	19	29	41	..	..	..
98	97	96	..	..	..	1	51	..	..	..
98	98	98	..	..	..	..	..	..	..	..
86	91	87	87	53	29	22	67	7	0	..
99	99	98	..	..	..	..	..	..	..	..
99	99	..	99	..	..	..	..	..	..	..
95	95	94	94	..	..	..	..	..	..	..
99	98	99	..	..	33	0	57	..	..	..
53	48	56	..	..	..	..	..	..	..	..
..	..	..	..	..	..	..	..	..	..	..
83	80	82	61	..	51	9	72	..	..	..
94	94	92	94	..	..	..	..	..	..	..
92	93	92	94	..	..	..	..	..	..	..
96	97	94	..	85	39	20	71	96	16	7
99	99	99	..	..	..	..	..	..	..	..
40	35	..	..	42	47	10	32	31	2	69
98	86	88	58	..	..	..	..	..	..	..
68	66	33	..	59	34	14	41	15	3	35
79	77	54	..	62	37	18	47	14	4	26
57	55	13	..	57	30	10	35	15	2	43
89	89	77	..	..	..	13	66	..	..	..
71	61	11	..	70	26	19	59	..	..	..
87	83	71	..	..	59w	10w	62w	..	..	..
92	92	83	91	..	36	..	..	..	..	..
94	93	90	..	..	25	15	50	..	..	..
94	92	63	92	..	..	..	..	..	..	..
79	74	46	..	64	33w	16w	54w	..	..	..
74	72	28	..	54	36	16	38	20	3	36
80	76	49	..	64	33w	16w	54w	..	..	..

w ohne China

x Daten beziehen sich auf andere Jahre oder Zeiträume, weichen von der Standarddefinition ab oder beziehen sich nur auf einen Teil des Landes

† 2004 wurde die DPT1-Impfrate erstmals geschätzt. Die Erstimpfung gegen DPT muss mindestens so hoch sein wie die Dreifachimpfung (DPT3). Die Fälle, in denen die Rate der Erstimpfung unterhalb von DPT3 liegt, basieren auf mangelhafter Datenerhebung.

Tabelle 4: HIV/Aids

	Erwachsene (15–49 Jahre) Ende 2003, in %	HIV-Infizierte und Aids-Kranke, 2003 in Tsd.					HIV-Rate bei Schwangeren (15–24 Jahre) in der Hauptstadt		Kondom vor HI
		gesamt (0–49 Jahre)	niedrige Schätzung	hohe Schätzung	Kinder (0–14 Jahre)	Frauen (15–49 Jahre)	Jahr	Durchschnitt	Männ
Afghanistan	..	..	..	..	..	..	..	..	..
Ägypten	<0,1	12	5,0	31	..	1,6	..	..	..
Albanien	..	..	..	..	..	..	..	..	..
Algerien	0,1	9,1	3,0	18	..	1,4	..	..	..
Andorra	..	..	..	..	..	..	..	..	..
Angola	3,9	240	97	600	23	130	..	..	..
Antigua und Barbuda	..	..	..	..	..	..	..	..	..
Äquatorialguinea	..	..	..	..	..	..	..	..	..
Argentinien	0,7	130	61	210	..	24	..	..	..
Armenien	0,1	2,6	1,2	4,3	..	0,9	..	..	56
Aserbaidschan	<0,1	1,4	0,5	2,8	..	..	..	..	..
Äthiopien	4,4	1 500	950	2 300	120	770	2003	11,7	..
Australien	0,1	14	6,8	22	..	1,0	..	..	..
Bahamas	3,0	5,6	3,2	8,7	<0,2	2,5	..	..	..
Bahrain	0,2	<0,6	0,2	1,1	..	<0,5	..	..	..
Bangladesch	..	..	2,5	15	..	..	..	..	..
Barbados	1,5	2,5	0,7	9,2	<0,2	0,8	..	..	..
Belgien	0,2	10	5,3	17	..	3,5	..	..	..
Belize	2,4	3,6	1,2	10	<0,2	1,3	..	..	..
Benin	1,9	68	38	120	5,7	35	2002	2,3	53
Bhutan	..	..	..	..	..	..	..	..	..
Bolivien	0,1	4,9	1,6	11	..	1,3	..	..	74
Bosnien und Herzegowina	<0,1	0,9	0,3	1,8	..	..	..	..	..
Botsuana	37,3	350	330	380	25	190	2003	32,9	90
Brasilien	0,7	660	320	1100	..	240	..	..	..
Brunei	<0,1	<0,2	..	<0,4	..	<0,2	..	..	..
Bulgarien	<0,1	<0,5	..	<1,0	..	..	..	..	..
Burkina Faso	4,2	300	190	470	31	150	2002	2,3	61
Burundi	6,0	250	170	370	27	130	2002	13,6	..
Chile	0,3	26	13	44	..	8,7	..	..	..
China	0,1	840	430	1500	..	190	..	..	..
Cookinseln (NZ)	..	..	..	..	..	..	..	..	..
Costa Rica	0,6	12	6,0	21	..	4,0	..	..	..
Dänemark	0,2	5,0	2,5	8,2	..	0,9	..	..	..
Deutschland	0,1	43	21	71	..	10	..	..	..
Dominica	..	..	..	..	..	..	..	..	..
Dominikan. Rep.	1,7	88	48	160	2,2	23	..	..	88
Dschibuti	2,9	9,1	2,3	24	0,7	4,7	..	..	..
Ecuador	0,3	21	10	38	..	6,8	..	..	..
Elfenbeinküste	7,0	570	390	820	40	300	2002	5,2	..

Aids-Prävention 1998–2004** (15–24 Jahre), Wissensstand in %							Waisen		
schützen Infizierung	gesund wirkende Person kann HIV-infiziert sein		umfassend informiert		Kondombenutzung bei letztem riskanten Geschlechtsverkehr		Anzahl der Aids-Waisen (0–17 Jahre) 2003, Schätzung, in Tsd.	Anzahl aller Waisen (0–17 Jahre) 2003, Schätzung, in Tsd.	Schulbesuchsrate in % von Nichtwaisen 1998–2004**
Frauen	Männer	Frauen	Männer	Frauen	Männer	Frauen			
..	..	..	..	..	..	..	..	1 600	..
..	..	..	..	..	..	..	..	..	..
42	..	40	..	0	..	..	..	..	..
..	..	..	..	..	..	..	..	..	..
..	..	..	..	..	..	..	..	..	..
..	..	..	..	..	..	..	110	1 000	90
..	..	..	..	..	..	..	..	..	..
26	..	46	..	4	..	..	..	24	95
..	..	..	..	..	..	..	..	750	..
41	48	53	8	7	44	0	..	..	..
11	..	35	..	2	..	..	..	..	..
..	54	39	..	..	30	17	720	4 000	60
..	..	..	..	..	..	..	..	..	..
..	..	..	..	..	..	..	..	7,6	..
..	..	..	..	..	..	..	..	..	..
..	..	..	..	..	..	..	..	5 300	..
..	..	..	..	..	..	..	..	3,7	..
..	..	..	..	..	..	..	..	..	..
..	..	..	..	..	..	..	..	5,6	..
45	69	56	14	8	34	19	34	340	..
..	..	..	..	..	..	..	..	90	..
58	67	59	..	..	37	21	..	340	82
53	..	74	..	..	..	..	..	..	..
93	79	81	33	40	88	75	120	160	99
..	..	..	..	..	..	..	..	4 300	..
..	..	..	..	..	..	..	..	4,2	..
..	..	..	..	..	..	..	..	..	..
48	61	56	23	15	67	54	260	830	109
47	..	66	..	24	..	..	200	660	70
..	..	..	..	..	..	..	..	230	..
..	..	..	..	..	..	..	..	20 600	..
..	..	..	..	..	..	..	..	..	..
..	..	..	..	..	..	..	..	50	..
..	..	..	..	..	..	..	..	..	..
..	..	..	..	..	..	..	..	..	..
..	..	..	..	..	..	..	..	..	..
84	89	92	..	..	52	29	..	260	96
..	..	..	..	..	..	..	5	33	..
..	..	58	..	..	..	..	..	290	..
53	67	64	..	16m	56	25	310	940	83

	Erwachsene (15–49 Jahre) Ende 2003, in %	HIV-Infizierte und Aids-Kranke, 2003 in Tsd.					HIV-Rate bei Schwangeren (15–24 Jahre) in der Hauptstadt		Kondome vor HIV-
		gesamt (0–49 Jahre)	niedrige Schätzung	hohe Schätzung	Kinder (0–14 Jahre)	Frauen (15–49 Jahre)	Jahr	Durchschnitt	Männer
El Salvador	0,7	29	14	50	..	9,6	..	..	..
Eritrea	2,7	60	21	170	5,6	31	..	..	..
Estland	1,1	7,8	2,6	15	..	2,6	..	..	..
Fidschi	0,1	0,6	0,2	1,3	..	<0,2	..	..	..
Finnland	0,1	1,5	0,5	3,0	..	<0,5	..	..	..
Frankreich	0,4	120	60	200	..	32	..	..	..
Gabun	8,1	48	24	91	2,5	26	..	..	71
Gambia	1,2	6,8	1,8	24	0,5	3,6	..	..	..
Georgien	0,1	3,0	2,0	12	..	1,0	..	..	..
Ghana	3,1	350	210	560	24	180	2003	3,9	81
Grenada	..	..	..	..	..	..	..	..	..
Griechenland	0,2	9,1	4,5	15	..	1,8	..	..	..
Großbritannien	0,1	32	16	52	..	7,0	..	..	..
Guatemala	1,1	78	38	130	..	31	..	..	..
Guinea	3,2	140	51	360	9,2	72	..	..	..
Guinea-Bissau	..	..	..	..	..	..	..	..	..
Guyana	2,5	11	3,5	35	0,6	6,1	..	..	..
Haiti	5,6	280	120	600	19	150	..	..	72
Honduras	1,8	63	35	110	3,9	33	..	..	..
Indien	..	..	2 200	7 600	..	..	..	..	..
Indonesien	0,1	110	53	180	..	15	..	..	..
Irak	<0,1	<0,5	..	<1,0	..	..	..	..	..
Iran	0,1	31	10	61	..	3,8	..	..	..
Irland	0,1	2,8	1,1	5,3	..	0,8	..	..	..
Island	0,2	<0,5	..	<1,0	..	<0,2	..	..	..
Israel	0,1	3,0	1,5	4,9	..	..	..	..	..
Italien	0,5	140	67	220	..	45	..	..	..
Jamaika	1,2	22	11	41	<0,5	10	..	..	..
Japan	<0,1	12	5,7	19	..	2,9	..	..	..
Jemen	0,1	12	4,0	24	..	..	..	..	..
Jordanien	<0,1	0,6	0,0	<1,0	..	..	..	..	..
Kambodscha	2,6	170	100	290	7,3	51	..	..	..
Kamerun	6,9	560	390	810	43	290	2002	7,0	..
Kanada	0,3	56	26	86	..	13	..	..	..
Kap Verde	..	..	..	..	..	..	..	..	..
Kasachstan	0,2	17	5,8	35	..	5,5	..	..	..
Katar	..	..	..	..	..	..	..	..	..
Kenia	6,7	1 200	820	1 700	100	720	..	..	68
Kirgisistan	0,1	3,9	1,5	8,0	..	<0,8	..	..	..
Kiribati	..	..	..	..	..	..	..	..	..
Kolumbien	0,7	190	90	310	..	62	..	..	..
Komoren	..	..	..	..	..	..	..	..	..
Kongo, Dem. Rep.	4,2	1 100	450	2 600	110	570	..	..	..

Aids-Prävention 1998–2004** (15–24 Jahre), Wissensstand in %							Waisen		
schützen Infizierung	gesund wirkende Person kann HIV-infiziert sein		umfassend informiert		Kondombenutzung bei letztem riskanten Geschlechtsverkehr		Anzahl der Aids-Waisen (0–17 Jahre) 2003, Schätzung, in Tsd.	Anzahl aller Waisen (0–17 Jahre) 2003, Schätzung, in Tsd.	Schulbesuchsrate in % von Nichtwaisen 1998–2004**
Frauen	Männer	Frauen	Männer	Frauen	Männer	Frauen			
..	..	68	..	..	..	..	..	180	..
62	..	79	..	37	..	..	39	230	83
..	..	..	..	..	..	..	..	..	..
..	..	..	..	..	..	..	..	25	..
..	..	..	..	..	..	..	..	..	..
..	..	..	..	..	..	..	..	..	..
64	81	72	22	24	48	33	14	57	98
51	..	53	..	15	..	..	2	45	85
56	..	51	..	..	..	..	..	..	..
77	83	78	44	38	52	33	170	1000	79p
..	..	..	..	..	..	..	..	..	..
..	..	..	..	..	..	..	..	..	..
..	..	..	..	..	..	..	..	..	..
..	75	69	..	..	..	..	..	510	98
..	56	60	..	..	32	17	35	420	113
32	..	31	..	8	..	..	..	81	103
69	..	84	..	36	..	..	..	33	..
46	78	68	28	15	30	19	..	610	87
..	90	81	..	..	..	..	..	180	..
..	..	..	17	21	59	51	..	35000	..
23	..	32	..	7	..	..	..	6100	82
..	..	..	..	..	..	..	..	..	..
..	..	..	..	..	..	..	..	2100	..
..	..	..	..	..	..	..	..	..	..
..	..	..	..	..	..	..	..	..	..
..	..	..	..	..	..	..	..	..	..
..	..	..	..	..	..	..	..	..	..
..	..	..	..	..	..	..	..	45	..
..	..	..	..	..	..	..	..	..	..
..	..	..	..	..	..	..	..	..	..
..	..	..	..	..	..	..	..	..	..
64	..	62	..	37	..	..	..	670	71
46	63	57	..	16m	31	16	240	930	94p
..	..	..	..	..	..	..	..	..	..
..	60	53	..	..	..	..	..	..	..
..	73	63	..	..	65	32		..	..
..	..	..	..	..	..	..	..	..	..
59	86	83	47	34	47	25	650	1700	95
..	..	..	..	..	..	..	..	..	..
..	..	..	..	..	..	..	..	..	..
..	..	82	..	..	..	30	..	910	..
41	..	55	..	10	..	..	..	..	59
46	..	..	..	..	..	..	770	4200	72

	Erwachsene (15–49 Jahre) Ende 2003, in %	HIV-Infizierte und Aids-Kranke, 2003 in Tsd.					HIV-Rate bei Schwangeren (15–24 Jahre) in der Hauptstadt		Kondome vor HIV-
		gesamt (0–49 Jahre)	niedrige Schätzung	hohe Schätzung	Kinder (0–14 Jahre)	Frauen (15–49 Jahre)	Jahr	Durchschnitt	Männer
Kongo, Rep.	4,9	90	39	200	10	45	..	..	..
Korea, DVR (Nordk.)	..	..	..	..	..	..	..	..	..
Korea, Rep. (Südk.)	<0,1	8,3	2,7	16	..	0,9	..	..	..
Kroatien	<0,1	<0,2	..	<0,4	..	..	..	..	..
Kuba	0,1	3,3	1,1	6,6	..	1,1	..	..	..
Kuwait	..	..	..	..	..	..	..	..	..
Laos	0,1	1,7	0,6	3,6	..	<0,5	..	..	..
Lesotho	28,9	320	290	360	22	170	2003	27,8	..
Lettland	0,6	7,6	3,7	12	..	2,5	..	..	..
Libanon	0,1	2,8	0,7	4,1	..	<0,5	..	..	..
Liberia	5,9	100	47	220	8,0	54	..	..	..
Libyen	0,3	10	3,3	20	..	..	..	..	..
Liechtenstein	..	..	..	..	..	..	..	..	..
Litauen	0,1	1,3	0,4	2,6	..	<0,5	..	..	..
Luxemburg	0,2	<0,5	..	<1,0	..	..	..	..	..
Madagaskar	1,7	140	68	250	8,6	76	..	..	56
Malawi	14,2	900	700	1100	83	460	2003	18,0	76
Malaysia	0,4	52	25	86	..	8,5	..	..	..
Malediven	..	..	..	..	..	..	..	..	..
Mali	1,9	140	44	420	13	71	2003	2,2	56
Malta	0,2	<0,5	..	<1,0	..	..	..	..	..
Marokko	0,1	15	5,0	30	..	..	..	..	..
Marshallinseln	..	..	..	..	..	..	..	..	..
Mauretanien	0,6	9,5	4,5	17	..	5,1	..	..	..
Mauritius	..	..	..	..	..	..	..	..	..
Mazedonien	1,5	570	310	1000	12	200	..	..	..
Mexiko	0,3	160	78	260	..	53	..	..	..
Mikronesien	..	..	..	..	..	..	..	..	..
Moldau	0,2	5,5	2,7	9,0	..	..	..	..	..
Monaco	..	..	..	..	..	..	..	..	..
Mongolei	<0,1	<0,5	..	<1,0	..	<0,2	..	..	..
Mosambik	12,2	1300	980	1700	99	670	2002	14,7	74
Myanmar	1,2	330	170	620	7,6	97	..	..	..
Namibia	21,3	210	180	250	15	110	..	..	86
Nauru	..	..	..	..	..	..	..	..	..
Nepal	0,5	61	29	110	..	16	..	..	..
Neuseeland	0,1	1,4	0,5	2,8	..	<0,2	..	..	..
Nicaragua	0,2	6,4	3,1	12	..	2,1	..	..	..
Niederlande	0,2	19	9,5	31	..	3,8	..	..	..
Niger	1,2	70	36	130	5,9	36	..	..	..
Nigeria	5,4	3600	2400	5400	290	1900	2003	4,2	63
Niue (NZ)	..	..	..	..	..	..	..	..	..
Norwegen	0,1	2,1	0,7	4,0	..	<0,5	..	..	..

Aids-Prävention 1998–2004** (15–24 Jahre), Wissensstand in %							Waisen		
schützen Infizierung	gesund wirkende Person kann HIV-infiziert sein		umfassend informiert		Kondombenutzung bei letztem riskanten Geschlechtsverkehr		Anzahl der Aids-Waisen (0–17 Jahre) 2003, Schätzung, in Tsd.	Anzahl aller Waisen (0–17 Jahre) 2003, Schätzung, in Tsd.	Schulbesuchsrate in % von Nichtwaisen 1998–2004**
Frauen	Männer	Frauen	Männer	Frauen	Männer	Frauen			
..	..	..	..	..	..	..	97	260	..
..	..	..	..	..	..	..	..	710	..
..	..	..	..	..	..	..	..	630	..
..	..	..	..	..	..	..	..	..	..
89	..	91	..	52	..	..	..	130	..
..	..	..	..	..	..	..	..	..	..
..	..	..	..	..	..	..	..	290	..
58	..	46	..	18	..	..	100	180	87
..	..	..	..	..	..	..	..	..	..
..	..	..	..	..	..	..	..	..	..
..	..	..	..	..	..	..	36	230	..
..	..	..	..	..	..	..	..	..	..
..	..	..	..	..	..	..	..	..	..
..	..	..	..	..	..	..	..	..	..
..	..	..	..	..	..	..	..	..	..
49	43	46	16	19	12	5	30	1000	76
66	89	84	41	34	38	32	500	1000	93
..	..	..	..	..	..	..	..	480	..
..	..	..	..	..	..	..	..	..	..
42	59	46	15	9	30	14	75	730	72
..	..	..	..	..	..	..	..	..	..
..	..	..	..	..	..	..	..	..	..
..	..	..	..	..	..	..	..	..	..
..	39	30	..	..	..	..	2	140	..
..	..	..	..	..	..	..	..	..	..
..	..	..	..	..	..	..	..	1400	..
..	..	..	..	..	..	..	..	1900	..
..	..	..	..	..	..	..	..	..	..
56	..	79	..	19	..	..	..	..	..
..	..	..	..	..	..	..	..	..	..
77	..	57	..	32	..	..	..	78	..
56	82	65	33	20	33	29	470	1500	80
..	..	..	..	..	..	..	..	1900	..
73	87	82	41	31	69	48	57	120	92
..	..	..	..	..	..	..	..	..	..
..	..	..	..	..	..	..	..	1000	..
..	..	..	..	..	..	..	..	..	..
..	..	73	..	..	..	17	..	150	..
..	..	..	..	..	..	..	..	..	..
30	41	37	..	5m	30	7	24	680	..
43	65	52	21	18	46	24	1800	7000	64p
..	..	..	..	..	..	..	..	..	..
..	..	..	..	..	..	..	..	..	..

	Erwachsene (15–49 Jahre) Ende 2003, in %	HIV-Infizierte und Aids-Kranke, 2003 in Tsd.					HIV-Rate bei Schwangeren (15–24 Jahre) in der Hauptstadt		Kondome vor HIV-
		gesamt (0–49 Jahre)	niedrige Schätzung	hohe Schätzung	Kinder (0–14 Jahre)	Frauen (15–49 Jahre)	Jahr	Durchschnitt	Männer
Oman	0,1	1,3	0,5	3,0	..	<0,5	..	..	..
Österreich	0,3	10	5,0	16	..	2,2	..	..	..
Pakistan	0,1	74	24	150	..	8,9	..	..	..
Palästinens. Autonomiegeb.	..	..	..	..	..	..	..	..	59
Palau	..	..	..	..	..	..	..	..	..
Panama	0,9	16	7,7	26	..	6,2	..	..	..
Papua-Neuguinea	0,6	16	7,8	28	..	4,8	..	..	..
Paraguay	0,5	15	7,3	25	..	3,9	..	..	..
Peru	0,5	82	40	140	..	27	..	..	..
Philippinen	<0,1	9,0	3,0	18	..	2,0	..	..	59
Polen	0,1	14	6,9	23	..	..	..	..	..
Portugal	0,4	22	11	36	..	4,3	..	..	..
Ruanda	5,1	250	170	380	22	130	2002	11,6	76
Rumänien	<0,1	6,5	4,8	8,9	..	..	..	..	..
Russ. Föderation	1,1	860	420	1 400	..	290	..	..	..
Salomonen	..	..	..	..	..	..	..	..	..
Sambia	16,5	920	730	1 100	85	470	2002	22,1	68
Samoa	..	..	..	..	..	..	..	..	..
San Marino	..	..	..	..	..	..	..	..	..
São Tomé u. Princípe	..	..	..	..	..	..	..	..	..
Saudi-Arabien	..	..	..	..	..	..	..	..	..
Schweden	0,1	3,6	1,2	6,9	..	0,9	..	..	..
Schweiz	0,4	13	6,5	21	..	3,9	..	..	..
Senegal	0,8	44	22	89	3,1	23	2002	1,1	..
Serbien und Montenegro	0,2	10	3,4	20	..	2,0	..	..	..
Seychellen	..	..	..	..	..	..	..	..	..
Sierra Leone	..	..	..	..	..	..	..	..	..
Simbabwe	24,6	1 800	1 500	2 000	120	930	..	..	81
Singapur	0,2	4,1	1,3	8,0	..	1,0	..	..	..
Slowakei	<0,1	<0,2	..	<0,4	..	..	..	..	..
Slowenien	<0,1	<0,5	..	<1,0	..	..	..	..	..
Somalia	..	..	..	..	..	..	..	..	..
Spanien	0,7	140	67	220	..	27	..	..	..
Sri Lanka	<0,1	3,5	1,2	6,9	..	0,6	..	..	..
St. Kitts und Nevis	..	..	..	..	..	..	..	..	..
St. Lucia	..	..	..	..	..	..	..	..	..
St. Vincent u. d. Grenad.	..	..	..	..	..	..	..	..	..
Südafrika	21,5	5 300	4 500	6 200	230	2 900	2002	24,0	..
Sudan	2,3	400	120	1300	21	220	..	..	..
Suriname	1,7	5,2	1,4	18	<0,2	1,7	..	..	..
Swasiland	38,8	220	210	230	16	110	2002	39,0	..
Syrien	<0,1	<0,5	0,3	2,1	..	<0,2	..	..	..
Tadschikistan	<0,1	<0,2	..	<0,4	..	..	..	..	..

…ids-Prävention 1998–2004** (15–24 Jahre), Wissensstand in %							Waisen		
…chützen …fizierung	gesund wirkende Person kann HIV-infiziert sein		umfassend informiert		Kondombenutzung bei letztem riskanten Geschlechtsverkehr		Anzahl der Aids-Waisen (0–17 Jahre) 2003, Schätzung, in Tsd.	Anzahl aller Waisen (0–17 Jahre) 2003, Schätzung, in Tsd.	Schulbesuchsrate in % von Nichtwaisen 1998–2004**
…rauen	Männer	Frauen	Männer	Frauen	Männer	Frauen			
..	..	..	..	..	..	..	..	..	..
..	..	..	..	..	..	..	..	..	..
..	..	..	..	..	..	..	..	4 800	..
44	..	49	..	..	..	..	..	..	..
..	..	..	..	..	..	..	..	..	..
..	..	..	..	..	..	..	..	48	..
..	..	..	..	..	..	..	..	220	..
..	..	..	..	..	..	..	..	150	..
..	..	72	..	..	..	19	..	720	85p
41	..	67	..	..	..	..	..	2 100	..
..	..	..	..	..	..	..	..	..	..
..	..	..	..	..	..	..	..	..	..
63	69	64	20	23	55	23	160	810	80
..	77	70	..	..	..	..	..	..	..
..	..	..	..	..	..	..	..	..	..
..	..	..	..	..	..	..	..	..	..
67	73	74	33	31	42	33	630	1 100	92
..	..	..	..	..	..	..	..	..	..
..	..	..	..	..	..	..	..	..	..
32	..	65	..	11	..	..	..	..	..
..	..	..	..	..	..	..	..	..	..
..	..	..	..	..	..	..	..	..	..
..	..	..	..	..	..	..	..	..	..
49	..	46	..	13	..	..	17	460	74p
..	..	..	..	..	..	..	..	..	..
..	..	..	..	..	..	..	..	..	..
30	..	35	..	16	..	..	..	350	71
73	83	74	..	..	69	42	980	1 300	98
..	..	..	..	..	..	..	..	..	..
..	..	..	..	..	..	..	..	..	..
..	..	..	..	..	..	..	..	..	..
2	..	13	..	0	..	..	..	770	65
..	..	..	..	..	..	..	..	..	..
..	..	..	..	..	..	..	..	340	..
..	..	..	..	..	..	..	..	..	..
..	..	..	..	..	..	..	..	..	..
..	..	..	..	..	..	..	..	..	..
83	..	54	..	20	..	20	1 100	2 200	95
..	..	..	..	..	..	..	..	1 300	96
58	..	70	..	27	..	..	..	13	89
63	..	81	..	27	..	..	65	100	91
..	..	..	..	..	..	..	..	..	..
5	..	8	..	..	..	..	..	..	..

	Erwachsene (15–49 Jahre) Ende 2003, in %	HIV-Infizierte und Aids-Kranke, 2003 in Tsd.					HIV-Rate bei Schwangeren (15–24 Jahre) in der Hauptstadt		Kondom vor HIV
		gesamt (0–49 Jahre)	niedrige Schätzung	hohe Schätzung	Kinder (0–14 Jahre)	Frauen (15–49 Jahre)	Jahr	Durchschnitt	Männe
Tansania	8,8	1600	1200	2300	140	840	2002	7,0	72
Thailand	<0,1	<0,2	..	<0,4	..	..	..	..	..
Timor-Leste	..	..	..	..	..	..	..	..	..
Togo	4,1	110	67	170	9,3	54	2003	9,1	..
Tonga	..	..	..	..	..	..	..	..	..
Trinidad und Tobago	3,2	29	11	74	0,7	14	..	..	..
Tschad	4,8	200	130	300	18	100	2003	4,8	..
Tschechische Rep.	0,1	2,5	0,8	4,9	..	0,8	..	..	..
Tunesien	<0,1	1,0	0,4	2,4	..	<0,5	..	..	..
Türkei	..	..	..	..	..	..	..	..	..
Turkmenistan	<0,1	<0,2	..	<0,4	..	..	..	..	..
Tuvalu	..	..	..	..	..	..	..	..	..
Uganda	4,1	530	350	880	84	270	2001	10,0	81
Ukraine	1,4	360	180	590	..	120	..	..	..
Ungarn	0,1	2,8	0,9	5,5	..	..	..	..	..
Uruguay	0,3	6,0	2,8	9,7	..	1,9	..	..	..
Usbekistan	0,1	11	4,9	30	..	3,7	..	..	50
Vanuatu	..	..	..	..	..	..	..	..	..
Vatikan	..	..	..	..	..	..	..	..	..
Venezuela	0,7	110	47	170	..	32	..	..	..
Ver. Arab. Emirate	..	..	..	..	..	..	..	..	..
Ver. St. v. Amerika	0,6	950	470	1600	..	240	..	..	..
Vietnam	0,4	220	110	360	..	65	..	..	..
Weißrußland	..	..	12	42	..	..	..	..	..
Zentralafrik. Rep.	13,5	260	160	410	21	130	2002	14,0	..
Zypern	..	..	..	..	..	..	..	..	..
*Weltregionen**									
Afrika südl. d. Sahara	7,5	25000	23000	27900	1900	13100	..	..	68
Ost- und Südafrika	10,2	17100	15900	18800	1200	9100	..	..	73
West- und Zentralafrika	4,8	7800	6400	10300	650	4100	..	..	64
Naher Osten u. Nordafrika	0,3	510	230	1400	22	230	..	..	..
Südasien	0,7	5000	2400	7700	130	1500	..	..	..
Ostasien u. Pazifik	0,2	2400	1800	3200	39	640	..	..	..
Lateinamerika u. Karibik	0,7	2000	1600	2600	48	760	..	..	..
Mittel- u. Osteuropa, GUS	0,6	1300	840	1900	8,1	440	..	..	..
Industriestaaten	0,4	1600	1100	2300	17	410	..	..	..
Entwicklungsländer	1,2	34900	31600	39600	2100	16300	..	..	..
Am wenigst. entwick. Länder	3,2	12000	10800	14300	1000	6100	..	..	..
Welt	1,1	37800	34600	42300	2100	17000	..	..	..

* Zu den Ländern der einzelnen Regionen siehe Seite 256 ff.

** Werte beziehen sich auf das aktuellste Jahr innerhalb des genannten Zeitraums

Aids-Prävention 1998–2004** (15–24 Jahre), Wissensstand in %							Waisen		
schützen Infizierung	gesund wirkende Person kann HIV-infiziert sein		umfassend informiert		Kondombenutzung bei letztem riskanten Geschlechtsverkehr		Anzahl der Aids-Waisen (0–17 Jahre) 2003, Schätzung, in Tsd.	Anzahl aller Waisen (0–17 Jahre) 2003, Schätzung, in Tsd.	Schulbesuchsrate in % von Nichtwaisen 1998–2004**
Frauen	Männer	Frauen	Männer	Frauen	Männer	Frauen			
66	78	74	49	44	47	42	980	2500	82
..	..	..	..	..	..	..	..	..	..
6	..	8	..	..	..	..	..	..	..
63	73	66	..	20m	41	22	54	240	96
..	..	..	..	..	..	..	..	..	..
54	..	95	..	33	..	..	..	28	..
21	..	28	..	5	..	..	96	500	96
..	..	..	..	..	..	..	..	..	..
..	..	..	..	..	..	..	..	..	..
..	..	..	..	..	..	..	..	..	
19	..	42	..	3	..	..	..	..	..
..	..	..	..	..	..	..	..	..	..
68	83	76	40	28	62	44	940	2000	95
57	..	78	..	..	..	..	..	..	..
..	..	..	..	..	..	..	..	..	..
..	..	..	..	..	..	..	..	62	..
28	58	55	7	8	50	..	..	..	
..	..	..	..	..	..	..	..	..	..
..	..	..	..	..	..	..	..	..	..
28	..	78	..	..	..	..	..	460	..
..	..	..	..	..	..	..	..	..	..
..	..	..	..	..	..	..	..	..	..
60	..	61	..	25	..	..	..	2100	..
..	..	..	..	..	..	..	..	..	..
20	..	46	..	5	..	..	110	290	91
..	..	..	..	..	..	..	..	..	..
54	68	58	31	23	43	27	12100	42000	83
64	71	61	39	28	42	27	7900	22200	82
46	65	53	23	18	45	26	4200	19800	..
..	..	..	..	..	..	..	..	..	..
..	..	..	17	21	59	51	..	48100	..
..	..	..	..	..	..	..	..	37400	..
..	..	..	..	..	..	..	..	12400	..
..	..	..	..	..	..	..	..	..	..
..	..	..	..	..	..	..	..	..	..
..	..	..	..	..	..	..	..	..	..
..	..	..	..	..	..	..	..	..	..
..	..	..	..	..	..	..	..	143400	..

Definitionen siehe Seite 259 ff., Hauptquellen siehe Seite 264 ff.

.. keine Daten verfügbar

m Daten für die drei Wissensindikatoren stammen aus verschiedenen Quellen

p Schulbesuchsrate der Waisen (10–14 Jahre) basiert auf 25–49 Fällen

Tabelle 5: Bildung

	Alphabetisierungsrate bei Erwachsenen 2000–2004**		Anzahl pro 100 Einw. 2002–2003**		Einschulungsrate 2000–2004** Anmeldung gesamt		Einschulungsrate 2000–2004** bereinigte Werte		Besuch der Grundschule in % 1996–2004** bereinigte Werte	
	männl.	weibl.	Telefone	Internetnutzer	männl.	weibl.	männl.	weibl.	männl.	weibl.
Afghanistan	..	..	1	0	120	63	..	..	66	40
Ägypten	67	44	21	4	100	95	93	90	84	82
Albanien	99	98	44	1	105	102	96	94	..	..
Algerien	79	60	11	2	113	104	96	94	94	93
Andorra	..	..	115	12	101	101	88	90	..	..
Angola	82	54	2	0	80	69	66x	57x	57	59
Antigua und Barbuda	..	..	98	13	..	..	..	..	..	..
Äquatorialguinea	92	76	9	0	132	120	91	78	61	62
Argentinien	97	97	40	11	120	119	..	..	..	..
Armenien	100	99	18	4	100	97	95	93	97	97
Aserbaidschan	99	98	24	4	94	91	81	79	91	91
Äthiopien	49	34	1	0	79	61	55	47	33	28
Australien	..	..	126	57	104	104	96	97	..	..
Bahamas	..	..	78	26	92	93	85	88	..	..
Bahrain	92	83	91	22	97	97	89	91	86	87
Bangladesch	50	31	2	0	94	98	82	86	78	80
Barbados	100	100	102	37	109	108	100	100	..	..
Belgien	..	..	128	39	106	105	100	100	..	..
Belize	77	77	32	11	123	121	98	100	..	..
Benin	46	23	4	1	127	92	69	47	61	47
Bhutan	..	..	5	2	..	..	..	..	..	..
Bolivien	93	80	22	3	116	115	95	95	78	77
Bosnien und Herzegowina	98	91	52	3	..	..	..	..	87	85
Botsuana	76	82	37	3	103	103	79	83	83	86
Brasilien	88	89	49	8	151	143	98	91	96	96
Brunei	95	90	66x	10x	106	106	..	..	..	..
Bulgarien	99	98	85	21	101	99	91	90	..	..
Burkina Faso	19	8	2	0	53	39	42	31	35	29
Burundi	67	52	1	0	86	69	62	52	50	44
Chile	96	96	73	27	99	97	85	84	..	..
China	95	87	42	6	115	115	99	99	..	..
Cookinseln (NZ)	..	..	43	20	..	..	..	..	..	..
Costa Rica	96	96	46	29	108	107	90	91	..	..
Dänemark	..	..	155	54	104	104	100	100	..	..
Deutschland	..	..	144	47	100	99	82	84	..	..
Dominica	..	..	42	16	91	85	83	79	..	..
Dominikan. Rep.	88	87	39	10	123	125	99	94	92	93
Dschibuti	..	..	5	1	47	37	40	32	..	..
Ecuador	92	90	31	5	117	117	99	100	..	..
Elfenbeinküste	60	38	9	1	86	69	67	54	62	53

Anteil der Erstklässler, die die 5. Klasse der Grundschule erreichen, in %		Einschulungsrate bei weiterführenden Schulen 2000–2004**				Besuch weiterführender Schulen 1996–2004**		
offizielle Angaben 2000–2004**	Haushaltsbefragungen 1997–2004**	gesamt		bereinigt		bereinigt		
		männl.	weibl.	männl.	weibl.	männl.	weibl.	
..	92	24	..	..	..	18	6	Afghanistan
98	99	88	82	83	79	73	68	Ägypten
90y	..	81	81	76	78	39	39	Albanien
97	95	77	83	65	69	..	..	Algerien
..	..	80	84	69	74	..	..	Andorra
..	76	21	17	..	..	22	20	Angola
..	..	..	..	..	..	..	..	Antigua und Barbuda
33	75	38	22	33	19	19	18	Äquatorialguinea
92	78	97	103	79	84	..	..	Argentinien
96	100	86	88	82	85	66	71	Armenien
97y	99	84	81	77	75	76	75	Aserbaidschan
62	65	28	16	23	13	..	..	Äthiopien
..	..	156	152	87	89	..	..	Australien
73y	..	90	93	74	77	..	..	Bahamas
99	99	93	99	84	90	..	..	Bahrain
54	86	45	50	42	47	35	36	Bangladesch
99	..	105	107	90	90	..	..	Barbados
..	..	153	169	97	98	..	..	Belgien
81	..	76	80	67	71	..	..	Belize
68	92	38	17	27	13	19	12	Benin
91	..	..	..	..	..	..	..	Bhutan
84	50	88	85	72	71	57	56	Bolivien
..	99	..	..	..	..	79	79	Bosnien und Herzegowina
88	96	70	75	50	57	..	..	Botsuana
80y	84x	105	115	72	78	42	50	Brasilien
93	..	87	92	..	..	..	..	Brunei
94y	..	100	97	88	86	..	..	Bulgarien
78	93	14	9	11	7	12	10	Burkina Faso
68	80	13	9	10	8	6	6	Burundi
99	..	91	92	80	81	..	..	Chile
99	..	71	69	..	..	..	..	China
51x	..	..	..	..	..	..	..	Cookinseln (NZ)
92	..	64	69	50	55	..	..	Costa Rica
100	..	126	132	94	98	..	..	Dänemark
99y	..	101	99	88	88	..	..	Deutschland
84	..	108	120	86	98	..	..	Dominica
65	93	53	65	30	41	19	26	Dominikan. Rep.
88	..	29	20	25	17	..	..	Dschibuti
74	..	59	60	50	51	..	..	Ecuador
88	94	33	18	27	15	15	11	Elfenbeinküste

	Alphabetisierungsrate bei Erwachsenen 2000–2004**		Anzahl pro 100 Einw. 2002–2003**		Einschulungsrate 2000–2004**				Besuch der Grundschule in % 1996–2004** bereinigte Werte	
					Anmeldung gesamt		bereinigte Werte			
	männl.	weibl.	Telefone	Internetnutzer	männl.	weibl.	männl.	weibl.	männl.	weibl.
El Salvador	82	77	29	8	116	109	90	90	..	..
Eritrea	..	..	1	1	70	57	49	42	65	62
Estland	100	100	112	44	103	99	95	94	..	..
Fidschi	94	91	26	7	109	109	100	100	..	..
Finnland	..	..	140	53	102	102	100	100	..	..
Frankreich	..	..	126	37	105	104	99	99	..	..
Gabun	..	..	25	3	133	132	79	78	94	94
Gambia	..	..	10	2	86	84	79	78	55	50
Georgien	..	..	28	2	91	90	89	88	99y	100y
Ghana	63	46	5	1	87	79	65	53	62	60
Grenada	..	..	67	17	121	119	89	80	..	..
Griechenland	94	88	136	15	101	101	99	99	..	..
Großbritannien	..	..	143	42	100	100	100	100	..	..
Guatemala	75	63	20	3	110	102	89	86	80	76
Guinea	..	..	2	1	92	71	73	58	59	54
Guinea-Bissau	..	..	1	1	84	56	53	37	44	38
Guyana	..	..	19	14	126	123	100	98	96	97
Haiti	54	50	6	2	..	..	..	..	52	57
Honduras	80	80	10	4	105	107	87	88	..	..
Indien	73	48	7	2	111	104	90	85	80	73
Indonesien	92	83	13	4	113	111	93	92	94	95
Irak	..	..	3	0	120	100	98	83	84	72
Iran	84	70	27	7	93	90	88	85	94y	91y
Irland	..	..	137	32	106	106	95	97	..	..
Island	..	..	163	67	100	99	100	99	..	..
Israel	98	96	142	30	112	112	99	99	..	..
Italien	..	..	150	34	102	101	100	99	..	..
Jamaika	84	91	70	23	100	99	94	95	..	..
Japan	..	..	115	48	100	100	100	100	..	..
Jemen	69	29	5	1	98	68	84	59	68	41
Jordanien	95	85	36	8	99	99	91	93	99	99
Kambodscha	85	64	4	0	130	117	96	91	66	65
Kamerun	77	60	5	0	116	99	..	..	76	73
Kanada	..	..	107	48	101	102	100	100	..	..
Kap Verde	85	68	27	4	124	118	100	98	..	..
Kasachstan	100	99	19	2	102	101	92	91	98	99
Katar	..	..	79	20	107	104	95	94	..	..
Kenia	78	70	6	1	95	90	66	66	77	78
Kirgisistan	99	98	10	4	102	100	91	88	95	95
Kiribati	..	..	6	2	103	120	..	..	..	..
Kolumbien	94	95	32	5	111	110	88	87	92	93
Komoren	63	49	2	1	98	81	59	50	31	31
Kongo, Dem. Rep.	80	52	1	0	52x	47x	..	..	55	49

Anteil der Erstklässler, die die 5. Klasse der Grundschule erreichen, in %		Einschulungsrate bei weiterführenden Schulen 2000–2004**				Besuch weiterführender Schulen 1996–2004**		
offizielle Angaben 2000–2004**	Haushaltsbefragungen 1997–2004**	gesamt		bereinigt		bereinigt		
		männl.	weibl.	männl.	weibl.	männl.	weibl.	
69	..	59	59	48	49	..	..	El Salvador
86	82	34	22	25	18	38	35	Eritrea
98	..	95	98	87	90	..	..	Estland
88	..	78	83	73	79	..	..	Fidschi
100	..	122	135	94	95	..	..	Finnland
98x	..	108	109	93	95	..	..	Frankreich
69	91	49	42	..	..	34	36	Gabun
..	98	41	28	39	27	23	20	Gambia
98y	..	80	80	62	61	..	..	Georgien
63	98	47	38	39	33	34	35	Ghana
79	..	152	146	95	97	..	..	Grenada
..	..	98	97	85	87	..	..	Griechenland
..	..	159	199	94	97	..	..	Großbritannien
65	72	44	41	30	29	23	23	Guatemala
..	94	33	15	28	13	17	8	Guinea
..	85	23	13	11	6	10	7	Guinea-Bissau
77	97	93	97	75	81	70	75	Guyana
..	88	..	..	..	..	14	18	Haiti
..	..	..	..	..	..	..	..	Honduras
61	95	58	47	..	..	45	36	Indien
89	97	61	60	54	54	54	56	Indonesien
66x	88	50	35	40	26	32	22	Irak
94	..	80	75	..	..	..	..	Iran
99	..	102	112	80	87	..	..	Irland
100	..	110	119	84	88	..	..	Island
85	..	94	92	89	89	..	..	Israel
96	..	100	99	91	92	..	..	Italien
90	92	83	85	74	77	..	..	Jamaika
..	..	102	102	99	100	..	..	Japan
76	88	65	29	47	21	35	13	Jemen
97	99	85	87	79	81	..	..	Jordanien
61	93	31	20	30	19	21	13	Kambodscha
64	93	34	28	..	..	24	22	Kamerun
..	..	106	105	97	98	..	..	Kanada
88	..	67	73	55	61	..	..	Kap Verde
98y	99	92	92	87	87	73	76	Kasachstan
..	..	92	96	80	85	..	..	Katar
59	98	34	32	25	24	10	11	Kenia
93y	100	91	92	..	..	58	60	Kirgisistan
..	..	98	111	..	..	..	..	Kiribati
69	86	67	74	53	58	61	66	Kolumbien
..	24	34	28	..	..	10	11	Komoren
..	54	24	13	..	..	18	15	Kongo, Dem. Rep.

	Alphabetisierungsrate bei Erwachsenen 2000–2004**		Anzahl pro 100 Einw. 2002–2003**		Einschulungsrate 2000–2004**				Besuch der Grundschule in % 1996–2004** bereinigte Wer	
					Anmeldung gesamt		bereinigte Werte			
	männl.	weibl.	Telefone	Internetnutzer	männl.	weibl.	männl.	weibl.	männl.	weib
Kongo, Rep.	89	77	10	0	83	77	55	53	..	..
Korea, DVR (Nordk.)	..	..	4	0x	..	..	..	..	..	..
Korea, Rep. (Südk.)	..	..	124	61	106	105	100	100	..	..
Kroatien	99	97	95	23	97	96	90	89	..	..
Kuba	100	100	7	1	100	96	94	93	..	..
Kuwait	85	81	77	23	93	94	82	84	..	..
Laos	77	61	3	0	124	108	88	82	65	60
Lesotho	74	90	6	1	125	127	83	89	62	69
Lettland	100	100	81	40	95	93	86	85	..	..
Libanon	..	..	43	14	105	102	91	90	97	97
Liberia	72	39	0x	0x	122	89	79	61	59x,y	53x
Libyen	92	71	16	3	114	114	..	..	..	..
Liechtenstein	..	..	93	59	..	..	..	..	..	..
Litauen	100	100	87	20	99	98	91	91	..	..
Luxemburg	..	..	199	38	99	99	90	91	..	..
Madagaskar	76	65	2	0	122	117	78	79	74	77
Malawi	75	54	2	0	143	137	..	..	74	77
Malaysia	92	85	62	34	93	93	93	93	..	..
Malediven	96	96	25	5	119	117	92	93	..	..
Mali	27	12	1	0	66	50	50	39	45	34
Malta	86	89	125	30	105	104	96	96	..	..
Marokko	63	38	28	3	115	104	92	87	91	87
Marshallinseln	..	..	9	3	110	103	85	84	..	..
Mauretanien	60	43	14	0	89	87	68	67	46	42
Mauritius	88	81	55	12	103	104	96	98	..	..
Mazedonien	98	94	45	5	96	97	91	91	..	..
Mexiko	92	89	45	12	111	110	99	100	..	..
Mikronesien	..	..	16	9	..	..	..	..	..	..
Moldau	97	95	35	8	86	86	79	79	98	99
Monaco	..	..	149	49	..	..	..	..	..	..
Mongolei	98	98	19	6	100	102	78	80	79	80
Mosambik	62	31	2	0	114	93	58	53	63	57
Myanmar	94	86	1	0	91	92	84	85	79	80
Namibia	87	83	18	3	105	106	76	81	78	78
Nauru	..	..	29x	3x	80x	82x	80	82x	..	..
Nepal	63	35	2	0	126	112	75	66	80	67
Neuseeland	..	..	110	53	102	101	100	99	..	..
Nicaragua	77	77	12	2	109	108	86	85	77	84
Niederlande	..	..	138	52	109	107	100	99	..	..
Niger	20	9	0	0	51	36	45	31	36	25
Nigeria	74	59	3	1	132	107	74	60	66	58
Niue (NZ)	..	..	84	48	121	114	99	98	..	..
Norwegen	..	..	162	35	101	101	100	100	..	..

Anteil der Erstklässler, die die 5. Klasse der Grundschule erreichen, in %		Einschulungsrate bei weiterführenden Schulen 2000–2004**				Besuch weiterführender Schulen 1996–2004**		
offizielle Angaben 2000–2004**	Haushaltsbefragungen 1997–2004**	gesamt		bereinigt		bereinigt		
		männl.	weibl.	männl.	weibl.	männl.	weibl.	
66	..	37	27	..	..	..	..	Kongo, Rep.
..	..	..	..	..	..	..	..	Korea, DVR (Nordk.)
100	..	90	91	88	88	..	..	Korea, Rep. (Südk.)
100y	..	89	91	86	87	..	..	Kroatien
98	99	94	92	86	86	..	..	Kuba
97y	..	87	92	75	79	..	..	Kuwait
64	93	50	37	38	32	27	21	Laos
73	89	30	39	18	27	12	17	Lesotho
98y	..	95	95	88	88	..	..	Lettland
92	95	76	83	..	..	..	..	Libanon
..	..	40	28	23	13	..	..	Liberia
..	..	102	108	..	..	..	..	Libyen
..	..	..	..	..	..	..	..	Liechtenstein
98y	..	103	102	94	94	..	..	Litauen
99	..	93	99	77	83	..	..	Luxemburg
53	51	15x	14x	11x	12x	17	21	Madagaskar
44	80	37	29	32	26	7	9	Malawi
87	..	67	74	66	74	..	..	Malaysia
99y	..	62	71	48	55	..	..	Malediven
75	93	25	14	..	..	15	11	Mali
99	..	95	95	86	88	..	..	Malta
81	86	49	41	38	33	39	36	Marokko
..	..	75	76	64	66	..	..	Marshallinseln
61	83	25	20	18	14	14	9	Mauretanien
99	..	81	81	74	74	..	..	Mauritius
96y	..	86	84	82	80	..	..	Mazedonien
93	..	76	83	61	64	..	..	Mexiko
..	..	..	..	..	..	..	..	Mikronesien
91y	99	72	75	68	70	75	80	Moldau
..	..	..	..	..	..	..	..	Monaco
92y	95	78	90	72	83	58	69	Mongolei
49	55	19	13	14	10	6	4	Mosambik
65	78	40	38	36	34	36	38	Myanmar
92	95	59	66	39	50	29	40	Namibia
..	..	52x	56x	..	..	..	..	Nauru
65	92	50	39	..	..	35	27	Nepal
..	..	109	116	91	93	..	..	Neuseeland
65	63	56	66	36	42	35	47	Nicaragua
100	..	123	121	88	89	..	..	Niederlande
69	89	8	6	7	5	8	5	Niger
..	97	40	32	32	26	38	33	Nigeria
76x	..	95	93	95	93	..	..	Niue (NZ)
..	..	113	116	96	97	..	..	Norwegen

	Alphabetisierungsrate bei Erwachsenen 2000–2004**		Anzahl pro 100 Einw. 2002–2003**		Einschulungsrate 2000–2004**				Besuch der Grundschule in % 1996–2004** bereinigte Werte	
					Anmeldung gesamt		bereinigte Werte			
	männl.	weibl.	Telefone	Internetnutzer	männl.	weibl.	männl.	weibl.	männl.	weibl.
Oman	82	65	32	7	81	80	72	72	..	..
Österreich	..	..	136	46	103	103	89	91	..	..
Pakistan	62	35	4	1	80	57	68	50	62	5
Palästinens. Autonomiegeb.	96	87	22	4	99	99	91	91	91y	9
Palau	..	..	..	..	115	111	98	94	..	..
Panama	93	91	39	6	114	110	100	99	..	..
Papua-Neuguinea	63	51	1	1	79	70	79	69	..	..
Paraguay	93	90	34	2	112	108	89	89	87x,y	8
Peru	93	82	17	10	119	118	100	100	96	9
Philippinen	93	93	31	4	113	112	93	95	88	8
Polen	..	..	77	23	100	99	98	98	..	..
Portugal	..	..	131	19	118	112	100	99	..	..
Ruanda	70	59	2	0	122	122	85	88	75	7
Rumänien	98	96	52	18	100	98	89	88	..	..
Russ. Föderation	100	99	50	4	118	118	89	90	..	..
Salomonen	..	..	2	1	..	..	..	..	..	..
Sambia	76	60	3	1	85	79	69	68	68	6
Samoa	99	98	13	2	107	104	99	96	..	..
San Marino	..	..	139	54	..	..	..	..	..	..
São Tomé u. Princípe	..	..	8	10	130	122	100	94	77	7
Saudi-Arabien	87	69	48	7	68	65	55	54	..	..
Schweden	..	..	162	57	109	112	100	99	..	..
Schweiz	..	..	157	40	108	107	99	99	..	..
Senegal	51	29	8	2	83	77	61	54	52	4
Serbien und Montenegro	99	94	58	8	98	98	96	96	98y	9
Seychellen	91	92	85	14	115	114	100	99	..	..
Sierra Leone	40	21	2	0	93	65	..	..	43	3
Simbabwe	94	86	6	4	94	92	79	80	85	8
Singapur	97	89	130	51	..	..	..	..	..	..
Slowakei	100	100	92	26	101	100	85	86	..	..
Slowenien	100	100	128	40	108	107	94	93	..	..
Somalia	..	..	5	1	..	..	..	..	12	1
Spanien	..	..	135	24	109	107	100	99	..	..
Sri Lanka	92	89	12	1	111	110	..	..	..	..
St. Kitts und Nevis	..	..	61	21	109	115	90	100	..	..
St. Lucia	90	91	41	8x	112	111	99	100	..	..
St. Vincent u. d. Grenad.	..	..	80	6	109	106	90	90	..	..
Südafrika	84	81	41	7	108	104	89	89	93	9
Sudan	69	50	5	1	64	56	50	42	54	5
Suriname	92	84	47	4	127	125	96	98	88	9
Swasiland	80	78	13	3	102	94	75	75	72	7
Syrien	91	74	15	1	118	112	100	96	..	..
Tadschikistan	100	99	4	0	113	108	97	91x	80	8

Anteil der Erstklässler, die die 5. Klasse der Grundschule erreichen, in %		Einschulungsrate bei weiterführenden Schulen 2000–2004**				Besuch weiterführender Schulen 1996–2004**		
offizielle Angaben 2000–2004**	Haushaltsbefragungen 1997–2004**	gesamt		bereinigt		bereinigt		
		männl.	weibl.	männl.	weibl.	männl.	weibl.	
98	..	82	79	69	70	..	..	Oman
..	..	102	97	89	89	..	..	Österreich
..	90	26	19	..	..	..	..	Pakistan
98y	99	85	90	82	86	80	83	Palästinens. Autonomiegeb.
84x	..	89	89	..	..	..	..	Palau
90	..	68	73	60	66	..	..	Panama
69	..	28	22	27	21	..	..	Papua-Neuguinea
70	90x	64	66	50	53	..	..	Paraguay
84	97	93	86	70	68	48	48	Peru
76	93	80	88	54	65	55	70	Philippinen
99	..	107	102	90	93	..	..	Polen
..	..	108	118	81	89	..	..	Portugal
47	78	18	15	..	..	5	5	Ruanda
95y	..	84	85	79	82	..	..	Rumänien
99y	..	..	..	..	..	..	..	Russ. Föderation
..	..	..	..	..	..	..	..	Salomonen
77	88	30	25	25	21	21	23	Sambia
94	..	73	79	59	65	..	..	Samoa
..	..	..	..	..	..	..	..	San Marino
61	71	42	36	32	26	39	39	São Tomé u. Princípe
91	..	70	63	54	52	..	..	Saudi-Arabien
..	..	127	151	99	100	..	..	Schweden
..	..	101	95	89	84	..	..	Schweiz
80	93	23	16	..	..	16	10	Senegal
96y	94	88	89	..	..	..	..	Serbien und Montenegro
99	..	111	111	100	100	..	..	Seychellen
..	94	31	22	..	..	14	12	Sierra Leone
70	94	38	35	35	33	44	42	Simbabwe
..	..	..	..	..	..	..	..	Singapur
98y	..	91	92	88	88	..	..	Slowakei
99y	..	110	109	93	94	..	..	Slowenien
..	79	..	..	..	..	..	..	Somalia
..	..	114	121	94	98	..	..	Spanien
98	..	84	89	..	..	..	..	Sri Lanka
88y	..	92	121	94	100	..	..	St. Kitts und Nevis
84x	..	77	96	68	85	..	..	St. Lucia
82	..	66	73	56	61	..	..	St. Vincent u. d. Grenad.
65	99	84	91	63	68	41	48	Südafrika
84	71	38	32	..	..	11	12	Sudan
..	84	63	85	54	74	40	47	Suriname
73	94	45	46	29	36	24	32	Swasiland
91	..	50	46	44	41	..	..	Syrien
99y	94	94	78	90	76	80	73	Tadschikistan

	Alphabetisierungsrate bei Erwachsenen 2000–2004**		Anzahl pro 100 Einw. 2002–2003**		Einschulungsrate 2000–2004** Anmeldung gesamt		Einschulungsrate 2000–2004** bereinigte Werte		Besuch der Grundschule in % 1996–2004** bereinigte Werte	
	männl.	weibl.	Telefone	Internetnutzer	männl.	weibl.	männl.	weibl.	männl.	weibl.
Tansania	78	62	3	1	98	95	83	81	47	51
Thailand	95	91	50	11	99	95	87	84	..	..
Timor-Leste	..	..	..	..	..	..	..	..	76y	74y
Togo	68	38	6	4	132	110	99	83	68	59
Tonga	99	99	15	3	114	111	100	100	..	..
Trinidad und Tobago	99	98	53	11	101	99	91	90	95	96
Tschad	41	13	1	0	95	61	75	51	46	33
Tschechische Rep.	..	..	132	31	103	101	87	87	..	..
Tunesien	83	65	31	6	113	109	97	97	95y	93y
Türkei	96	81	66	8	95	88	89	84	89	88
Turkmenistan	99	98	8	0x	..	..	..	..	86	84
Tuvalu	..	..	7	19	96	109	..	..	..	..
Uganda	79	59	3	0	142	139	..	..	78	79
Ukraine	100	99	37	2	93	93	84	84	..	..
Ungarn	99	99	112	23	101	100	91	90	..	..
Uruguay	97	98	47	12x	110	108	90	91	..	..
Usbekistan	100	99	8	2	103	102	..	..	81	80
Vanuatu	..	..	7	4	113	113	93	95	..	..
Vatikan	..	..	..	..	..	..	..	..	..	..
Venezuela	93	93	38	6	105	103	90	91	93	95
Ver. Arab. Emirate	76	81	102	27	98	95	84	82	..	..
Ver. Staaten v. Amerika	..	..	117	56	98	98	92	93	..	..
Vietnam	94	87	9	4	105	97	98	92	97	96
Weißrußland	100	99	42	14	103	101	95	94	..	..
Zentralafrik. Rep.	65	33	1	0	78	53	..	..	47	39
Zypern	99	95	132	34	97	98	96	96	..	..
*Weltregionen**										
Afrika südl. d. Sahara	68	52	6	1	104	90	70	62	60	57
Ost- und Südafrika	70	56	8	2	101	92	71	68	62	62
West- und Zentralafrika	69	48	4	1	105	85	68	55	59	51
Naher Osten u. Nordafrika	77	57	22	4	98	89	84	78	82	77
Südasien	70	45	6	1	106	97	86	80	77	70
Ostasien u. Pazifik	94	86	38	8	112	111	96	96	..	..
Lateinamerika u. Karibik	91	89	40	9	121	118	95	94	91	91
Mittel- und Osteuropa, GUS	99	96	46	6	101	98	89	87	89	88
Industriestaaten	..	..	125	45	101	101	95	96	..	..
Entwicklungsländer	83	70	24	5	108	101	88	83	76	72
Am wenigst. entwick. Länder	63	45	2	0	97	85	71	65	60	55
Welt	84	72	40	11	108	101	88	85	76	72

* Zu den Ländern der einzelnen Regionen siehe Seite 256ff.

** Werte beziehen sich auf das aktuellste Jahr innerhalb des genannten Zeitraums

Anteil der Erstklässler, die die 5. Klasse der Grundschule erreichen, in %		Einschulungsrate bei weiterführenden Schulen 2000–2004**				Besuch weiterführender Schulen 1996–2004**		
offizielle Angaben 2000–2004**	Haushaltsbefragungen 1997–2004**	gesamt		bereinigt		bereinigt		
		männl.	weibl.	männl.	weibl.	männl.	weibl.	
88	97	6	5	5x	4x	2	3	Tansania
..	..	77	77	..	..	..	..	Thailand
..	..	..	..	..	..	..	..	Timor-Leste
69	88	51	22	36	17	21	11	Togo
84x,y	..	96	111	67	77	..	..	Tonga
71	100	79	86	69	75	69	75	Trinidad und Tobago
44	96	22	7	12	4	9	5	Tschad
98	..	96	98	89	92	..	..	Tschechische Rep.
96	92	75	81	61	68	..	..	Tunesien
..	97	90	67	..	..	49	36	Türkei
..	100	..	..	..	..	50	61	Turkmenistan
..	..	87	81	..	..	..	..	Tuvalu
64	89	22	18	17	16	14	15	Uganda
99y	..	97	96	84	85	..	..	Ukraine
98y	..	106	106	94	94	..	..	Ungarn
93	..	99	112	70	77	..	..	Uruguay
96y	89	97	94	..	..	70	73	Usbekistan
72	..	27	29	27	28	..	..	Vanuatu
..	..	..	..	..	..	..	..	Vatikan
84	96	65	75	55	64	8	10	Venezuela
93	..	77	80	70	72	..	..	Ver. Arab. Emirate
..	..	94	94	88	89	..	..	Ver. St. v. Amerika
87	96	75	70	..	..	59	57	Vietnam
99y	..	90	92	83	86	..	..	Weißrussland
..	70	..	..	..	..	10	7	Zentralafrik. Rep.
99	..	98	99	91	94	..	..	Zypern
								*Weltregionen**
66	84	33	26	29	24	22	20	Afrika südl. d. Sahara
65	81	32	28	29	25	17	19	Ost- und Südafrika
..	87	39	29	35	28	25	21	West- und Zentralafrika
91	90	70	63	60	55	46	39	Naher Osten u. Nordafrika
61	93	52	44	..	..	43	35	Südasien
93	..	69	68	54w	55w	52w	55w	Ostasien u. Pazifik
83	..	85	91	64	68	40	46	Lateinamerika u. Karibik
98	96	91	83	..	..	..	..	Mittel- und Osteuropa, GUS
..	..	106	109	91	92	..	..	Industriestaaten
78	90	61	57	50w	49w	40w	37w	Entwicklungsländer
65	80	32	26	30	26	21	19	Am wenigst. entwick. Länder
79	90	66	63	60w	60w	40w	37w	Welt

Definitionen siehe Seite 259 ff., Hauptquellen siehe Seite 264 ff.

.. keine Daten verfügbar

w ohne China

x Daten beziehen sich auf andere Jahre oder Zeiträume, weichen von der Standarddefinition ab oder beziehen sich nur auf einen Teil des Landes

y Daten weichen von der Standarddefinition ab oder beziehen sich nur auf einen Teil des Landes, sind aber bei der Berechnung der regionalen und globalen Werte berücksichtigt

Tabelle 6: Demographische Indikatoren

	Bevölkerungsanteil in Tsd.		Durchschnittliche jährliche Wachstumsrate der Bevölkerung in %		Sterblichkeitsrate (Rohwerte)			Geburten (Roh	
	unter 18	unter 5							
	2004		1970–1990	1990–2004	1970	1990	2004	1970	1990
Afghanistan	15183	5329	0,7	4,8	26	21	19	51	51
Ägypten	29491	8795	2,3	1,9	17	9	6	40	32
Albanien	1048	256	2,2	–0,4	8	6	7	33	24
Algerien	12103	3099	3,0	1,8	16	7	5	49	32
Andorra	12	3	3,8	1,8	–	–	–	–	–
Angola	8277	2887	2,7	2,8	28	25	22	52	53
Antigua und Barbuda	27	8	–0,2	1,7	–	–	–	–	–
Äquatorialguinea	250	86	0,9	2,4	25	20	20	42	44
Argentinien	12277	3350	1,5	1,2	9	8	8	23	22
Armenien	852	164	1,7	–1,1	5	8	9	23	21
Aserbaidschan	2802	607	1,7	1,1	7	7	7	29	27
Äthiopien	39005	12861	2,7	2,8	21	18	16	49	47
Australien	4816	1257	1,4	1,2	9	7	7	20	15
Bahamas	108	30	2,0	1,6	7	7	7	31	24
Bahrain	231	65	4,0	2,7	9	4	3	40	29
Bangladesch	58970	17284	2,4	2,1	21	12	8	45	35
Barbados	64	16	0,4	0,3	9	9	9	22	15
Belgien	2131	565	0,2	0,3	12	11	10	14	12
Belize	116	34	2,1	2,5	8	5	5	40	35
Benin	4192	1406	3,0	3,3	22	15	13	47	47
Bhutan	973	289	2,2	1,8	23	14	8	43	39
Bolivien	4043	1231	2,3	2,1	20	11	8	46	36
Bosnien und Herzegowina	827	194	0,9	–0,7	7	7	9	23	15
Botsuana	806	221	3,2	1,5	13	6	27	48	34
Brasilien	62194	17946	2,2	1,5	11	7	7	35	24
Brunei	128	40	3,4	2,5	7	3	3	36	28
Bulgarien	1406	332	0,1	–0,8	9	12	14	16	12
Burkina Faso	6982	2393	2,4	2,9	23	18	17	50	50
Burundi	3875	1270	2,4	1,8	20	20	19	44	47
Chile	4989	1246	1,6	1,4	10	6	5	29	23
China	358887	86055	1,6	0,9	8	7	7	33	21
Cookinseln (NZ)	7	2	–0,8	–0,1	..	..	..	..	..
Costa Rica	1500	393	2,6	2,3	7	4	4	33	27
Dänemark	1203	329	0,2	0,4	10	12	11	16	12
Deutschland	14933	3615	0,1	0,3	12	11	10	14	11
Dominica	27	7	0,1	0,6	..	..	..	..	..
Dominikan. Rep.	3476	997	2,4	1,5	11	7	7	42	30
Dschibuti	378	120	6,2	2,4	21	15	13	49	43
Ecuador	2727	804	2,7	1,7	12	6	5	42	29
Elfenbeinküste	5090	1449	4,3	2,5	18	14	17	51	45

rate werte)	Lebens- erwartung			Fruchtbar- keitsrate gesamt	Städtische Bevölkerung in %	Durchschnittliche jährliche Wachstumsrate der städtischen Bevölkerung in %		
2004	1970	1990	2004	2004	2004	1970–1990	1990–2004	
49	39	45	46	7,4	24	3,3	6,7	Afghanistan
26	51	63	70	3,2	42	2,4	1,7	Ägypten
17	67	72	74	2,2	44	2,8	1,1	Albanien
21	53	67	71	2,5	59	4,4	2,8	Algerien
–	–	–	–	–	91	3,8	1,5	Andorra
48	37	40	41	6,7	36	5,5	5,1	Angola
–	–	–	–	–	38	0,0	2,2	Antigua und Barbuda
43	40	46	43	5,9	49	2,2	4,9	Äquatorialguinea
18	66	71	75	2,3	90	2,0	1,4	Argentinien
11	70	68	72	1,3	64	2,3	–1,4	Armenien
16	65	66	67	1,8	50	2,0	0,5	Aserbaidschan
41	43	47	48	5,7	16	4,6	4,4	Äthiopien
13	71	77	81	1,7	92	1,4	1,8	Australien
19	66	68	70	2,3	90	2,8	2,1	Bahamas
18	62	71	75	2,4	90	4,2	2,8	Bahrain
27	44	55	63	3,2	25	7,1	3,6	Bangladesch
12	69	75	75	1,5	52	0,8	1,4	Barbados
11	71	76	79	1,7	97	0,3	0,4	Belgien
27	66	72	72	3,1	48	1,8	2,6	Belize
42	46	53	54	5,7	45	6,7	5,2	Benin
30	41	54	63	4,2	9	5,1	5,2	Bhutan
29	46	59	64	3,8	64	4,0	3,1	Bolivien
9	66	72	74	1,3	45	2,8	0,3	Bosnien und Herzegowina
26	55	66	35	3,1	52	11,5	3,0	Botsuana
20	59	66	71	2,3	84	3,7	2,3	Brasilien
23	67	74	77	2,4	77	3,7	3,6	Brunei
9	71	71	72	1,2	70	1,4	–0,4	Bulgarien
47	43	48	48	6,6	18	6,6	5,0	Burkina Faso
45	44	45	44	6,8	10	7,2	5,3	Burundi
15	62	73	78	2,0	87	2,1	1,8	Chile
13	62	68	72	1,7	40	3,9	3,5	China
..	..	..	..	..	72	–0,4	1,4	Cookinseln (NZ)
19	67	75	78	2,2	61	4,2	3,3	Costa Rica
12	73	75	77	1,8	85	0,5	0,4	Dänemark
8	71	76	79	1,3	88	0,4	0,5	Deutschland
..	..	..	..	..	72	1,9	1,1	Dominica
24	58	65	68	2,7	60	3,9	2,1	Dominikan. Rep.
35	43	51	53	4,9	84	7,6	3,2	Dschibuti
23	58	68	75	2,7	62	4,4	2,6	Ecuador
37	49	52	46	4,9	45	6,2	3,4	Elfenbeinküste

	Bevölkerungsanteil in Tsd.		Durchschnittliche jährliche Wachstumsrate der Bevölkerung in %		Sterblichkeitsrate (Rohwerte)			Geburten (Roh	
	unter 18	unter 5							
	2004		1970–1990	1990–2004	1970	1990	2004	1970	1990
El Salvador	8829	2751	1,8	2,0	12	7	6	44	30
Eritrea	2183	733	2,5	2,4	21	16	11	47	42
Estland	273	63	0,7	–1,2	11	13	14	15	14
Fidschi	318	93	1,6	1,1	8	6	6	34	29
Finnland	1108	281	0,4	0,3	10	10	10	14	13
Frankreich	13290	3722	0,6	0,4	11	9	9	17	13
Gabun	646	193	3,0	2,5	21	11	13	35	39
Gambia	689	228	3,5	3,3	28	16	12	50	43
Georgien	1115	245	0,7	–1,4	9	9	11	19	16
Ghana	10057	3069	2,7	2,4	17	12	11	46	40
Grenada	35	10	0,1	0,4	..	..	..	..	..
Griechenland	1968	517	0,7	0,6	8	9	10	17	10
Großbritannien	13208	3398	0,2	0,3	12	11	10	16	14
Guatemala	6175	1988	2,5	2,3	15	9	7	44	39
Guinea	4625	1562	2,2	2,8	27	18	14	50	45
Guinea-Bissau	828	300	2,8	3,0	29	23	20	49	50
Guyana	264	76	0,1	0,2	11	10	9	38	25
Haiti	3842	1137	2,1	1,4	19	16	13	39	38
Honduras	3284	975	3,2	2,6	15	7	6	48	38
Indien	419442	120155	2,1	1,8	17	11	9	40	31
Indonesien	75682	21477	2,1	1,4	17	9	7	41	26
Irak	13499	4274	3,0	3,0	12	8	10	46	39
Iran	25915	5890	3,4	1,4	14	7	5	43	35
Irland	1004	296	0,9	1,1	11	9	8	22	15
Island	78	21	1,1	1,0	7	7	6	21	18
Israel	2169	660	2,2	2,7	7	6	6	27	22
Italien	9861	2661	0,3	0,2	10	10	10	17	10
Jamaika	998	262	1,2	0,8	8	7	8	35	25
Japan	21949	5912	0,8	0,2	7	7	8	19	10
Jemen	10986	3581	3,2	3,7	26	13	8	54	51
Jordanien	2442	734	3,5	3,8	16	6	4	52	37
Kambodscha	6250	1801	1,7	2,5	20	13	11	42	44
Kamerun	7801	2434	2,8	2,3	21	14	17	45	42
Kanada	7007	1705	1,2	1,0	7	7	7	17	14
Kap Verde	236	70	1,4	2,4	12	8	5	40	39
Kasachstan	4515	1079	1,1	–0,8	9	8	11	26	22
Katar	199	65	7,2	3,6	13	3	3	34	23
Kenia	16898	5557	3,7	2,5	15	10	15	51	42
Kirgisistan	2027	539	2,0	1,2	11	8	7	31	31
Kiribati	38	12	2,5	2,2	..	..	..	..	..
Kolumbien	16685	4734	2,2	1,8	9	7	5	38	27
Komoren	380	125	3,3	2,8	18	11	7	50	41
Kongo, Dem. Rep.	30127	10829	3,0	2,8	20	19	20	48	49

rate werte)	Lebens-erwartung			Fruchtbar-keitsrate gesamt	Städtische Bevölkerung in %	Durchschnittliche jährliche Wachstumsrate der städtischen Bevölkerung in %		
2004	1970	1990	2004	2004	2004	1970–1990	1990–2004	
25	57	65	71	2,8	60	2,9	3,4	El Salvador
39	43	48	54	5,4	20	4,0	4,2	Eritrea
10	71	70	72	1,4	70	1,2	–1,4	Estland
23	60	67	68	2,9	52	2,5	2,7	Fidschi
11	70	75	79	1,7	61	1,4	0,3	Finnland
12	72	77	80	1,9	76	0,8	0,7	Frankreich
31	47	60	54	3,9	85	6,9	4,1	Gabun
35	36	50	56	4,6	26	6,0	3,6	Gambia
11	68	71	71	1,4	52	1,5	–1,8	Georgien
31	49	56	57	4,2	46	3,9	4,0	Ghana
..	..	..	..	..	41	0,1	2,2	Grenada
9	72	77	78	1,2	61	1,3	0,9	Griechenland
11	72	76	79	1,7	89	0,9	0,4	Großbritannien
35	52	61	68	4,5	47	3,2	3,2	Guatemala
42	38	47	54	5,8	36	5,2	5,2	Guinea
50	36	42	45	7,1	35	5,0	5,7	Guinea-Bissau
21	60	60	64	2,2	38	0,7	1,2	Guyana
30	47	49	52	3,9	38	4,1	3,3	Haiti
29	52	65	68	3,6	46	4,8	3,6	Honduras
24	49	58	64	3,0	28	3,4	2,5	Indien
21	48	62	67	2,3	47	5,0	4,4	Indonesien
35	56	63	59	4,7	67	4,1	2,7	Irak
19	54	65	71	2,1	67	4,9	2,7	Iran
16	71	75	78	1,9	60	1,3	1,5	Irland
14	74	78	81	2,0	93	1,4	1,2	Island
20	71	76	80	2,8	92	2,6	2,8	Israel
9	72	77	80	1,3	67	0,4	0,2	Italien
20	68	72	71	2,4	52	2,3	0,9	Jamaika
9	72	79	82	1,3	66	1,7	0,5	Japan
40	38	54	61	6,0	26	5,6	5,1	Jemen
27	54	67	72	3,4	79	4,7	4,5	Jordanien
31	44	55	57	4,0	19	2,1	5,5	Kambodscha
35	44	53	46	4,5	52	6,2	4,1	Kamerun
10	73	78	80	1,5	81	1,3	1,4	Kanada
30	57	65	71	3,6	57	5,5	4,2	Kap Verde
16	62	67	63	1,9	56	1,8	–0,9	Kasachstan
19	61	69	73	2,9	92	7,5	3,9	Katar
39	52	59	48	5,0	41	8,0	6,1	Kenia
22	60	66	67	2,6	34	2,0	0,4	Kirgisistan
..	..	..	..	..	49	4,0	4,6	Kiribati
22	61	68	73	2,6	77	3,2	2,6	Kolumbien
36	48	56	64	4,7	36	5,1	4,5	Komoren
50	45	46	44	6,7	32	2,6	3,8	Kongo, Dem. Rep.

	Bevölkerungsanteil in Tsd.		Durchschnittliche jährliche Wachstumsrate der Bevölkerung in %		Sterblichkeitsrate (Rohwerte)			Geburten (Roh	
	unter 18	unter 5							
	2004		1970–1990	1990–2004	1970	1990	2004	1970	1990
Kongo, Rep.	2085	727	3,2	3,2	14	12	13	44	44
Korea, DVR (Nordk.)	6810	1763	1,6	0,9	9	8	11	33	21
Korea, Rep. (Südk.)	11031	2521	1,5	0,8	9	6	6	31	16
Kroatien	886	210	0,4	0,0	10	11	12	15	12
Kuba	2706	689	1,1	0,5	7	7	7	30	17
Kuwait	748	235	5,3	1,4	6	2	2	48	24
Laos	2788	884	2,1	2,4	23	17	12	44	43
Lesotho	848	232	2,2	0,9	17	11	25	42	36
Lettland	465	99	0,7	–1,1	11	14	13	14	14
Libanon	1230	327	0,7	1,8	8	8	7	33	26
Liberia	1744	621	2,2	3,0	22	21	21	50	50
Libyen	2119	623	3,9	2,0	16	5	4	49	28
Liechtenstein	7	2	1,5	1,2	..	..	..	..	..
Litauen	769	154	0,8	–0,5	9	11	12	17	15
Luxemburg	103	29	0,5	1,4	12	10	8	13	13
Madagaskar	9193	3064	2,8	2,9	21	15	12	47	44
Malawi	6775	2319	3,7	2,1	24	19	21	56	51
Malaysia	9529	2738	2,5	2,4	10	5	5	37	31
Malediven	156	46	2,9	2,8	17	10	6	40	41
Mali	7231	2540	2,5	2,8	28	20	17	55	50
Malta	89	20	0,9	0,7	9	8	8	17	15
Marokko	11734	3343	2,4	1,6	17	8	6	47	29
Marshallinseln	24	7	4,2	1,7	..	..	..	..	..
Mauretanien	1471	513	2,4	2,7	21	17	14	46	43
Mauritius	364	98	1,2	1,1	7	6	7	28	20
Mazedonien	504	119	1,0	0,4	8	8	9	24	17
Mexiko	39787	10962	2,6	1,6	10	5	4	45	29
Mikronesien	51	16	2,2	0,9	9	7	6	41	34
Moldau	1052	211	1,0	–0,2	10	10	11	18	19
Monaco	7	2	1,2	1,0	..	..	..	..	..
Mongolei	1009	268	2,8	1,2	14	9	7	42	32
Mosambik	9869	3254	1,8	2,6	24	21	20	48	44
Myanmar	18111	4716	2,1	1,5	18	12	10	41	31
Namibia	990	273	3,0	2,6	15	9	15	43	42
Nauru	5	2	1,9	2,5	..	..	..	..	..
Nepal	12260	3638	2,3	2,4	21	13	8	42	39
Neuseeland	1050	276	1,0	1,1	9	8	7	22	17
Nicaragua	2512	730	2,9	2,2	14	7	5	48	38
Niederlande	3556	979	0,7	0,6	8	9	9	17	13
Niger	7511	2775	3,1	3,3	28	26	21	58	57
Nigeria	66211	21943	2,8	2,5	22	18	19	47	47
Niue (NZ)	1	0	..	..	..	..	..	..	..
Norwegen	1082	286	0,4	0,6	10	11	10	17	14

rate werte)	Lebens- erwartung			Fruchtbar- keitsrate gesamt	Städtische Bevölkerung in %	Durchschnittliche jährliche Wachstumsrate der städtischen Bevölkerung in %		
2004	1970	1990	2004	2004	2004	1970–1990	1990–2004	
44	54	55	52	6,3	54	5,1	4,0	Kongo, Rep.
16	61	65	63	2,0	61	1,9	1,3	Korea, DVR (Nordk.)
10	60	71	77	1,2	81	4,5	1,4	Korea, Rep. (Südk.)
9	69	72	75	1,3	59	1,9	0,7	Kroatien
12	70	74	78	1,6	76	2,1	0,7	Kuba
19	66	75	77	2,3	96	6,3	1,5	Kuwait
35	40	50	55	4,7	21	4,5	4,7	Laos
28	49	58	35	3,5	18	5,6	1,2	Lesotho
9	70	69	72	1,3	66	1,3	–1,6	Lettland
19	65	69	72	2,3	88	2,4	2,2	Libanon
50	42	43	42	6,8	47	4,6	3,8	Liberia
23	51	68	74	2,9	87	6,7	2,6	Libyen
..	..	..	..	..	22	1,6	1,5	Liechtenstein
9	71	71	73	1,3	67	2,4	–0,6	Litauen
13	70	75	79	1,7	92	1,7	1,9	Luxemburg
39	44	51	56	5,3	27	5,3	3,8	Madagaskar
44	41	46	40	6,0	17	7,0	4,6	Malawi
22	61	70	73	2,8	64	4,5	4,2	Malaysia
31	50	60	67	4,1	29	6,1	3,7	Malediven
49	37	46	48	6,8	33	5,0	5,1	Mali
10	70	76	79	1,5	92	1,5	1,1	Malta
23	52	64	70	2,7	58	4,1	2,9	Marokko
..	..	..	..	..	67	4,3	1,9	Marshallinseln
41	42	49	53	5,7	63	8,2	5,3	Mauretanien
16	62	69	72	2,0	44	1,0	1,6	Mauritius
12	66	71	74	1,5	60	2,0	0,7	Mazedonien
21	61	71	75	2,3	76	3,6	1,9	Mexiko
31	62	66	68	4,3	30	2,7	1,8	Mikronesien
10	65	68	68	1,2	46	2,9	–0,4	Moldau
..	..	..	..	..	100	1,2	1,0	Monaco
22	53	61	65	2,4	57	4,0	1,2	Mongolei
40	40	43	42	5,4	37	8,3	6,6	Mosambik
20	48	56	61	2,3	30	2,5	2,8	Myanmar
28	53	62	47	3,8	33	4,8	4,1	Namibia
..	..	..	..	..	100	1,9	2,5	Nauru
30	43	54	62	3,6	15	6,4	6,3	Nepal
14	71	75	79	2,0	86	1,2	1,2	Neuseeland
28	54	64	70	3,2	58	3,5	2,8	Nicaragua
12	74	77	79	1,7	66	1,0	1,3	Niederlande
54	38	40	45	7,8	23	6,3	5,8	Niger
41	42	47	43	5,7	48	5,5	4,7	Nigeria
..	..	..	..	..	36	..	..	Niue (NZ)
12	74	77	80	1,8	80	0,9	1,3	Norwegen

	Bevölkerungsanteil in Tsd.		Durchschnittliche jährliche Wachstumsrate der Bevölkerung in %		Sterblichkeitsrate (Rohwerte)			Geburten (Roh	
	unter 18	unter 5							
	2004		1970–1990	1990–2004	1970	1990	2004	1970	1990
Oman	1050	302	4,5	2,3	17	4	3	50	38
Österreich	1571	387	0,2	0,4	13	11	10	15	12
Pakistan	71297	20922	3,1	2,3	16	11	8	43	41
Palästinens. Autonomiegeb.	1885	637	3,4	3,6	19	7	4	50	46
Palau	8	2	1,5	1,9	..	..	..	..	..
Panama	1153	341	2,4	2,0	8	5	5	38	26
Papua-Neuguinea	2717	820	2,4	2,4	19	13	10	42	38
Paraguay	2688	814	2,9	2,5	9	6	5	37	35
Peru	10701	3007	2,5	1,7	14	7	6	42	30
Philippinen	34448	9873	2,6	2,1	11	7	5	40	33
Polen	8243	1830	0,8	0,1	8	10	10	17	15
Portugal	2010	562	0,7	0,3	11	10	11	21	12
Ruanda	4640	1477	3,2	1,6	21	33	18	53	48
Rumänien	4490	1063	0,7	–0,4	9	11	12	21	14
Russ. Föderation	29809	7052	0,6	–0,2	9	12	16	15	13
Salomonen	223	71	3,4	2,8	10	9	7	46	38
Sambia	6127	1987	3,3	2,3	17	17	23	51	46
Samoa	87	26	0,6	0,9	10	7	6	39	34
San Marino	5	1	1,2	1,0	..	..	..	..	..
São Tomé u. Princípe	72	23	2,3	1,9	13	10	9	47	37
Saudi-Arabien	10517	3178	5,2	2,7	18	5	4	48	36
Schweden	1949	479	0,3	0,4	10	11	10	14	14
Schweiz	1473	361	0,5	0,4	9	9	9	16	12
Senegal	5718	1820	2,8	2,5	25	14	11	49	44
Serbien und Montenegro	2416	611	0,8	0,2	9	10	11	19	15
Seychellen	41	14	1,4	0,7	..	..	..	..	..
Sierra Leone	2627	925	2,1	1,9	29	26	23	48	48
Simbabwe	6289	1756	3,5	1,4	13	9	23	49	38
Singapur	1033	226	1,9	2,5	5	5	5	23	18
Slowakei	1174	259	0,7	0,2	10	10	10	19	15
Slowenien	352	87	0,7	0,1	10	10	10	17	11
Somalia	4016	1446	3,1	1,3	25	22	18	51	46
Spanien	7407	2160	0,8	0,6	9	9	9	20	10
Sri Lanka	6108	1631	1,7	1,0	9	6	6	31	21
St. Kitts und Nevis	14	4	–0,5	0,3	..	..	..	..	..
St. Lucia	57	14	1,4	1,0	8	7	7	41	26
St. Vincent u. d. Grenad.	43	12	0,9	0,6	11	7	7	40	25
Südafrika	18417	5248	2,4	1,8	14	8	18	38	29
Sudan	16328	5180	2,9	2,2	21	14	11	47	39
Suriname	163	46	0,4	0,8	8	7	7	37	24
Swasiland	519	138	3,2	1,3	18	10	29	50	41
Syrien	8309	2488	3,5	2,6	13	5	4	47	36
Tadschikistan	3062	839	2,9	1,4	10	8	8	40	39

rate werte) 2004	Lebens-erwartung 1970	1990	2004	Fruchtbar-keitsrate gesamt 2004	Städtische Bevölkerung in % 2004	Durchschnittliche jährliche Wachstumsrate der städtischen Bevölkerung in % 1970–1990	1990–2004	
25	50	70	74	3,6	78	13,0	3,9	Oman
9	70	76	79	1,4	66	0,2	0,4	Österreich
31	51	60	63	4,1	34	4,2	3,2	Pakistan
38	54	69	73	5,4	72	4,4	4,2	Palästinens. Autonomiegeb.
..	..	..	..	..	68	2,4	1,8	Palau
22	65	72	75	2,7	57	3,0	2,4	Panama
30	44	52	56	3,9	13	3,9	2,4	Papua-Neuguinea
29	65	68	71	3,8	58	4,3	3,8	Paraguay
23	53	65	70	2,8	74	3,4	2,2	Peru
25	57	65	71	3,1	62	4,5	3,8	Philippinen
10	70	71	75	1,2	62	1,5	0,2	Polen
11	67	74	78	1,5	55	3,6	1,5	Portugal
41	44	32	44	5,6	20	5,7	11,0	Ruanda
10	68	69	72	1,3	55	2,1	–0,3	Rumänien
11	70	69	65	1,3	73	1,5	–0,2	Russ. Föderation
33	54	61	63	4,2	17	5,5	4,2	Salomonen
41	49	47	38	5,5	36	4,7	1,6	Sambia
28	55	65	71	4,3	22	0,9	1,2	Samoa
..	..	..	..	..	89	3,1	0,9	San Marino
34	56	62	63	3,9	38	4,4	2,2	São Tomé u. Princípe
28	52	68	72	3,9	88	7,6	3,6	Saudi-Arabien
11	74	78	80	1,7	83	0,4	0,4	Schweden
9	73	78	81	1,4	68	1,6	0,3	Schweiz
37	39	53	56	4,9	50	3,7	4,2	Senegal
12	68	72	74	1,6	52	2,1	0,4	Serbien und Montenegro
..	..	..	..	..	50	4,6	0,8	Seychellen
47	35	39	41	6,5	40	4,8	3,9	Sierra Leone
30	55	60	37	3,4	35	6,1	2,9	Simbabwe
9	69	75	79	1,3	100	1,9	2,5	Singapur
9	70	72	74	1,2	58	2,3	0,3	Slowakei
9	69	73	77	1,2	51	2,3	0,2	Slowenien
45	40	42	47	6,3	35	4,4	2,6	Somalia
11	72	77	80	1,3	77	1,4	0,7	Spanien
16	62	71	74	1,9	21	1,5	0,9	Sri Lanka
..	..	..	..	..	32	–0,4	–0,3	St. Kitts und Nevis
19	64	71	73	2,2	31	2,2	2,1	St. Lucia
20	61	69	71	2,2	59	3,0	3,3	St. Vincent u. d. Grenad.
23	53	62	47	2,8	57	2,5	2,9	Südafrika
33	44	53	57	4,3	40	5,3	5,1	Sudan
21	63	68	69	2,6	77	2,1	1,9	Suriname
29	48	58	31	3,8	24	7,5	1,5	Swasiland
28	55	68	74	3,3	50	4,1	2,8	Syrien
29	60	63	64	3,7	24	2,2	–0,5	Tadschikistan

	Bevölkerungsanteil in Tsd.		Durchschnittliche jährliche Wachstumsrate der Bevölkerung in %		Sterblichkeitsrate (Rohwerte)			Geburten (Roh	
	unter 18	unter 5							
	2004		1970–1990	1990–2004	1970	1990	2004	1970	1990
Tansania	18833	5998	3,3	2,6	17	13	17	48	44
Thailand	18617	5020	2,1	1,1	9	6	7	37	21
Timor-Leste	442	160	1,0	1,3	22	18	12	46	40
Togo	3030	996	3,1	3,0	18	12	12	48	44
Tonga	44	12	–0,2	0,6	6	6	6	37	30
Trinidad und Tobago	365	89	1,1	0,5	7	7	8	27	20
Tschad	5087	1804	2,4	3,2	25	19	20	48	48
Tschechische Rep.	1917	449	0,2	–0,1	13	12	11	16	12
Tunesien	3312	806	2,4	1,4	14	6	5	39	27
Türkei	25283	7236	2,3	1,7	12	8	7	39	25
Turkmenistan	1896	484	2,6	1,9	11	8	8	37	35
Tuvalu	4	1	1,3	0,7	..	..	..	..	..
Uganda	15964	5744	3,2	3,2	16	18	15	50	50
Ukraine	9467	1930	0,5	–0,7	9	13	17	15	13
Ungarn	1993	481	0,0	–0,2	11	14	13	15	12
Uruguay	997	283	0,5	0,7	10	10	9	21	18
Usbekistan	10797	2815	2,7	1,7	10	7	7	37	35
Vanuatu	98	30	2,8	2,3	14	7	6	43	37
Vatikan	..	..	..	..	..	..	..	..	..
Venezuela	9947	2842	3,1	2,0	7	5	5	37	29
Ver. Arab. Emirate	1150	325	10,6	5,9	11	3	1	36	27
Ver. Staaten v. Amerika	74694	20243	1,0	1,0	9	9	8	17	16
Vietnam	30741	7900	2,2	1,6	18	8	6	41	31
Weißrußland	2048	444	0,6	–0,3	7	11	15	16	14
Zentralafrik. Rep.	1997	636	2,4	2,0	22	17	22	43	42
Zypern	207	49	0,5	1,4	10	8	7	19	19
*Weltregionen**									
Afrika südl. d. Sahara	354355	117346	2,9	2,5	20	16	18	48	45
Ost- und Südafrika	174309	56702	2,9	2,4	19	15	17	47	43
West- und Zentralafrika	180046	60644	2,8	2,6	22	18	18	48	47
Naher Osten u. Nordafrika	153626	44067	3,0	2,1	16	8	6	45	35
Südasien	584389	169294	2,2	1,9	17	11	9	40	33
Ostasien u. Pazifik	579131	146536	1,8	1,1	10	7	7	35	22
Lateinamerika u. Karibik	199054	56526	2,2	1,6	11	7	6	37	27
Mittel- u. Osteuropa, GUS	106302	26430	1,0	0,2	9	11	12	21	18
Industriestaaten	205133	54200	0,7	0,6	10	9	9	17	13
Entwicklungsländer	1925281	548486	2,1	1,6	13	9	9	38	29
Am wenigst. entwick. Länder	361520	117229	2,5	2,5	21	16	14	47	43
Welt	2181991	614399	1,8	1,4	12	10	9	32	26

* Zu den Ländern der einzelnen Regionen siehe Seite 256ff.

rate werte)	Lebens-erwartung			Fruchtbar-keitsrate gesamt	Städtische Bevölkerung in %	Durchschnittliche jährliche Wachstumsrate der städtischen Bevölkerung in %		
2004	1970	1990	2004	2004	2004	1970–1990	1990–2004	
37	48	54	46	4,9	36	9,2	6,3	Tansania
16	60	68	70	1,9	32	3,8	1,7	Thailand
50	40	45	56	7,8	8	0,1	1,2	Timor-Leste
39	48	58	55	5,2	36	7,0	4,6	Togo
24	65	70	72	3,4	34	1,6	1,1	Tonga
14	66	72	70	1,6	76	1,6	1,2	Trinidad und Tobago
48	40	46	44	6,7	25	5,3	4,5	Tschad
9	70	72	76	1,2	74	2,1	–0,1	Tschechische Rep.
17	54	69	74	1,9	64	3,7	2,1	Tunesien
21	56	65	69	2,4	67	4,5	2,5	Türkei
22	58	63	63	2,7	46	2,3	1,9	Turkmenistan
..	..	..	..	..	56	4,6	3,0	Tuvalu
51	50	46	48	7,1	12	4,9	3,9	Uganda
8	71	69	66	1,1	67	1,5	–0,7	Ukraine
9	69	69	73	1,3	66	1,2	0,2	Ungarn
17	69	72	76	2,3	93	0,9	1,0	Uruguay
23	63	67	67	2,7	36	3,1	1,1	Usbekistan
31	53	64	69	4,0	23	4,5	4,0	Vanuatu
..	..	..	..	..	100	..	..	Vatikan
22	65	71	73	2,7	88	3,9	2,4	Venezuela
16	61	73	78	2,5	85	10,7	6,1	Ver. Arab. Emirate
14	71	75	78	2,0	80	1,1	1,5	Ver. St. v. Amerika
20	49	65	71	2,3	26	2,7	3,5	Vietnam
9	71	71	68	1,2	71	2,7	0,2	Weißrussland
37	42	49	39	4,9	43	3,4	3,0	Zentralafrik. Rep.
12	71	77	79	1,6	69	2,8	1,8	Zypern
								*Weltregionen**
40	45	50	46	5,4	36	4,8	4,3	Afrika südl. d. Sahara
38	47	51	46	5,1	31	4,7	4,3	Ost- und Südafrika
43	43	48	46	5,8	41	4,9	4,4	West- und Zentralafrika
26	52	63	68	3,2	58	4,4	2,9	Naher Osten u. Nordafrika
25	49	58	63	3,2	28	3,7	2,8	Südasien
15	59	66	71	1,9	42	3,9	3,4	Ostasien u. Pazifik
21	60	68	72	2,5	77	3,3	2,2	Lateinamerika u. Karibik
14	67	68	67	1,7	63	2,0	0,2	Mittel- und Osteuropa, GUS
11	71	76	79	1,6	77	1,1	0,9	Industriestaaten
23	55	62	65	2,9	43	3,8	3,0	Entwicklungsländer
37	44	50	52	4,9	27	4,9	4,4	Am wenigst. entwick. Länder
21	59	65	67	2,6	49	2,7	2,2	Welt

Definitionen siehe Seite 259 ff., Hauptquellen siehe Seite 264 ff.

.. keine Daten verfügbar

Tabelle 7: Ökonomische Indikatoren

	BNE pro Einw. in US-$ 2004	Durchschnittliche jährliche Zuwachsrate des BIP pro Einw. in % 1970–1990	1990–2004	Jährliche Inflationsrate in % 1990–2004	Anteil der Bevölkerung, die weniger als 1 US-$ pro Tag zur Verfüg. hat 1993–2003**
Afghanistan	250x	0,7x	..	..	..
Ägypten	1310	4,2	2,4	7	3
Albanien	2080	–0,6x	5,2	24	<2
Algerien	2280	1,7	0,8	14	<2
Andorra	d	..	..	..	..
Angola	1030	0,4x	0,7	460	..
Antigua und Barbuda	10000	6,3x	1,6	2	..
Äquatorialguinea	c	..	16,3	17	..
Argentinien	3720	–0,7	1,0	5	3
Armenien	1120	..	3,6	103	13
Aserbaidschan	950	..	..1,3	101	4
Äthiopien	110	..	2,0	5	23
Australien	26900	1,5	2,5	2	..
Bahamas	14920x	1,9	0,3x	3x	..
Bahrain	10840x	–1,9x	1,9x	1x	..
Bangladesch	440	0,5	3,1	4	36
Barbados	9270x	1,8	1,4x	3x	..
Belgien	31030	2,2	1,8	2	..
Belize	3940	2,9	2,2	1	..
Benin	530	0,3	2,1	7	..
Bhutan	760	5,4x	3,6	8	..
Bolivien	960	–1,1	1,3	7	14
Bosnien und Herzegowina	2040	..	11,7x	3x	..
Botsuana	4340	8,1	2,9	8	31
Brasilien	3090	2,3	1,2	103	8
Brunei	24100x	..	..	..	..
Bulgarien	2740	3,4x	1,0	68	5
Burkina Faso	360	1,3	1,8	5	45
Burundi	90	1,4	–3,1	12	55
Chile	4910	1,5	3,9	7	<2
China	1290	6,6	8,4	5	17
Cookinseln (NZ)	..	..	..	..	..
Costa Rica	4670	0,5	2,6	14	2
Dänemark	40650	1,5	1,9	2	..
Deutschland	30120	2,2x	1,2	2	..
Dominica	3650	4,7x	1,1	2	..
Dominikan. Rep.	2080	2,0	4,0	10	<2
Dschibuti	1030	..	–3,0	3	..
Ecuador	2180	1,3	0,3	4	18
Elfenbeinküste	770	–1,3	–0,6	7	11

Anteil der Staatsausgaben 1993–2004** in % für Gesundh.	Bildung	Verteidig.	Zufluss staatlicher Entwicklungshilfe in Mio. US-$ 2003	Entwicklungshilfe in % des BNE des Empfängerlandes 2003	Schuldendienst in % der Exporterlöse für Güter und Dienstleistungen 1990	2003	
..	..	..	1533	..	..	..	Afghanistan
3	15	9	894	1	18	11	Ägypten
4	2	4	342	6	4x	2	Albanien
4	24	17	232	0	62	19	Algerien
..	..	..	..	..	..	..	Andorra
6x	15x	34x	499	5	7	15	Angola
..	..	..	5	1	..	..	Antigua und Barbuda
..	..	..	21	..	3	0	Äquatorialguinea
5	4	3	109	0	30	20	Argentinien
..	..	..	247	8	..	6	Armenien
1	3	11	297	4	..	5	Aserbaidschan
6	16	9	1504	24	33	6	Äthiopien
14	9	7	..	..	..	..	Australien
16	20	3	..	..	..	..	Bahamas
7	13	14	38	..	..	..	Bahrain
7	18	10	1393	3	17	5	Bangladesch
..	..	..	20	1	14	5	Barbados
15	3	3	..	..	..	..	Belgien
8	20	5	12	..	6	24	Belize
6x	31x	17x	294	10	7	6	Benin
11	17	0	77	13	5	5	Bhutan
10	23	6	930	12	31	20	Bolivien
..	..	..	539	8	..	4	Bosnien und Herzegowina
5	26	8	30	1	4	1	Botsuana
6	6	3	296	0	19	48	Brasilien
..	..	..	..	..	..	..	Brunei
12	5	7	..	..	5x	9	Bulgarien
7x	17x	14x	451	13	6	10	Burkina Faso
2	15	23	224	32	41	63	Burundi
14	18	6	76	0	20	31	Chile
0	2	12	1325	0	10	7	China
..	..	..	6	..	..	..	Cookinseln (NZ)
21	22	0	28	0	21	9	Costa Rica
1	13	5	..	..	..	..	Dänemark
19	0	4	..	..	..	..	Deutschland
..	..	..	11	5	4	13	Dominica
13	17	6	69	0	7	7	Dominikan. Rep.
..	..	..	78	12	..	4	Dschibuti
11x	18x	13x	176	1	27	25	Ecuador
4x	21x	4x	252	2	26	7	Elfenbeinküste

	BNE pro Einw. in US-$ 2004	Durchschnittliche jährliche Zuwachsrate des BIP pro Einw. in % 1970–1990	1990–2004	Jährliche Inflationsrate in % 1990–2004	Anteil der Bevölkerung, die weniger als 1 US-$ pro Tag zur Verfüg. hat 1993–2003**
El Salvador	2350	–1,8	1,9	6	31
Eritrea	180	..	0,8x	11x	..
Estland	7010	1,5x	3,7	32	<2
Fidschi	2690	0,6	1,7	3	..
Finnland	32790	2,9	2,5	2	..
Frankreich	30090	2,1	1,6	1	..
Gabun	3940	–0,1	–0,4	5	..
Gambia	290	0,9	0,2	7	54x
Georgien	1040	3,2	–0,7	156	3
Ghana	380	–2,2	1,9	26	45
Grenada	3760	4,9x	2,3	2	..
Griechenland	16610	1,3	2,2	7	..
Großbritannien	33940	2,0	2,5	3	..
Guatemala	2130	0,2	1,0	9	16
Guinea	460	..	1,6	6	..
Guinea-Bissau	160	–0,2	–2,5	20	..
Guyana	990	–1,5	3,3	9	<2
Haiti	390	0,0	–2,8	19	..
Honduras	1030	0,6	0,3	15	21
Indien	620	2,2	4,1	7	35
Indonesien	1140	4,7	2,1	16	8
Irak	2170x	–4,3	..	..	..
Iran	2300	–3,5x	2,3	24	<2
Irland	34280	2,8	6,5	4	..
Island	38620	3,2	2,2	4	..
Israel	17380	1,9	1,5	8	..
Italien	26120	2,6	1,4	3	..
Jamaika	2900	–1,3	0,0	17	<2
Japan	37180	3,0	1,0	–1	..
Jemen	570	..	2,1	18	16
Jordanien	2140	2,5x	1,1	2	<2
Kambodscha	320	..	4,1x	3x	34
Kamerun	800	3,4	0,4	4	17
Kanada	28390	2,0	2,3	2	..
Kap Verde	1770	..	3,3	4	..
Kasachstan	2260	..	1,3	104	<2
Katar	12000x	..	..	..	..
Kenia	460	1,3	–0,6	12	23
Kirgisistan	400	..	–1,7	64	<2
Kiribati	970	–5,3	2,5	2	..
Kolumbien	2000	2,0	0,4	17	8
Komoren	530	0,2x	–0,9	4	..
Kongo, Dem. Rep.	120	–2,3	–5,8	523	..

Anteil der Staatsausgaben 1993–2004** in % für			Zufluss staatlicher Entwicklungshilfe in Mio. US-$	Entwicklungshilfe in % des BNE des Empfängerlandes	Schuldendienst in % der Exporterlöse für Güter und Dienstleistungen		
Gesundh.	Bildung	Verteidig.	2003	2003	1990	2003	
13	15	3	192	1	14	8	El Salvador
..	..	..	307	36	..	13	Eritrea
16	7	5	..	..	..	16	Estland
9	18	6	51	3	12	6	Fidschi
3	10	4	..	..	..	..	Finnland
16x	7x	6x	..	..	..	..	Frankreich
..	..	..	–11	0	4	11	Gabun
7x	12x	4x	60	14	18	3	Gambia
5	5	5	220	6	..	9	Georgien
7	22	5	907	14	21	14	Ghana
10	17	0	12	3	2	18	Grenada
7	11	8	..	..	..	..	Griechenland
15	4	7	..	..	..	..	Großbritannien
11	17	11	247	1	11	7	Guatemala
3x	11x	29x	238	7	18	13	Guinea
1x	3x	4x	145	72	21	11	Guinea-Bissau
..	..	..	87	13	..	6	Guyana
..	..	..	200	6	4	3	Haiti
10x	19x	7x	389	6	30	10	Honduras
2	2	14	942	0	25	18	Indien
1	4	3	1743	1	31	23	Indonesien
..	..	..	2265	..	..	..	Irak
7	7	10	133	0	1	4	Iran
16	14	3	..	..	..	..	Irland
26	10	0	..	..	..	..	Island
13	15	20	..	..	..	..	Israel
11x	8x	4x	..	..	..	..	Italien
7	15	2	3	0	20	16	Jamaika
2	6	4	..	..	..	..	Japan
4	22	19	243	2	4	3	Jemen
10	16	19	1234	13	18	15	Jordanien
..	..	..	508	12	..	0	Kambodscha
3	12	10	884	9	18	11	Kamerun
3	2	6	..	..	..	..	Kanada
..	..	..	144	21	5	5	Kap Verde
3	3	6	268	1	..	34	Kasachstan
..	..	..	..	..	..	..	Katar
7	26	6	483	4	26	15	Kenia
11	20	10	198	12	..	12	Kirgisistan
..	..	..	18	21	..	22	Kiribati
9	20	13	802	1	39	43	Kolumbien
..	..	..	24	9	2	3x	Komoren
0	0	18	5381	100	5x	0	Kongo, Dem. Rep.

	BNE pro Einw. in US-$ 2004	Durchschnittliche jährliche Zuwachsrate des BIP pro Einw. in %		Jährliche Inflationsrate in % 1990–2004	Anteil der Bevölkerung, die weniger als 1 US-$ pro Tag zur Verfüg. hat 1993–2003**
		1970–1990	1990–2004		
Kongo, Rep.	770	3,0	–1,2	7	..
Korea, DVR (Nordk.)	a	..	..	..	..
Korea, Rep. (Südk.)	13 980	6,2	4,5	5	<2
Kroatien	6 590	..	2,3	46	<2
Kuba	1 170x	..	3,5x	..	..
Kuwait	16 340x	–6,8x	–2,3x	3x	..
Laos	390	..	3,7	28	26
Lesotho	740	4,2	2,3	9	36
Lettland	5 460	3,3	2,9	28	<2
Libanon	4 980	..	2,9	11	..
Liberia	110	–4,6	3,7	50	36
Libyen	4 450	–4,8x	..	..	..
Liechtenstein	d	..	..	..	..
Litauen	5 740	..	1,2	40	<2
Luxemburg	56 230	2,7	3,5	3	..
Madagaskar	300	–2,2	–0,8	15	61
Malawi	170	0,3	0,9	30	42
Malaysia	4 650	4,0	3,3	3	<2
Malediven	2 510	..	4,6x	1x	..
Mali	360	–0,3	2,5	6	72
Malta	12 250	6,5	3,0	3	..
Marokko	1 520	2,1	1,1	2	<2
Marshallinseln	2 370	..	..	4	..
Mauretanien	420	–0,6	1,7	6	26
Mauritius	4 640	5,1x	3,9	6	..
Mazedonien	2 350	..	–0,5	43	<2
Mexiko	6 770	1,7	1,4	16	10
Mikronesien	1 990	..	–1,4	2	..
Moldau	710	1,9x	–4,6	70	22
Monaco	d	..	..	..	..
Mongolei	590	..	–1,8	40	27
Mosambik	250	–1,6x	4,8	23	38
Myanmar	220x	1,6	5,7x	25x	..
Namibia	2 370	2x	0,9	10	35
Nauru	..	..	..	..	..
Nepal	260	1,3	2,0	7	39
Neuseeland	20 310	0,8	2,1	2	..
Nicaragua	790	–3,9	0,9	26	45
Niederlande	31 700	1,5	2,0	2	..
Niger	230	–2,2	–0,6	5	61
Nigeria	390	–1,6	0,2	23	70
Niue (NZ)	..	..	..	..	..
Norwegen	52 030	3,4	2,8	3	..

Anteil der Staatsausgaben 1993–2004** in % für			Zufluss staatlicher Entwicklungshilfe in Mio. US-$ 2003	Entwicklungshilfe in % des BNE des Empfängerlandes 2003	Schuldendienst in % der Exporterlöse für Güter und Dienstleistungen		
Gesundh.	Bildung	Verteidig.			1990	2003	
..	..	..	70	3	32	3	Kongo, Rep.
..	..	..	167	..	..	..	Korea, DVR (Nordk.)
0	18	13	–55x	0x	10x	10	Korea, Rep. (Südk.)
16	8	5	121	1	..	20	Kroatien
23x	10x	..	70	..	..	..	Kuba
7	15	17	..	..	..	..	Kuwait
..	..	..	299	16	8	8	Laos
9	27	7	79	8	4	8	Lesotho
11	7	4	..	..	..	17	Lettland
2	7	11	228	1	1	63	Libanon
5x	11x	9x	107	24	..	0	Liberia
..	..	..	7x	..	..	..	Libyen
..	..	..	..	..	..	..	Liechtenstein
12	7	5	..	..	..	66	Litauen
13	10	1	..	..	..	..	Luxemburg
8	21	0	539	11	32	6	Madagaskar
7x	12x	5x	498	27	23	6	Malawi
6	23	11	109	0	12	8	Malaysia
11	18	9	18	3	4	3	Malediven
2x	9x	8x	528	15	8	5	Mali
11	12	2	..9	..	0x	3	Malta
3	18	13	523	1	18	23	Marokko
..	..	..	56	39	..	..	Marshallinseln
4x	23x	..	243	21	24	20	Mauretanien
8	16	1	–15	0	6	5	Mauritius
..	..	..	234	6	..	12	Mazedonien
5	25	3	103	0	16	21	Mexiko
..	..	..	115	44	..	..	Mikronesien
6	9	2	117	5	..	8	Moldau
..	..	..	..	..	..	..	Monaco
6	9	9	247	21	..	31	Mongolei
5x	10x	35x	1033	27	21	6	Mosambik
3	8	29	126	..	17	4	Myanmar
10x	22x	7x	146	4	..	..	Namibia
..	..	..	16	..	..	..	Nauru
5	18	10	467	8	12	6	Nepal
17	21	3	..	..	..	..	Neuseeland
13	15	6	833	21	2	11	Nicaragua
10	11	4	..	..	..	..	Niederlande
..	..	..	453	19	12	6	Niger
1x	3x	3x	318	1	22	8	Nigeria
..	..	..	9	..	..	..	Niue (NZ)
16	6	5	..	..	..	..	Norwegen

	BNE pro Einw. in US-$ 2004	Durchschnittliche jährliche Zuwachsrate des BIP pro Einw. in % 1970–1990	1990–2004	Jährliche Inflationsrate in % 1990–2004	Anteil der Bevölkerung, die weniger als 1 US-$ pro Tag zur Verfüg. hat 1993–2003**
Oman	7830x	3,6	0,9	2x	..
Österreich	32300	2,5	1,8	2	..
Pakistan	600	3,0	1,1	10	13
Palästinens. Autonomiegeb.	1110x	..	–6,0x	9x	..
Palau	6870	..	0,0x	2x	..
Panama	4450	0,3	2,5	3	7
Papua-Neuguinea	580	–0,8	0,0	8	..
Paraguay	1170	2,9	–0,7	11	16
Peru	2360	–0,6	2,1	16	18
Philippinen	1170	0,8	1,3	8	16
Polen	6090	..	4,2	17	<2
Portugal	14350	2,6	2,1	5	<2
Ruanda	220	1,4	0,9	10	52
Rumänien	2920	0,9x	1,0	72	<2
Russ. Föderation	3410	..	–0,7	95	<2
Salomonen	550	3,4	–2,6	8	..
Sambia	450	–2,2	–0,6	39	64
Samoa	1860	0,0x	2,2	4	..
San Marino	d	..	..	..	..
São Tomé u. Princípe	370	..	0,0	37	..
Saudi-Arabien	10430	–1,2	–0,5	2	..
Schweden	35770	1,8	2,1	2	..
Schweiz	48230	1,1	0,6	1	..
Senegal	670	–0,4	1,4	4	22
Serbien und Montenegro	2620	..	4,1x	51x	..
Seychellen	8090	2,9	1,7	2	..
Sierra Leone	200	–0,4	–2,5	22	57x
Simbabwe	480x	–0,3	–0,8x	32x	56
Singapur	24220	5,7	3,5	1	..
Slowakei	6480	..	2,6	9	<2
Slowenien	14810	..	3,1	19	<2
Somalia	130x	..1	..	..	..
Spanien	21210	1,9	2,4	4	..
Sri Lanka	1010	3,2	3,3	9	8
St. Kitts und Nevis	7600	6,3x	2,9	3	..
St. Lucia	4310	5,3x	0,3	2	..
St. Vincent u. d. Grenad.	3650	3,2	1,9	3	..
Südafrika	3630	0,1	0,4	9	11
Sudan	530	0,3	3,3	44	..
Suriname	2250	–2,2x	0,9	64	..
Swasiland	1660	2,1	0,2	12	8
Syrien	1190	2,2	1,3	6	..
Tadschikistan	280	..	–5,1	136	7

Anteil der Staatsausgaben 1993–2004** in % für Gesundh.	Bildung	Verteidig.	Zufluss staatlicher Entwicklungshilfe in Mio. US-$ 2003	Entwicklungshilfe in % des BNE des Empfängerlandes 2003	Schuldendienst in % der Exporterlöse für Güter und Dienstleistungen 1990	2003	
7	15	33	45	..	12	10	Oman
13	10	2	..	..	..	..	Österreich
1	2	18	1 068	2	16	12	Pakistan
..	..	..	972	26	..	..	Palästinens. Autonomiegeb.
..	..	..	26	17	..	..	Palau
18	16	0	30	0	3	11	Panama
7	22	4	221	8	37	12	Papua-Neuguinea
7	22	11	51	1	12	10	Paraguay
13	7	..	500	1	6	20	Peru
2	19	5	737	1	23	20	Philippinen
2	5	4	..	..	4	25	Polen
9x	11x	6x	..	..	..	..	Portugal
5x	26x	..	332	18	10	13	Ruanda
15	6	5	..	..	0	17	Rumänien
1	3	11	..	..	..	10	Russ. Föderation
..	..	..	60	22	10x	7	Salomonen
13	14	4	560	14	13	22	Sambia
..	..	..	33	12	5	5	Samoa
..	..	..	..	..	..	..	San Marino
..	..	..	38	76	28	31	São Tomé u. Princípe
6x	14x	36x	22	..	..	..	Saudi-Arabien
3	6	6	..	..	..	..	Schweden
0	3	6	..	..	..	..	Schweiz
3	14	7	450	8	14	9	Senegal
..	..	..	1 317	8	..	13	Serbien und Montenegro
6	10	4	9	1	8	14	Seychellen
10x	13x	10x	297	37	8	11	Sierra Leone
8	24	7	186	..	20	6	Simbabwe
6	23	29	..	..	..	..	Singapur
20	3	5	..	..	..	13	Slowakei
15	14	3	–10	0	10	16	Slowenien
1x	2x	38x	175	..	25x	..	Somalia
15	2	4	..	..	..	..	Spanien
6	10	18	672	4	10	7	Sri Lanka
..	..	..	29x	10x	3	34	St. Kitts und Nevis
..	..	..	34x	5x	2	7	St. Lucia
12	16	0	5x	1x	3	7	St. Vincent u. d. Grenad.
..	..	..	625	0	..	9	Südafrika
1	8	28	621	4	4	0	Sudan
..	..	..	11	..	..	..	Suriname
8	20	8	27	2	6	2	Swasiland
2	9	24	160	1	20	3	Syrien
2	4	9	144	12	..	7	Tadschikistan

	BNE pro Einw. in US-$ 2004	Durchschnittliche jährliche Zuwachsrate des BIP pro Einw. in % 1970–1990	1990–2004	Jährliche Inflationsrate in % 1990–2004	Anteil der Bevölkerung, die weniger als 1 US-$ pro Tag zur Verfüg. hat 1993–2003**
Tansania	330	..	1,3	16	49x
Thailand	2540	4,7	2,9	3	<2
Timor-Leste	550	..	..	..	..
Togo	380	–0,2	0,3	5	..
Tonga	1830	..	2,0	4	..
Trinidad und Tobago	8580	0,5	3,5	5	4x
Tschad	260	–0,9	0,9	7	..
Tschechische Rep.	9150	..	1,7	9	<2
Tunesien	2630	2,5	3,2	4	<2
Türkei	3750	1,9	1,4	65	<2
Turkmenistan	1340	..	0,2	191	12
Tuvalu	..	..	..	..	..
Uganda	270	..	3,8	8	85
Ukraine	1260	..	–3,5	134	3
Ungarn	8270	2,9	2,7	16	<2
Uruguay	3950	0,9	0,8	22	<2
Usbekistan	460	..	–0,1	144	17
Vanuatu	1340	–0,6x	–0,8	3	..
Vatikan	..	..	..	..	..
Venezuela	4020	–1,6	–1,3	38	14
Ver. Arab. Emirate	18060x	–4,8x	2,1x	3x	..
Ver. Staaten v. Amerika	41400	2,2	2,1	2	..
Vietnam	550	..	5,8	11	<2
Weißrußland	2120	..	1,6	225	<2
Zentralafrik. Rep.	310	–1,2	–0,5	4	67
Zypern	17580	6,2x	3,1	4	..
*Weltregionen**					
Afrika südl. d. Sahara	611	0,0	0,6	36	45
Ost- und Südafrika	836	..	0,7	35	38
West- und Zentralafrika	399	–0,5	0,2	38	55
Naher Osten u. Nordafrika	2308	0,4	1,2	10	3
Südasien	600	2,1	3,7	7	33
Ostasien u. Pazifik	1686	5,6	6,2	6	14
Lateinamerika u. Karibik	3649	1,4	1,3	40	10
Mittel- und Osteuropa, GUS	2667	..	0,1	90	4
Industriestaaten	32232	2,3	1,9	2	..
Entwicklungsländer	1524	2,6	3,5	20	22
Am wenigst. entwick. Länder	345	–0,1	1,8	59	41
Welt	6298	2,4	2,1	7	21

* Zu den Ländern der einzelnen Regionen siehe Seite 256 ff.

** Werte beziehen sich auf das aktuellste Jahr innerhalb des genannten Zeitraums
a 825 US-$ oder weniger
b zwischen 826 und 3255 US-$
c zwischen 3256 und 10065 US-$
d 10066 US-$ oder mehr

Anteil der Staatsausgaben 1993–2004** in % für			Zufluss staatlicher Entwicklungshilfe in Mio. US-$	Entwicklungshilfe in % des BNE des Empfängerlandes	Schuldendienst in % der Exporterlöse für Güter und Dienstleistungen		
Gesundh.	Bildung	Verteidig.	2003	2003	1990	2003	
6x	8x	16x	1669	16	25	4	Tansania
11	23	7	–966	–1	14	15	Thailand
..	..	..	151	43	..	..	Timor-Leste
5x	20x	11x	45	3	8	0	Togo
7x	13x	..	27	18	2	2	Tonga
9	15	2	–2	0	18	4	Trinidad und Tobago
8x	8x	..	247	12	2	7	Tschad
17	9	5	..	..	..	9	Tschechische Rep.
6	20	5	306	1	22	13	Tunesien
3	10	8	166	0	27	34	Türkei
..	..	..	27	0	..	30	Turkmenistan
..	..	..	6	..	..	..	Tuvalu
2x	15x	26x	959	16	47	5	Uganda
3	7	5	..	..	..	12	Ukraine
6	5	3	..	..	30	29	Ungarn
7	8	4	17	0	31	21	Uruguay
..	..	..	194	2	..	21	Usbekistan
..	..	..	32	13	2	1	Vanuatu
..	..	..	..	..	..	..	Vatikan
6	20	7	82	0	22	30	Venezuela
8	18	31	..	..	..	..	Ver. Arab. Emirate
23	3	19	..	..	..	..	Ver. St. v. Amerika
4	14	..	1769	5	7x	3	Vietnam
4	4	5	..	..	..	1	Weißrussland
..	..	..	50	5	8	12	Zentralafrik. Rep.
6	12	4	..	..	..	..	Zypern
							*Weltregionen**
..	..	..	21505	7	17	9	Afrika südl. d. Sahara
..	..	..	9893	5	14	9	Ost- und Südafrika
..	..	..	11612	10	19	..	West- und Zentralafrika
5	14	13	7994	2	20	11	Naher Osten u. Nordafrika
2	4	14	6170	1	21	16	Südasien
1	9	12	6891	0	16	10	Ostasien u. Pazifik
7	16	4	5359	0	20	26	Lateinamerika u. Karibik
4	5	9	..	..	..	17	Mittel- und Osteuropa, GUS
16	4	11	..	..	..	..	Industriestaaten
4	11	10	49680	1	19	16	Entwicklungsländer
6	16	13	23457	13	12	7	Am wenigst. entwick. Länder
13	5	11	52331	0	18	16	Welt

Definitionen siehe Seite 259 ff., Hauptquellen siehe Seite 264 ff.

.. keine Daten verfügbar

x Daten beziehen sich auf andere Jahre oder Zeiträume, weichen von der Standarddefinition ab oder beziehen sich nur auf einen Teil des Landes

Tabelle 8: Frauen

	Lebenserwartung von Frauen in % der männl. Bevölkerung 2004	Alphabetisierungsrate von Frauen in % der männl. Bevölkerung 2000–2004*	Einschulungsrate von Frauen in % der männl. Bevölkerung			
			Grundschule 2000–2004**		weiterführ. Schulen 2000–2004**	
			gesamt	bereinigt	gesamt	bereinigt
Afghanistan	101	..	53	..	..	..
Ägypten	106	66	95	97	93	95
Albanien	108	99	97	98	100	103
Algerien	104	76	92	98	108	106
Andorra	..	..	100	102	105	107
Angola	107	66	86	86x	81	..
Antigua und Barbuda	..	..	..	..	..	..
Äquatorialguinea	102	83	91	86	58	58
Argentinien	111	100	99	..	106	106
Armenien	110	99	97	98	102	104
Aserbaidschan	112	99	97	98	96	97
Äthiopien	104	69	77	85	57	57
Australien	107	..	100	101	97	102
Bahamas	109	..	101	104	103	104
Bahrain	104	90	100	102	106	107
Bangladesch	103	62	104	105	111	112
Barbados	110	100	99	100	102	100
Belgien	108	..	99	100	110	101
Belize	107	100	98	102	105	106
Benin	103	50	72	68	45	48
Bhutan	104	..	..	..	..	..
Bolivien	107	86	99	100	97	99
Bosnien und Herzegowina	108	93	..	..	..	..
Botsuana	100	108	100	105	107	114
Brasilien	112	101	95	93	110	108
Brunei	106	95	100	..	106	..
Bulgarien	110	99	98	99	97	98
Burkina Faso	103	42	74	74	64	64
Burundi	104	78	80	84	69	80
Chile	108	100	98	99	101	101
China	105	92	100	100	97	..
Cookinseln (NZ)	..	..	..	..	..	..
Costa Rica	106	100	99	101	108	110
Dänemark	106	..	100	100	105	104
Deutschland	108	..	99	102	98	100
Dominica	..	..	93	95	111	114
Dominikan. Rep.	111	99	102	95	123	137
Dschibuti	104	..	79	80	69	68
Ecuador	108	98	100	101	102	102
Elfenbeinküste	103	63	80	81	55	56

Anwendung empfängnis-verhütender Mittel in % 1996–2004*	Schwanger-schaftsvorsorge in % 1996–2004*	Anteil der Geburten mit ausgebildeten Geburts-helferinnen in % 1996–2004*	Mütter-sterblichkeitsrate		
			offizielle Angaben 1990–2004**	ange-passt 2000	Todesfallrisiko von Müttern 1 von 2000
10	16	14	1600	1900	6
60	69	69	84	84	310
75	91	98	23	55	610
57	81	96	120	140	190
..	..	..	..	..	..
6	66	45	..	1700	7
53	100	100	65	..	..
..	86	65	..	880	16
74x	98	99	44	82	410
61	92	97	9	55	1200
55	66	84	25	94	520
8	27	6	870	850	14
76x	100x	100	..	8	5800
62x	..	99	..	60	580
62x	97x	98x	46	28	1200
59	49	13	380	380	59
55	89	98	0	95	590
78x	..	100x	..	10	5600
56	96	83	140	140	190
19	81	66	500	850	17
31	..	37	260	420	37
58	79	67	230	420	47
48	99	100	10	31	1900
48	97	94	330	100	200
77	86	96	64	260	140
..	100x	99	0	37	830
42	..	99	15	32	2400
14	73	38	480	1000	12
16	78	25	..	1000	12
56x	95x	100	17	31	1100
87	89	96	51	56	830
44	..	98	6	..	..
80	70	98	33	43	690
78x	..	100x	10	5	9800
75x	..	100x	8	8	8000
50	100	100	67	..	..
70	99	99	180	150	200
..	67	61	74	730	19
66	69	69	80	130	210
15	88	68	600	690	25

	Lebenserwartung von Frauen in % der männl. Bevölkerung 2004	Alphabetisierungsrate von Frauen in % der männl. Bevölkerung 2000–2004*	Einschulungsrate von Frauen in % der männl. Bevölkerung			
			Grundschule 2000–2004**		weiterführ. Schulen 2000–2004**	
			gesamt	bereinigt	gesamt	bereinigt
El Salvador	109	94	94	100	100	102
Eritrea	107	..	81	86	65	72
Estland	117	100	96	99	103	103
Fidschi	107	97	100	100	106	108
Finnland	109	..	100	100	111	101
Frankreich	109	..	99	100	101	102
Gabun	102	..	99	99	86	..
Gambia	105	..	98	99	68	69
Georgien	112	..	99	99	100	98
Ghana	102	73	91	82	81	85
Grenada	..	..	98	90	96	102
Griechenland	107	94	100	100	99	102
Großbritannien	106	..	100	100	125	103
Guatemala	112	84	93	97	93	97
Guinea	101	..	77	79	45	46
Guinea-Bissau	106	..	67	70	57	55
Guyana	110	..	98	98	104	108
Haiti	103	93	..	..	..	..
Honduras	106	100	102	101	..	..
Indien	105	66	94	94	81	..
Indonesien	106	90	98	99	98	100
Irak	105	..	83	85	70	65
Iran	104	83	97	97	94	..
Irland	107	..	100	102	110	109
Island	105	..	99	99	108	105
Israel	105	98	100	100	98	100
Italien	108	..	99	99	99	101
Jamaika	105	108	99	101	102	104
Japan	109	..	100	100	100	101
Jemen	105	42	69	70	45	45
Jordanien	104	89	100	102	102	103
Kambodscha	114	75	90	95	65	63
Kamerun	102	78	85	..	82	..
Kanada	106	..	101	100	99	101
Kap Verde	109	80	95	98	109	111
Kasachstan	119	99	99	99	100	100
Katar	107	..	97	99	104	106
Kenia	96	90	95	100	94	96
Kirgisistan	113	99	98	97	101	..
Kiribati	..	..	117	..	113	..
Kolumbien	109	101	99	99	110	109
Komoren	107	78	83	85	82	..
Kongo, Dem. Rep.	105	65	90x	..	54	..

Anwendung empfängnisverhütender Mittel in % 1996–2004*	Schwangerschaftsvorsorge in % 1996–2004*	Anteil der Geburten mit ausgebildeten Geburtshelferinnen in % 1996–2004*	Müttersterblichkeitsrate offizielle Angaben 1990–2004**	angepasst 2000	Todesfallrisiko von Müttern 1 von 2000
67	86	92	170	150	180
8	70	28	1000	630	24
70x	..	100	46	63	1100
44	..	99	38	75	360
77x	100x	100	6	6	8200
75x	99x	99x	10	17	2700
33	94	86	520	420	37
18	91	55	730	540	31
41	95	96	52	32	1700
25	92	47	210x	540	35
51	98	100	1	..	..
..	..	..	1	9	7100
82x	..	99	7	13	3800
43	84	41	150	240	74
7	84	56	530	740	18
8	62	35	910	1100	13
37	81	86	190	170	200
27	79	24	520	680	29
62	83	56	110	110	190
47	60	43	540	540	48
57	92	72	310	230	150
44	77	72	290	250	65
74	77	90	37	76	370
..	..	100	6	5	8300
..	..	..	..	0	0
68x	..	99x	5	17	1800
60	..	..	7	5	13900
66	99	97	110	87	380
59x	..	100	8	10	6000
23	41	27	370	570	19
56	99	100	41	41	450
24	38	32	440	450	36
26	83	62	430	730	23
75x	..	98	..	6	8700
53	99	89	76	150	160
66	91	99	50	210	190
43	94x	99	10	140	170
39	88	42	410	1000	19
60	97	98	44	110	290
21	88x	85	56	..	..
77	91	86	78	130	240
26	74	62	520x	480	33
31	68	61	1300	990	13

	Lebenserwartung von Frauen in % der männl. Bevölkerung 2004	Alphabetisierungsrate von Frauen in % der männl. Bevölkerung 2000–2004*	Einschulungsrate von Frauen in % der männl. Bevölkerung			
			Grundschule 2000–2004**		weiterführ. Schulen 2000–2004**	
			gesamt	bereinigt	gesamt	bereinigt
Kongo, Rep.	105	87	93	96	73	..
Korea, DVR (Nordk.)	110	..	..	..	..	..
Korea, Rep. (Südk.)	110	..	99	100	101	100
Kroatien	110	98	99	99	102	101
Kuba	105	100	96	99	98	100
Kuwait	106	95	101	102	106	105
Laos	105	79	87	93	74	84
Lesotho	106	122	102	107	130	150
Lettland	117	100	98	99	100	100
Libanon	106	..	97	99	109	..
Liberia	105	54	73	77	70	57
Libyen	106	77	100	..	106	..
Liechtenstein	..	..	..	..	..	..
Litauen	117	100	99	100	99	100
Luxemburg	108	..	100	101	106	108
Madagaskar	105	86	96	101	93x	109x
Malawi	99	72	96	..	78	81
Malaysia	107	92	100	100	110	112
Malediven	99	100	98	101	115	115
Mali	103	44	76	78	56	..
Malta	106	103	99	100	100	102
Marokko	106	60	90	95	84	87
Marshallinseln	..	..	94	99	101	103
Mauretanien	106	72	98	99	80	78
Mauritius	110	92	101	102	100	100
Mazedonien	107	96	101	100	98	98
Mexiko	107	97	99	101	109	105
Mikronesien	102	..	..	..	..	..
Moldau	111	98	100	100	104	103
Monaco	..	..	..	..	..	..
Mongolei	106	100	102	103	115	115
Mosambik	103	50	82	91	68	71
Myanmar	110	91	101	101	95	94
Namibia	101	95	101	107	112	128
Nauru	..	..	103x	103x	108x	..
Nepal	101	56	89	88	78	..
Neuseeland	106	..	99	99	106	102
Nicaragua	107	100	99	99	118	117
Niederlande	107	..	98	99	98	101
Niger	100	45	71	69	75	71
Nigeria	101	80	81	81	80	81
Niue (NZ)	..	..	94	99	98	98
Norwegen	106	..	100	100	103	101

Anwendung empfängnisverhütender Mittel in % 1996–2004*	Schwangerschaftsvorsorge in % 1996–2004*	Anteil der Geburten mit ausgebildeten Geburtshelferinnen in % 1996–2004*	Müttersterblichkeitsrate: offizielle Angaben 1990–2004**	Müttersterblichkeitsrate: angepasst 2000	Müttersterblichkeitsrate: Todesfallrisiko von Müttern 1 von 2000
..	..	..	..	510	26
62x	..	97	110	67	590
81	..	100	20	20	2800
..	..	100	2	8	6100
73	100	100	34	33	1600
50	95	98	5	5	6000
32	27	19	530	650	25
30	85	60	..	550	32
48x	..	100	25	42	1800
63	87x	89	100x	150	240
10	85	51	580x	760	16
45x	81x	94x	77	97	240
..	..	..	..	..	..
47x	..	100	13	13	4900
..	..	100	0	28	1700
27	80	51	470	550	26
31	94	61	1100	1800	7
55x	74	97	30	41	660
39	81	70	140	110	140
8	57	41	580	1200	10
..	..	98x	..	0	0
63	68	63	230	220	120
34	..	95	..	..	..
8	64	57	750	1000	14
76	..	98	22	24	1700
..	81	99	7	23	2100
73	86x	95	65	83	370
45	..	88	120	..	..
62	99	99	44	36	1500
..	..	..	..	..	..
69	94	97	99	110	300
17	85	48	410	1000	14
34	76	57	230	360	75
44	91	76	270	300	54
..	..	..	..	..	..
38	28	15	540	740	24
75x	95x	100x	15	7	6000
69	86	67	83	230	88
79x	..	100	7	16	3500
14	41	16	590	1600	7
13	58	35	..	800	18
..	..	100	..	..	..
74x	..	100x	6	16	2900

	Lebenserwartung von Frauen in % der männl. Bevölkerung 2004	Alphabetisierungsrate von Frauen in % der männl. Bevölkerung 2000–2004*	Einschulungsrate von Frauen in % der männl. Bevölkerung			
			Grundschule 2000–2004**		weiterführ. Schulen 2000–2004**	
			gesamt	bereinigt	gesamt	bereinigt
Oman	104	79	99	100	96	101
Österreich	108	..	100	102	95	100
Pakistan	101	56	71	74	73	..
Palästinens. Autonomiegeb.	104	91	100	100	106	105
Palau	..	..	97	96	100	..
Panama	107	98	96	99	107	110
Papua-Neuguinea	102	81	89	87	79	78
Paraguay	107	97	96	100	103	106
Peru	108	88	99	100	92	97
Philippinen	106	100	99	102	110	120
Polen	111	..	99	100	95	103
Portugal	109	..	95	99	109	110
Ruanda	108	84	100	104	83	..
Rumänien	111	98	98	99	101	104
Russ. Föderation	122	99	100	101	..	..
Salomonen	102	..	..	..	..	..
Sambia	97	79	93	99	83	84
Samoa	109	99	97	97	108	110
San Marino	..	..	..	..	..	..
São Tomé u. Princípe	103	..	94	94	86	81
Saudi-Arabien	106	79	96	98	90	96
Schweden	106	..	103	99	119	101
Schweiz	107	..	99	100	94	94
Senegal	104	57	93	89	70	..
Serbien und Montenegro	107	95	100	100	101	..
Seychellen	..	101	99	99	100	100
Sierra Leone	107	53	70	..	71	..
Simbabwe	97	91	98	101	92	94
Singapur	105	92	..	..	..	..
Slowakei	111	100	99	101	101	100
Slowenien	110	100	99	99	99	101
Somalia	105	..	..	..	..	..
Spanien	110	..	98	99	106	104
Sri Lanka	107	97	99	..	106	..
St. Kitts und Nevis	..	..	106	111	132	106
St. Lucia	104	101	99	101	125	125
St. Vincent u. d. Grenad.	108	..	97	100	111	109
Südafrika	105	96	96	100	108	108
Sudan	105	72	88	84	84	..
Suriname	110	91	98	102	135	137
Swasiland	100	98	92	100	102	124
Syrien	105	81	95	96	92	93
Tadschikistan	108	99	96	94x	83	84

Anwendung empfängnis-verhütender Mittel in % 1996–2004*	Schwanger-schaftsvorsorge in % 1996–2004*	Anteil der Geburten mit ausgebildeten Geburts-helferinnen in % 1996–2004*	Mütter-sterblichkeitsrate		
			offizielle Angaben 1990–2004**	ange-passt 2000	Todesfallrisiko von Müttern 1 von 2000
32	100	95	23	87	170
51	100x	100x	..	4	16000
28	43	23	530	500	31
51	96	97	..	100	140
17	..	100	0x	..	..
58x	72	93	70	160	210
26	78	41	370x	300	62
57	94	77	180	170	120
69	84	59	190	410	73
49	88	60	170	200	120
49x	..	100	4	13	4600
66x	..	100	8	5	11100
13	92	31	1100	1400	10
64	..	99	31	49	1300
..	..	99	32	67	1000
11	..	85	550x	130	120
34	93	43	730	750	19
30x	..	100	..	130	150
..	..	..	..	..	..
29	91	76	100	..	..
32	90	91	..	23	610
78x	..	100x	5	2	29800
82x	..	..	5	7	7900
11	79	58	560	690	22
58	..	93	7	11	4500
..	..	..	57	..	..
4	68	42	1800	2000	6
54	93	73	700	1100	16
74x	..	100	6	30	1700
74x	..	99	16	3	19800
74x	98x	100	17	17	4100
1x	32	25	..	1100	10
81x	..	..	6	4	17400
70	95	96	92	92	430
41	100x	99	250	..	..
47	100x	100	35	..	..
58	99	100	93	..	..
56	94	84	150	230	120
7	60	87	550	590	30
42	91	85	150	110	340
48	90	74	230	370	49
48	71	77x	65	160	130
34	71	71	45	100	250

	Lebenserwartung von Frauen in % der männl. Bevölkerung 2004	Alphabetisierungsrate von Frauen in % der männl. Bevölkerung 2000–2004*	Einschulungsrate von Frauen in % der männl. Bevölkerung: Grundschule 2000–2004**		weiterführ. Schulen 2000–2004**	
			gesamt	bereinigt	gesamt	bereinigt
Tansania	101	79	97	98	83	80x
Thailand	111	96	96	97	100	..
Timor-Leste	104	..	..	..	..	..
Togo	107	56	83	84	43	47
Tonga	104	100	97	100	116	115
Trinidad und Tobago	109	99	98	99	109	109
Tschad	105	32	64	68	32	33
Tschechische Rep.	109	..	98	100	102	103
Tunesien	106	78	96	100	108	111
Türkei	107	84	93	94	74	..
Turkmenistan	115	99	..	..	..	..
Tuvalu	..	..	114	..	93	..
Uganda	102	75	98	..	82	94
Ukraine	120	99	100	100	99	101
Ungarn	112	100	99	99	100	100
Uruguay	110	101	98	101	113	110
Usbekistan	110	99	99	..	97	..
Vanuatu	106	..	100	102	107	104
Vatikan	..	..	..	..	..	..
Venezuela	108	100	98	101	115	116
Ver. Arab. Emirate	106	107	97	98	104	103
Ver. Staaten+B30 v. Amerika	107	..	100	101	100	101
Vietnam	106	93	92	94	93	..
Weißrußland	119	99	98	99	102	104
Zentralafrik. Rep.	104	51	68	..	..	..
Zypern	107	96	101	100	101	103
*Weltregionen**						
Afrika südl. d. Sahara	103	76	87	90	79	83
Ost- und Südafrika	103	80	91	96	88	86
West- und Zentralafrika	103	70	81	83	74	80
Naher Osten u. Nordafrika	105	74	91	93	90	92
Südasien	104	64	92	93	85	..
Ostasien u. Pazifik	106	91	99	100	99	102t
Lateinamerika u. Karibik	109	98	98	99	107	106
Mittel- u. Osteuropa, GUS	115	97	97	98	91	..
Industriestaaten	108	..	100	101	103	101
Entwicklungsländer	106	84	94	94	93	98t
Am wenigst. entwick. Länder	104	71	88	92	81	87
Welt	106	86	94	97	95	100t

* Zu den Ländern der einzelnen Regionen siehe Seite 256 ff.

** Werte beziehen sich auf das aktuellste Jahr innerhalb des genannten Zeitraums

Anwendung empfängnisverhütender Mittel in % 1996–2004*	Schwangerschaftsvorsorge in % 1996–2004*	Anteil der Geburten mit ausgebildeten Geburtshelferinnen in % 1996–2004*	Müttersterblichkeitsrate offizielle Angaben 1990–2004**	angepasst 2000	Todesfallrisiko von Müttern 1 von 2000
26	94	46	580	1500	10
79	92	99	24	44	900
10	61	18	..	660	30
26	85	61	480	570	26
33	..	95	..	..	..
38	92	96	45	160	330
8	42	16	830	1100	11
72	99x	100	3	9	7700
66	92	90	69	120	320
71	81	83	130x	70	480
62	98	97	14	31	790
32	..	100	..	..	..
23	92	39	510	880	13
89	..	100	13	35	2000
77x	..	100	5	16	4000
84	94	100	26	27	1300
68	97	96	34	24	1300
28	..	88	68	130	140
..	..	..	..	..	..
77	94	94	68	96	300
28x	97x	99x	3	54	500
76x	99x	99	8	17	2500
79	86	85	170	130	270
50x	100	100	18	35	1800
28	62	44	1100	1100	15
..	..	100x	0	47	890
23	69	42	..	940	16
28	72	39	..	980	15
17	66	45	..	900	16
52	71	76	..	220	100
46	54	36	..	560	43
79	87	86	..	110	360
72	87	87	..	190	160
69	86	93	..	64	770
..	..	99	..	13	4000
60	71	59	..	440	61
28	59	35	..	890	17
60	71	63	..	400	74

Definitionen siehe Seite 259 ff., Hauptquellen siehe Seite 264 ff.

.. keine Daten verfügbar

t ohne China

x Daten beziehen sich auf andere Jahre oder Zeiträume, weichen von der Standarddefinition ab oder beziehen sich nur auf einen Teil des Landes

Tabelle 9: Kinderschutz

	Kinderarbeit 1999–2004** in % aller Kinder (5–14 Jahre)			Kinderehen 1986–2004** in % der Frauen (20–24 Jahre)		
	gesamt	männl.	weibl.	gesamt	Stadt	Land
Afghanistan	34y	31y	38y	43	..	..
Ägypten	6	6	5	19	11	24
Albanien	23	26	19	..	..	..
Angola	22	21	23	..	..	..
Äquatorialguinea	27	27	27	..	..	..
Armenien	..	..	..	19	12	31
Aserbaidschan	8	9	7	..	..	..
Äthiopien	43y	47y	37y	49	32	53
Bahrain	5	6	3	..	..	..
Bangladesch	7	10	4	65	44	72
Benin	26y	23y	29y	37	25	45
Bolivien	21	22	20	26	22	37
Bosnien und Herzegowina	11	12	10	..	..	..
Botsuana	..	..	..	10	13	9
Brasilien	7y	9y	4y	24	22	30
Burkina Faso	57y	..	..	52	22	62
Burundi	24	26	23	17y	36y	17y
Costa Rica	50y	71y	29y	..	..	..
Dominikanische Republik	9	11	6	41	37	51
Ecuador	6y	9y	4y	26y	21y	34y
Elfenbeinküste	35	34	36	33	24	43
El Salvador	..	..	..	27	..	..
Eritrea	..	..	..	47	31	60
Gabun	..	..	..	34	30	49
Gambia	22	23	22	..	..	..
Georgien	..	..	..	..	..	..
Ghana	57y	57y	58y	28	18	39
Guatemala	24y	..	..	34	25	44
Guinea	..	..	..	65	46	75
Guinea-Bissau	54	54	54	..	..	..
Guyana	19	21	17	..	..	..
Haiti	..	..	..	24	18	31
Indien	14	14	15	46	26	55
Indonesien	4y	5y	4y	24	15	33
Irak	8	11	5	..	..	..
Jamaika	2	3	1	..	..	..
Jemen	..	..	..	48	39	53
Jordanien	..	..	..	11	11	12
Kambodscha	..	..	..	25	19	26
Kamerun	51	52	50	43	30	51

Geburtenregistrierung 1999–2004** in %			Mädchenbeschneidung 1998–2004** in %				
			Frauen (15–49 Jahre)			Anzahl der Töchter	
gesamt	Stadt	Land	gesamt	Stadt	Land	gesamt	
6	12	4	..	..	..	..	Afghanistan
..	..	..	97	95	99	47	Ägypten
99	99	99	..	..	..	..	Albanien
29	34	19	..	..	..	..	Angola
32	43	24	..	..	..	..	Äquatorialguinea
97	100	94	..	..	..	..	Armenien
97	98	96	..	..	..	..	Aserbaidschan
..	..	..	80	80	80	48	Äthiopien
..	..	..	..	..	..	..	Bahrain
7	9	7	..	..	..	..	Bangladesch
70	78	66	17	13	20	6	Benin
82	83	79	..	..	..	..	Bolivien
98	98	99	..	..	..	..	Bosnien und Herzegowina
58	66	52	..	..	..	..	Botsuana
76	..	..	..	..	..	..	Brasilien
..	..	..	77	75	77	32	Burkina Faso
75	71	75	..	..	..	..	Burundi
..	..	..	..	..	..	..	Costa Rica
75	82	66	..	..	..	..	Dominikanische Republik
..	..	..	..	..	..	..	Ecuador
72	88	60	45	39	48	24	Elfenbeinküste
..	..	..	..	..	..	..	El Salvador
..	..	..	89	86	91	63	Eritrea
89	90	87	..	..	..	..	Gabun
32	37	29	..	..	..	..	Gambia
95	97	92	..	..	..	..	Georgien
21	..	..	5	4	7	..	Ghana
..	..	..	..	..	..	..	Guatemala
67	88	56	99	98	99	54	Guinea
42	32	47	..	..	..	..	Guinea-Bissau
97	99	96	..	..	..	..	Guyana
70	78	66	..	..	..	..	Haiti
35	54	29	..	..	..	..	Indien
55	69	43	..	..	..	..	Indonesien
98	99	97	..	..	..	..	Irak
96	95	96	..	..	..	..	Jamaika
..	..	..	23	26	22	20	Jemen
..	..	..	..	..	..	..	Jordanien
22	30	21	..	..	..	..	Kambodscha
79	94	73	1,4	1	2	..	Kamerun

	Kinderarbeit 1999–2004** in % aller Kinder (5–14 Jahre)			Kinderehen 1986–2004** in % der Frauen (20–24 Jahre)		
	gesamt	männl.	weibl.	gesamt	Stadt	Land
Kasachstan	..	..	..	14	12	17
Kenia	26	27	25	25	19	27
Kirgisistan	..	..	..	21	19	22
Kolumbien	5	7	4	21	18	34
Komoren	28	27	29	30	23	33
Kongo, Dem. Rep.	28y	26y	29y	..	..	..
Korea, DVR (Nordk.)	..	..	..	..	..	..
Kuba	..	..	..	..	..	..
Laos	24	23	25	..	..	..
Lesotho	17	19	14	..	..	..
Libanon	6	8	4	11	..	..
Liberia	..	..	..	48y	38y	58y
Madagaskar	30	35	26	39	29	42
Malawi	17	18	16	47	32	50
Malediven	..	..	..	..	..	..
Mali	30	33	28	65	46	74
Marokko	11y	..	..	16	12	21
Mauretanien	10y	..	..	37	32	42
Mexiko	16y	15y	16y	28y	31y	21y
Moldau	28	29	28	..	..	..
Mongolei	30	30	30	..	..	..
Mosambik	..	..	..	56	41	66
Myanmar	..	..	..	..	..	..
Namibia	..	..	..	10	9	10
Nepal	31	30	33	56	34	60
Nicaragua	10y	..	..	43	36	55
Niger	66	69	64	77	46	86
Nigeria	39y	..	..	43	27	52
Pakistan	..	..	..	32	21	37
Palästinens. Autonomiegeb.	..	..	..	..	..	..
Paraguay	8y	10y	6y	24	18	32
Peru	..	..	..	19	12	35
Philippinen	11	12	10	14	10	22
Ruanda	31	31	30	20	21	19
Rumänien	1y	..	..	..	..	..
Sambia	11	10	11	42	32	49
São Tomé u. Princípe	14	15	13	..	..	..
Senegal	33	36	30	36	15	53
Sierra Leone	57	57	57	..	..	..
Simbabwe	26y	..	..	29	21	36
Somalia	32	29	36	..	..	..
Sri Lanka	..	..	..	14y	10y	15y
Südafrika	..	..	..	8	5	12
Sudan	13	14	12	27y	19y	34y

Geburtenregistrierung 1999–2004** in %			Mädchenbeschneidung 1998–2004** in %				
			Frauen (15–49 Jahre)			Anzahl der Töchter	
gesamt	Stadt	Land	gesamt	Stadt	Land	gesamt	
..	..	..	..	..	..	..	Kasachstan
48y	64y	44y	32	21	36	21	Kenia
..	..	..	..	..	..	..	Kirgisistan
91	95	84	..	..	..	..	Kolumbien
83	87	83	..	..	..	..	Komoren
34	30	36	..	..	..	..	Kongo, Dem. Rep.
99	99	99	..	..	..	..	Korea, DVR (Nordk.)
100	100	100	..	..	..	..	Kuba
59	71	56	..	..	..	..	Laos
51	41	53	..	..	..	..	Lesotho
..	..	..	..	..	..	..	Libanon
..	..	..	..	..	..	..	Liberia
75	87	72	..	..	..	..	Madagaskar
..	..	..	..	..	..	..	Malawi
73	..	..	..	..	..	..	Malediven
48	71	41	92	90	93	73	Mali
85	92	80	..	..	..	..	Marokko
55	72	42	71	65	77	66	Mauretanien
..	..	..	..	..	..	..	Mexiko
98	98	98	..	..	..	..	Moldau
98	98	97	..	..	..	..	Mongolei
..	..	..	..	..	..	..	Mosambik
65y	66y	64y	..	..	..	..	Myanmar
71	82	64	..	..	..	..	Namibia
34	37	34	..	..	..	..	Nepal
81	90	73	..	..	..	..	Nicaragua
46	85	40	5	2	5	4	Niger
30	53	20	19	28	14	10	Nigeria
..	..	..	..	..	..	..	Pakistan
98	98	97	..	..	..	..	Palästinens. Autonomiegeb.
..	..	..	..	..	..	..	Paraguay
93	93	92	..	..	..	..	Peru
83	87	78	..	..	..	..	Philippinen
65	61	66	..	..	..	..	Ruanda
..	..	..	..	..	..	..	Rumänien
10	16	6	..	..	..	..	Sambia
70	73	67	..	..	..	..	São Tomé u. Princípe
62	82	51	..	..	..	..	Senegal
46	66	40	..	..	..	..	Sierra Leone
42	56	35	..	..	..	..	Simbabwe
..	..	..	..	..	..	..	Somalia
..	..	..	..	..	..	..	Sri Lanka
..	..	..	..	..	..	..	Südafrika
64	82	46	90	92	88	58	Sudan

	Kinderarbeit 1999–2004** in % aller Kinder (5–14 Jahre)			Kinderehen 1986–2004** in % der Frauen (20–24 Jahre)		
	gesamt	männl.	weibl.	gesamt	Stadt	Land
Suriname	..	..	..	..	..	..
Swasiland	8	8	8	..	..	..
Syrien	8y	10y	6y	..	..	..
Tadschikistan	18	19	17	..	..	..
Tansania	32	34	30	39	23	48
Thailand	..	..	..	21y	13y	23y
Timor-Leste	4y	4y	4y	..	..	..
Togo	60	62	59	31	17	41
Trinidad und Tobago	2	3	2	34y	37y	32y
Tschad	57	60	55	71	65	74
Tunesien	..	..	..	10y	7y	14y
Türkei	..	..	..	23	19	30
Turkmenistan	..	..	..	9	12	7
Uganda	34	34	33	54	34	59
Usbekistan	15	18	12	13	16	11
Venezuela	7	9	5	..	..	..
Vietnam	23	23	22	11	5	13
Zentralafrik. Rep.	56	54	57	57	54	59
*Weltregionen**						
Afrika südl. d. Sahara	36	37	34	40	25	48
Ost- und Südafrika	32	34	29	36	21	43
West- und Zentralafrika	41	41	41	45	28	56
Naher Osten u. Nordafrika	9	9	7	..	..	..
Südasien	14	14	15	46	27	54
Ostasien u. Pazifik	10w	11w	10w	20w	12w	25w
Lateinamerika u. Karibik	11	11	8	25	24	31
Mittel- und Osteuropa, GUS	..	..	..	..	..	..
Industriestaaten	..	..	..	..	..	..
Entwicklungsländer	18w	18w	17w	36w	22w	45w
Am wenigst. entwick. Länder	28	29	26	50	33	57
Welt	18w	18w	17w	36w	22w	45w

* Zu den Ländern der einzelnen Regionen siehe Seite 256ff.

** Werte beziehen sich auf das aktuellste Jahr innerhalb des genannten Zeitraums

Geburtenregistrierung 1999–2004** in %			Mädchenbeschneidung 1998–2004** in %				
			Frauen (15–49 Jahre)			Anzahl der Töchter	
gesamt	Stadt	Land	gesamt	Stadt	Land	gesamt	
95	94	94	..	..	..	..	Suriname
53	72	50	..	..	..	..	Swasiland
..	..	..	..	..	..	..	Syrien
75	77	74	..	..	..	..	Tadschikistan
6	22	3	18	10	20	7	Tansania
..	..	..	..	..	..	..	Thailand
22	32	20	..	..	..	..	Timor-Leste
82	93	78	..	..	..	..	Togo
95	..	..	..	..	..	..	Trinidad und Tobago
25	53	18	45	43	46	..	Tschad
..	..	..	..	..	..	..	Tunesien
..	..	..	..	..	..	..	Türkei
..	..	..	..	..	..	..	Turkmenistan
4	11	3	..	..	..	..	Uganda
100	100	100	..	..	..	..	Usbekistan
92	..	..	..	..	..	..	Venezuela
72	92	68	..	..	..	..	Vietnam
73	88	63	36	29	41	..	Zentralafrik. Rep.
							*Weltregionen**
38	55	33	38	31	42	24	Afrika südl. d. Sahara
32	44	28	..	..	..	..	Ost- und Südafrika
41	59	35	29	29	29	19	West- und Zentralafrika
..	..	..	..	..	..	..	Naher Osten u. Nordafrika
30	47	25	..	..	..	..	Südasien
65w	77w	56w	..	..	..	..	Ostasien u. Pazifik
82	92	80	..	..	..	..	Lateinamerika u. Karibik
..	..	..	..	..	..	..	Mittel- und Osteuropa, GUS
..	..	..	..	..	..	..	Industriestaaten
45w	62w	35w	..	..	..	..	Entwicklungsländer
32	44	28	..	..	..	..	Am wenigst. entwick. Länder
45w	62w	35w	..	..	..	..	Welt

Definitionen siehe Seite 259 ff., Hauptquellen siehe Seite 264 ff.

.. keine Daten verfügbar

w ohne China

y Daten weichen von der Standarddefinition ab oder beziehen sich nur auf einen Teil des Landes, sind aber bei der Berechnung der regionalen und globalen Werte berücksichtigt

Einführung zu Tabelle 10

Eine Entwicklung mit menschlichem Gesicht muss sich an klaren Maßstäben messen lassen. Nach Ansicht von UNICEF wird insbesondere ein allgemein akzeptiertes Verfahren benötigt, mit dem sich das Wohlergehen der Kinder überprüfen lässt und festgestellt werden kann, wie sich ihre Situation verändert hat.
In der folgenden Tabelle wird die Sterblichkeitsrate bei Kindern unter fünf Jahren (SRUJ5) als zentraler Indikator menschlichen Fortschritts verwendet.
Dieser Indikator bietet eine Reihe von Vorteilen. Zunächst stellt er einen Maßstab für das Endergebnis von Entwicklungsprozessen dar und ist somit umfassender als die Indikatoren für verschiedene Einzelfaktoren wie Einschulungsrate, Kalorienaufnahme pro Kopf der Bevölkerung oder Anzahl der Ärzte pro 1000 Einwohner. Diese Indikatoren messen letztlich alle nur Mittel, die einem Zweck dienen.
Weiterhin ist bekannt, dass die Sterblichkeitsrate bei Kindern unter fünf Jahren von einer Vielzahl von Faktoren abhängt: Der ernährungsbedingte Gesundheitszustand ist hier genauso von Bedeutung wie das Wissen der Mütter um die Gesundheit ihrer Kinder, die Impfrate, die Anwendung der Oralen Rehydrationstherapie (ORT), der Zugang zu Gesundheitseinrichtungen für Mütter und Kinder (einschließlich der Schwangerschaftsvorsorge), das Einkommensniveau und die Nahrungsmittelversorgung der Familien, der Zugang zu sauberem Trinkwasser und Sanitäreinrichtungen sowie eine Umwelt, in der das Kind sicher aufwachsen kann.
Schließlich ist bei der SRUJ5 die Gefahr geringer, dass statistische Durchschnittswerte das Bild verfälschen, wie dies z. B. oft beim Bruttonationaleinkommen (BNE) pro Einw. der Bevölkerung der Fall ist. Der Grund hierfür liegt in den von der Natur vorgegebenen Größenordnungen, die den Kindern der Reichen keine tausendfach größere Überlebenschance einräumen, auch wenn ihnen die von Menschenhand geschaffenen Größenordnungen ein tausendfach höheres Einkommen ermöglichen.
Die SRUJ5 eines Landes lässt sich durch wohlhabende Minderheiten sehr viel weniger beeinflussen und liefert so ein verlässlicheres, wenn auch keineswegs vollkommen lückenloses Bild des Gesundheitszustands der Kinder (und damit auch der Gesamtgesellschaft).
Aus diesen Gründen ist UNICEF der Ansicht, dass die SRUJ5 den wichtigsten nationalen Indikator für das Wohlergehen der Kinder darstellt, der deshalb in den Tabellen immer an erster Stelle aufgeführt wird.

Gradmesser des Fortschritts

Die Fortschritte, die bei der Reduzierung der SRUJ5 gemacht werden, können mit Hilfe der durchschnittlichen jährlichen Senkungsrate gemessen werden. Im Unterschied zu den absoluten Zahlen trägt diese Senkungsrate der Tatsache Rechnung, dass eine Senkung der SRUJ5 desto schwieriger wird, je niedriger das bereits erreichte Ausgangsniveau ist. Bei relativ niedrigen Ausgangswerten führt dieselbe Senkung in absoluten Zahlen natürlich zu einem sehr viel höheren prozentualen Rückgang. Die Senkungsrate zeigt somit z. B. bei einer Reduzierung um 10 Prozentpunkte ein sehr viel rascheres Fortschrittstempo an, wenn diese Reduzierung auf einem niedrigeren Ausgangsniveau erfolgt. (Ein Rückgang der SRUJ5 um 10 Prozentpunkte von 100 auf 90 stellt eine Reduzierung von 10 Prozent dar; bei einem Rückgang von 20 auf 10 bewirkt dieselbe Senkung um 10 Prozentpunkte eine Reduzierung von 50 Prozent.)

In Verbindung mit den Zuwachsraten des Bruttoinlandsprodukts (BIP) pro Einw. stellt die SRUJ5 (zusammen mit der Rate ihrer jährlichen Senkung) somit einen Gradmesser der Fortschritte dar, die in einem bestimmten Zeitraum in einer Region oder in einem Land im Hinblick auf die Befriedigung der wichtigsten menschlichen Grundbedürfnisse erzielt worden sind.

Wie Tabelle 10 zeigt, besteht kein zwingender Zusammenhang zwischen der jährlichen Senkungsrate der SRUJ5 und der jährlichen Zuwachsrate des BIP pro Einw. der Bevölkerung. Vergleiche dieser Art können dazu beitragen, dass politischen Zielsetzungen und Prioritäten sowie anderen für das Verhältnis zwischen wirtschaftlichem und sozialem Fortschritt maßgeblichen Faktoren größeres Gewicht beigemessen wird.

Schließlich führt die Tabelle auch die Fruchtbarkeitsrate in allen Ländern sowie deren durchschnittliche jährliche Senkungsrate an. Aus diesen Angaben lässt sich ersehen, dass in vielen Ländern, in denen eine spürbare Senkung der SRUJ5 erreicht werden konnte, auch die Fruchtbarkeitsrate beträchtlich zurückgegangen ist.

Tabelle 10: Gradmesser des Fortschritts

		Sterblichkeitsrate von Kindern unter 5 Jahren (SRUJ5)					
					Durchschnittliche jährliche Senkung in %		
	SRUJ5 Rang	1970	1990	2004	1970–1990	1990–2004	Senkung in % seit 1990
Afghanistan	4	320	260	257	1,0	0,1	1
Ägypten	86	235	104	36	4,1	7,6	65
Albanien	125	109	45	19	4,4	6,2	58
Algerien	79	220	69	40	5,8	3,9	42
Andorra	159	..	..	7	..	..	..
Angola	2	300	260	260	0,7	0,0	0
Antigua und Barbuda	143	..	..	12	..	..	..
Äquatorialguinea	9	..	170	204	..	–1,3	–20
Argentinien	127	71	29	18	4,5	3,4	38
Armenien	90	..	60	32	..	4,5	47
Aserbaidschan	51	..	105	90	..	1,1	14
Äthiopien	20	239	204	166	0,8	1,5	19
Australien	162	20	10	6	3,5	3,6	40
Bahamas	140	49	29	13	2,6	5,7	55
Bahrain	148	82	19	11	7,3	3,9	42
Bangladesch	58	239	149	77	2,4	4,7	48
Barbados	143	54	16	12	6,1	2,1	25
Belgien	172	29	10	5	5,3	5,0	50
Belize	81	..	49	39	..	1,6	20
Benin	23	252	185	152	1,5	1,4	18
Bhutan	56	267	166	80	2,4	5,2	52
Bolivien	62	243	125	69	3,3	4,2	45
Bosnien und Herzegowina	131	82	22	15	6,6	2,7	32
Botsuana	41	142	58	116	4,5	–5,0	–100
Brasilien	88	135	60	34	4,1	4,1	43
Brunei	150	78	11	9	9,8	1,4	18
Bulgarien	131	32	18	15	2,9	1,3	17
Burkina Faso	16	295	210	192	1,7	0,6	9
Burundi	17	233	190	190	1,0	0,0	0
Chile	152	98	21	8	7,7	6,9	62
China	93	120	49	31	4,5	3,3	37
Cookinseln (NZ)	113	..	32	21	..	3,0	34
Costa Rica	140	83	18	13	7,6	2,3	28
Dänemark	172	19	9	5	3,7	4,2	44
Deutschland	172	26	9	5	5,3	4,2	44
Dominica	135	..	17	14	..	1,4	18
Dominikan. Rep.	90	127	65	32	3,3	5,1	51
Dschibuti	31	..	163	126	..	1,8	23
Ecuador	104	140	57	26	4,5	5,6	54
Elfenbeinküste	14	239	157	194	2,1	–1,5	–24

Durchschnittliche jährliche Zuwachsrate des BIP pro Einw. in %		Fruchtbarkeitsrate gesamt			Fruchtbarkeitsrate Durchschnittliche jährliche Senkung in %		
1970–1990	1990–2004	1970	1990	2004	1970–1990	1990–2004	
0,7x	..	7,7	8,0	7,4	–0,2	0,6	Afghanistan
4,2	2,4	6,1	4,3	3,2	1,7	2,1	Ägypten
–0,6x	5,2	4,9	2,9	2,2	2,6	2,0	Albanien
1,7	0,8	7,4	4,7	2,5	2,3	4,5	Algerien
..	..	..	..	..	..	..	Andorra
0,4x	0,7	7,3	7,2	6,7	0,1	0,5	Angola
6,3x	1,6	..	..	..	..	..	Antigua und Barbuda
..	16,3	5,7	5,9	5,9	–0,2	0,0	Äquatorialguinea
–0,7	1,0	3,1	3,0	2,3	0,2	1,9	Argentinien
..	3,6	3,2	2,5	1,3	1,2	4,7	Armenien
..	–1,3	4,6	3,0	1,8	2,1	3,6	Aserbaidschan
..	2,0	6,8	6,8	5,7	0,0	1,3	Äthiopien
1,5	2,5	2,7	1,9	1,7	1,8	0,8	Australien
1,9	0,3x	3,6	2,6	2,3	1,6	0,9	Bahamas
–1,9x	1,9x	6,5	3,7	2,4	2,8	3,1	Bahrain
0,5	3,1	6,4	4,4	3,2	1,9	2,3	Bangladesch
1,8	1,4x	3,1	1,7	1,5	3,0	0,9	Barbados
2,2	1,8	2,1	1,6	1,7	1,4	–0,4	Belgien
2,9	2,2	6,3	4,5	3,1	1,7	2,7	Belize
0,3	2,1	7,0	6,8	5,7	0,1	1,3	Benin
5,4x	3,6	5,9	5,7	4,2	0,2	2,2	Bhutan
–1,1	1,3	6,6	4,9	3,8	1,5	1,8	Bolivien
..	11,7x	2,9	1,7	1,3	2,7	1,9	Bosnien und Herzegowina
8,1	2,9	6,9	4,5	3,1	2,1	2,7	Botsuana
2,3	1,2	5,0	2,8	2,3	2,9	1,4	Brasilien
..	..	5,7	3,2	2,4	2,9	2,1	Brunei
3,4x	1,0	2,2	1,7	1,2	1,3	2,5	Bulgarien
1,3	1,8	7,6	7,3	6,6	0,2	0,7	Burkina Faso
1,4	–3,1	6,8	6,8	6,8	0,0	0,0	Burundi
1,5	3,9	4,0	2,6	2,0	2,2	1,9	Chile
6,6	8,4	5,6	2,2	1,7	4,7	1,8	China
..	..	..	..	..	..	..	Cookinseln (NZ)
0,5	2,6	5,0	3,2	2,2	2,2	2,7	Costa Rica
1,5	1,9	2,1	1,7	1,8	1,1	–0,4	Dänemark
2,2x	1,2	2,0	1,4	1,3	1,8	0,5	Deutschland
4,7x	1,1	..	..	..	..	..	Dominica
2,0	4,0	6,2	3,4	2,7	3,0	1,6	Dominikan. Rep.
..	–3,0	7,4	6,3	4,9	0,8	1,8	Dschibuti
1,3	0,3	6,3	3,7	2,7	2,7	2,3	Ecuador
–1,3	–0,6	7,4	6,6	4,9	0,6	2,1	Elfenbeinküste

	SRUJ5 Rang	Sterblichkeitsrate von Kindern unter 5 Jahren (SRUJ5) 1970	1990	2004	Durchschnittliche jährliche Senkung in % 1970–1990	1990–2004	Senkung in % seit 1990
El Salvador	98	162	60	28	5,0	5,4	53
Eritrea	54	237	147	82	2,4	4,2	44
Estland	152	26	16	8	2,4	5,0	50
Fidschi	120	61	31	20	3,4	3,1	35
Finnland	185	16	7	4	4,1	4,0	43
Frankreich	172	24	9	5	4,9	4,2	44
Gabun	49	..	92	91	..	0,1	1
Gambia	36	319	154	122	3,6	1,7	21
Georgien	75	..	47	45	..	0,3	4
Ghana	42	186	122	112	2,1	0,6	8
Grenada	113	..	37	21	..	4,0	43
Griechenland	172	54	11	5	8,0	5,6	55
Großbritannien	162	23	10	6	4,2	3,6	40
Guatemala	75	168	82	45	3,6	4,3	45
Guinea	22	345	240	155	1,8	3,1	35
Guinea-Bissau	10	..	253	203	..	1,6	20
Guyana	67	..	88	64	..	2,3	27
Haiti	40	221	150	117	1,9	1,8	22
Honduras	78	170	59	41	5,3	2,6	31
Indien	52	202	123	85	2,5	2,6	31
Indonesien	83	172	91	38	3,2	6,2	58
Irak	33	127	50	125	4,7	–6,5	–150
Iran	83	191	72	38	4,9	4,6	47
Irland	162	27	10	6	5,0	3,6	40
Island	192	14	7	3	3,5	6,1	57
Israel	162	27	12	6	4,1	5,0	50
Italien	172	33	9	5	6,5	4,2	44
Jamaika	120	64	20	20	5,8	0,0	0
Japan	185	21	6	4	6,3	2,9	33
Jemen	43	303	142	111	3,8	1,8	22
Jordanien	101	107	40	27	4,9	2,8	33
Kambodscha	26	..	115	141	..	–1,5	–23
Kamerun	25	215	139	149	2,2	–0,5	–7
Kanada	162	23	8	6	5,3	2,1	25
Kap Verde	86	..	60	36	..	3,6	40
Kasachstan	60	..	63	73	..	–1,1	–16
Katar	113	65	26	21	4,6	1,5	19
Kenia	37	156	97	120	2,4	–1,5	–24
Kirgisistan	64	130	80	68	2,4	1,2	15
Kiribati	66	..	88	65	..	2,2	26
Kolumbien	113	108	36	21	5,5	3,8	42
Komoren	61	215	120	70	2,9	3,8	42
Kongo, Dem. Rep.	8	245	205	205	0,9	0,0	0

Durchschnittliche jährliche Zuwachsrate des BIP pro Einw. in %		Fruchtbarkeitsrate gesamt			Fruchtbarkeitsrate Durchschnittliche jährliche Senkung in %		
1970–1990	1990–2004	1970	1990	2004	1970–1990	1990–2004	
–1,8	1,9	6,4	3,7	2,8	2,7	2,0	El Salvador
..	0,8x	6,6	6,2	5,4	0,3	1,0	Eritrea
1,5x	3,7	2,1	1,9	1,4	0,5	2,2	Estland
0,6	1,7	4,5	3,4	2,9	1,4	1,1	Fidschi
2,9	2,5	1,9	1,7	1,7	0,6	0,0	Finnland
2,1	1,6	2,5	1,8	1,9	1,6	–0,4	Frankreich
–0,1	–0,4	4,9	5,4	3,9	–0,5	2,3	Gabun
0,9	0,2	6,5	5,9	4,6	0,5	1,8	Gambia
3,2	–0,7	2,6	2,1	1,4	1,1	2,9	Georgien
2,2	1,9	6,7	5,8	4,2	0,7	2,3	Ghana
4,9x	2,3	..	..	..	..	..	Grenada
1,3	2,2	2,4	1,4	1,2	2,7	1,1	Griechenland
2,0	2,5	2,3	1,8	1,7	1,2	0,4	Großbritannien
0,2	1,0	6,2	5,6	4,5	0,5	1,6	Guatemala
..	1,6	6,8	6,5	5,8	0,2	0,8	Guinea
–0,2	–2,5	6,8	7,1	7,1	–0,2	0,0	Guinea-Bissau
–1,5	3,3	5,6	2,6	2,2	3,8	1,2	Guyana
0,0	–2,8	5,8	5,4	3,9	0,4	2,3	Haiti
0,6	0,3	7,3	5,1	3,6	1,8	2,5	Honduras
2,2	4,1	5,6	4,0	3,0	1,7	2,1	Indien
4,7	2,1	5,4	3,1	2,3	2,8	2,1	Indonesien
–4,3	..	7,2	5,9	4,7	1,0	1,6	Irak
–3,5x	2,3	6,6	5,0	2,1	1,4	6,2	Iran
2,8	6,5	3,9	2,1	1,9	3,1	0,7	Irland
3,2	2,2	3,0	2,2	2,0	1,6	0,7	Island
1,9	1,5	3,8	3,0	2,8	1,2	0,5	Israel
2,6	1,4	2,4	1,3	1,3	3,1	0,0	Italien
–1,3	0,0	5,5	2,9	2,4	3,2	1,4	Jamaika
3,0	1,0	2,1	1,6	1,3	1,4	1,5	Japan
..	2,1	8,5	8,0	6,0	0,3	2,1	Jemen
2,5x	1,1	7,9	5,5	3,4	1,8	3,4	Jordanien
..	4,1x	5,9	5,6	4,0	0,3	2,4	Kambodscha
3,4	0,4	6,2	5,9	4,5	0,2	1,9	Kamerun
2,0	2,3	2,2	1,7	1,5	1,3	0,9	Kanada
..	3,3	7,0	5,5	3,6	1,2	3,0	Kap Verde
..	1,3	3,5	2,8	1,9	1,1	2,8	Kasachstan
..	..	6,9	4,4	2,9	2,2	3,0	Katar
1,3	–0,6	8,1	5,9	5,0	1,6	1,2	Kenia
..	–1,7	4,9	3,9	2,6	1,1	2,9	Kirgisistan
–5,3	2,5	..	..	..	..	..	Kiribati
2,0	0,4	5,6	3,1	2,6	3,0	1,3	Kolumbien
0,2x	–0,9	7,1	6,1	4,7	0,8	1,9	Komoren
–2,3	–5,8	6,4	6,7	6,7	–0,2	0,0	Kongo, Dem. Rep.

		Sterblichkeitsrate von Kindern unter 5 Jahren (SRUJ5)					
					Durchschnittliche jährliche Senkung in %		
	SRUJ5 Rang	1970	1990	2004	1970–1990	1990–2004	Senkung in % seit 1990
Kongo, Rep.	44	160	110	108	1,9	0,1	2
Korea, DVR (Nordk.)	71	70	55	55	1,2	0,0	0
Korea, Rep. (Südk.)	162	54	9	6	9,0	2,9	33
Kroatien	159	42	12	7	6,3	3,8	42
Kuba	159	43	13	7	6,0	4,4	46
Kuwait	143	59	16	12	6,5	2,1	25
Laos	53	218	163	83	1,5	4,8	49
Lesotho	54	190	120	82	2,3	2,7	32
Lettland	143	26	18	12	1,8	2,9	33
Libanon	93	54	37	31	1,9	1,3	16
Liberia	5	263	235	235	0,6	0,0	0
Libyen	120	160	41	20	6,8	5,1	51
Liechtenstein	172	..	10	5	..	5,0	50
Litauen	152	28	13	8	3,8	3,5	38
Luxemburg	162	26	10	6	4,8	3,6	40
Madagaskar	35	180	168	123	0,3	2,2	27
Malawi	19	330	241	175	1,6	2,3	27
Malaysia	143	70	22	12	5,8	4,3	45
Malediven	74	255	111	46	4,2	6,3	59
Mali	7	400	250	219	2,4	0,9	12
Malta	162	32	11	6	5,3	4,3	45
Marokko	77	184	89	43	3,6	5,2	52
Marshallinseln	69	..	92	59	..	3,2	36
Mauretanien	33	250	133	125	3,2	0,4	6
Mauritius	131	86	23	15	6,6	3,1	35
Mazedonien	135	119	38	14	5,7	7,1	63
Mexiko	98	110	46	28	4,4	3,5	39
Mikronesien	110	..	31	23	..	2,1	26
Moldau	98	61	40	28	2,1	2,5	30
Monaco	172	..	9	5	..	4,2	44
Mongolei	72	..	108	52	..	5,2	52
Mosambik	23	278	235	152	0,8	3,1	35
Myanmar	45	179	130	106	1,6	1,5	18
Namibia	68	135	86	63	2,3	2,2	27
Nauru	95	..	..	30	..	..	..
Nepal	59	250	145	76	2,7	4,6	48
Neuseeland	162	20	11	6	3,0	4,3	45
Nicaragua	83	165	68	38	4,4	4,2	44
Niederlande	162	15	9	6	2,6	2,9	33
Niger	3	330	320	259	0,2	1,5	19
Nigeria	13	265	230	197	0,7	1,1	14
Niue (NZ)		..	..	..	..	..	..
Norwegen	185	15	9	4	2,6	5,8	56

Durchschnittliche jährliche Zuwachsrate des BIP pro Einw. in %		Fruchtbarkeitsrate gesamt			Fruchtbarkeitsrate Durchschnittliche jährliche Senkung in %		
1970–1990	1990–2004	1970	1990	2004	1970–1990	1990–2004	
3,0	–1,2	6,3	6,3	6,3	0,0	0,0	Kongo, Rep.
..	..	4,3	2,4	2,0	2,9	1,3	Korea, DVR (Nordk.)
6,2	4,5	4,5	1,6	1,2	5,2	2,1	Korea, Rep. (Südk.)
..	2,3	2,0	1,7	1,3	0,8	1,9	Kroatien
..	3,5x	4,0	1,7	1,6	4,3	0,4	Kuba
–6,8x	–2,3x	7,2	3,5	2,3	3,6	3,0	Kuwait
..	3,7	6,1	6,1	4,7	0,0	1,9	Laos
4,2	2,3	5,7	4,9	3,5	0,8	2,4	Lesotho
3,3	2,9	1,9	1,9	1,3	0,0	2,7	Lettland
..	2,9	5,1	3,1	2,3	2,5	2,1	Libanon
–4,6	3,7	6,9	6,9	6,8	0,0	0,1	Liberia
–4,8x	..	7,6	4,8	2,9	2,3	3,6	Libyen
..	..	..	..	..	..	..	Liechtenstein
..	1,2	2,3	2,0	1,3	0,7	3,1	Litauen
2,7	3,5	2,1	1,6	1,7	1,4	–0,4	Luxemburg
–2,2	–0,8	6,8	6,2	5,3	0,5	1,1	Madagaskar
0,3	0,9	7,3	7,0	6,0	0,2	1,1	Malawi
4,0	3,3	5,6	3,8	2,8	1,9	2,2	Malaysia
..	4,6x	7,0	6,4	4,1	0,4	3,2	Malediven
–0,3	2,5	7,5	7,4	6,8	0,1	0,6	Mali
6,5	3,0	2,1	2,0	1,5	0,2	2,1	Malta
2,1	1,1	7,1	4,0	2,7	2,9	2,8	Marokko
..	..	..	..	..	..	..	Marshallinseln
–0,6	1,7	6,5	6,2	5,7	0,2	0,6	Mauretanien
5,1x	3,9	3,7	2,2	2,0	2,6	0,7	Mauritius
..	–0,5	3,2	1,9	1,5	2,6	1,7	Mazedonien
1,7	1,4	6,8	3,4	2,3	3,5	2,8	Mexiko
..	–1,4	6,9	5,0	4,3	1,6	1,1	Mikronesien
1,9x	–4,6	2,6	2,4	1,2	0,4	5,0	Moldau
..	..	..	..	..	..	..	Monaco
..	–1,8	7,5	4,1	2,4	3,0	3,8	Mongolei
–1,6x	4,8	6,6	6,3	5,4	0,2	1,1	Mosambik
1,6	5,7x	5,9	4,0	2,3	1,9	4,0	Myanmar
–2,0x	0,9	6,5	6,0	3,8	0,4	3,3	Namibia
..	..	..	..	..	..	..	Nauru
1,3	2,0	5,9	5,2	3,6	0,6	2,6	Nepal
0,8	2,1	3,1	2,1	2,0	1,9	0,3	Neuseeland
–3,9	0,9	7,0	4,9	3,2	1,8	3,0	Nicaragua
1,5	2,0	2,4	1,6	1,7	2,0	–0,4	Niederlande
–2,2	–0,6	8,1	8,2	7,8	–0,1	0,4	Niger
–1,6	0,2	6,9	6,8	5,7	0,1	1,3	Nigeria
..	..	..	..	..	..	..	Niue (NZ)
3,4	2,8	2,5	1,9	1,8	1,4	0,4	Norwegen

	SRUJ5 Rang	Sterblichkeitsrate von Kindern unter 5 Jahren (SRUJ5) 1970	1990	2004	Durchschnittliche jährliche Senkung in % 1970–1990	1990–2004	Senkung in % seit 1990
Oman	140	200	32	13	9,2	6,4	59
Österreich	172	33	10	5	6,0	5,0	50
Pakistan	47	181	130	101	1,7	1,8	22
Palästinens. Autonomiegeb.	107	..	40	24	..	3,6	40
Palau	101	..	34	27	..	1,6	21
Panama	107	68	34	24	3,5	2,5	29
Papua-Neuguinea	48	147	101	93	1,9	0,6	8
Paraguay	107	78	41	24	3,2	3,8	41
Peru	97	178	80	29	4,0	7,2	64
Philippinen	88	90	62	34	1,9	4,3	45
Polen	152	36	18	8	3,5	5,8	56
Portugal	172	62	14	5	7,4	7,4	64
Ruanda	10	209	173	203	0,9	–1,1	–17
Rumänien	120	57	31	20	3,0	3,1	35
Russ. Föderation	113	36	29	21	1,1	2,3	28
Salomonen	70	99	63	56	2,3	0,8	11
Sambia	18	181	180	182	0,0	–0,1	–1
Samoa	95	101	50	30	3,5	3,6	40
San Marino	185	..	14	4	..	8,9	71
São Tomé u. Princípe	38	..	118	118	..	0,0	0
Saudi-Arabien	101	185	44	27	7,2	3,5	39
Schweden	185	15	7	4	3,8	4,0	43
Schweiz	172	18	9	5	3,5	4,2	44
Senegal	29	279	148	137	3,2	0,6	7
Serbien und Montenegro	131	71	28	15	4,7	4,5	46
Seychellen	135	59	19	14	5,7	2,2	26
Sierra Leone	1	363	302	283	0,9	0,5	6
Simbabwe	30	138	80	129	2,7	–3,4	–61
Singapur	192	27	9	3	5,5	7,8	67
Slowakei	150	29	14	9	3,6	3,2	36
Slowenien	185	29	10	4	5,3	6,5	60
Somalia	6	..	225	225	..	0,0	0
Spanien	172	34	9	5	6,6	4,2	44
Sri Lanka	135	100	32	14	5,7	5,9	56
St. Kitts und Nevis	113	..	36	21	..	3,8	42
St. Lucia	135	..	21	14	..	2,9	33
St. Vincent u. d. Grenad.	112	..	25	22	..	0,9	12
Südafrika	65	..	60	67	..	–0,8	–12
Sudan	49	172	120	91	1,8	2,0	24
Suriname	81	..	48	39	..	1,5	19
Swasiland	21	196	110	156	2,9	–2,5	–42
Syrien	130	128	44	16	5,3	7,2	64
Tadschikistan	38	..	128	118	..	0,6	8

Durchschnittliche jährliche Zuwachsrate des BIP pro Einw. in %		Fruchtbarkeitsrate gesamt			Fruchtbarkeitsrate Durchschnittliche jährliche Senkung in %		
1970–1990	1990–2004	1970	1990	2004	1970–1990	1990–2004	
3,6	0,9	7,2	6,6	3,6	0,4	4,3	Oman
2,5	1,8	2,3	1,5	1,4	2,1	0,5	Österreich
3,0	1,1	6,6	6,1	4,1	0,4	2,8	Pakistan
..	–6,0x	7,9	6,4	5,4	1,1	1,2	Palästinens. Autonomiegeb.
..	0,0x	..	..	..	..	..	Palau
0,3	2,5	5,3	3,0	2,7	2,8	0,8	Panama
–0,8	0,0	6,2	5,1	3,9	1,0	1,9	Papua-Neuguinea
2,9	–0,7	6,0	4,7	3,8	1,2	1,5	Paraguay
–0,6	2,1	6,3	3,9	2,8	2,4	2,4	Peru
0,8	1,3	6,3	4,4	3,1	1,8	2,5	Philippinen
..	4,2	2,2	2,0	1,2	0,5	3,6	Polen
2,6	2,1	2,8	1,5	1,5	3,1	0,0	Portugal
1,4	0,9	8,2	7,6	5,6	0,4	2,2	Ruanda
0,9x	1,0	2,9	1,9	1,3	2,1	2,7	Rumänien
..	–0,7	2,0	1,9	1,3	0,3	2,7	Russ. Föderation
3,4	–2,6	6,9	5,5	4,2	1,1	1,9	Salomonen
–2,2	–0,6	7,7	6,5	5,5	0,8	1,2	Sambia
0,0x	2,2	6,1	4,8	4,3	1,2	0,8	Samoa
..	..	..	..	..	..	..	San Marino
..	0,0	6,5	5,3	3,9	1,0	2,2	São Tomé u. Princípe
–1,2	–0,5	7,3	6,0	3,9	1,0	3,1	Saudi-Arabien
1,8	2,1	2,0	2,0	1,7	0,0	1,2	Schweden
1,1	0,6	2,0	1,5	1,4	1,4	0,5	Schweiz
–0,4	1,4	7,0	6,5	4,9	0,4	2,0	Senegal
..	4,1x	2,4	2,1	1,6	0,7	1,9	Serbien und Montenegro
2,9	1,7	..	..	..	..	..	Seychellen
–0,4	–2,5	6,5	6,5	6,5	0,0	0,0	Sierra Leone
–0,3	–0,8x	7,7	5,2	3,4	2,0	3,0	Simbabwe
5,7	3,5	3,0	1,8	1,3	2,6	2,3	Singapur
..	2,6	2,5	2,0	1,2	1,1	3,6	Slowakei
..	3,1	2,3	1,5	1,2	2,1	1,6	Slowenien
–1,0	..	7,3	6,8	6,3	0,4	0,5	Somalia
1,9	2,4	2,9	1,3	1,3	4,0	0,0	Spanien
3,2	3,3	4,4	2,5	1,9	2,8	2,0	Sri Lanka
6,3x	2,9	..	..	..	..	..	St. Kitts und Nevis
5,3x	0,3	6,1	3,5	2,2	2,8	3,3	St. Lucia
3,2	1,9	6,0	3,0	2,2	3,5	2,2	St. Vincent u. d. Grenad.
0,1	0,4	5,6	3,6	2,8	2,2	1,8	Südafrika
0,3	3,3	6,7	5,6	4,3	0,9	1,9	Sudan
–2,2x	0,9	5,7	2,7	2,6	3,7	0,3	Suriname
2,1	0,2	6,9	5,7	3,8	1,0	2,9	Swasiland
2,2	1,3	7,6	5,3	3,3	1,8	3,4	Syrien
..	–5,1	6,9	5,2	3,7	1,4	2,4	Tadschikistan

	Sterblichkeitsrate von Kindern unter 5 Jahren (SRUJ5)						
					Durchschnittliche jährliche Senkung in %		
	SRUJ5 Rang	1970	1990	2004	1970–1990	1990–2004	Senkung in % seit 1990
Tansania	31	218	161	126	1,5	1,8	22
Thailand	113	102	37	21	5,1	4,0	43
Timor-Leste	56	..	172	80	..	5,5	53
Togo	27	216	152	140	1,8	0,6	8
Tonga	105	50	32	25	2,2	1,8	22
Trinidad und Tobago	120	57	33	20	2,7	3,6	39
Tschad	12	..	203	200	..	0,1	1
Tschechische Rep.	185	24	13	4	3,1	8,4	69
Tunesien	105	201	52	25	6,8	5,2	52
Türkei	90	201	82	32	4,5	6,7	61
Turkmenistan	46	..	97	103	..	–0,4	–6
Tuvalu	73	..	56	51	..	0,7	9
Uganda	28	170	160	138	0,3	1,1	14
Ukraine	127	27	26	18	0,2	2,6	31
Ungarn	152	39	17	8	4,2	5,4	53
Uruguay	129	57	25	17	4,1	2,8	32
Usbekistan	62	101	79	69	1,2	1,0	13
Vanuatu	79	155	62	40	4,6	3,1	35
Vatikan		..	..	..	..	..	..
Venezuela	125	61	27	19	4,1	2,5	30
Ver. Arab. Emirate	152	83	14	8	8,9	4,0	43
Ver. Staaten v. Amerika	152	26	12	8	3,9	2,9	33
Vietnam	110	87	53	23	2,5	6,0	57
Weißrußland	148	27	17	11	2,3	3,1	35
Zentralafrik. Rep.	15	238	168	193	1,7	–1,0	–15
Zypern	172	33	12	5	5,1	6,3	58
*Weltregionen**							
Afrika südl. d. Sahara		244	188	171	1,3	0,7	9
Ost- und Südafrika		219	167	149	1,4	0,8	11
West- und Zentralafrika		266	209	191	1,2	0,6	9
Naher Osten u. Nordafrika		195	81	56	4,4	2,6	31
Südasien		206	129	92	2,3	2,4	29
Ostasien u. Pazifik		122	58	36	3,7	3,4	38
Lateinamerika u. Karibik		123	54	31	4,1	4,0	43
Mittel- u. Osteuropa, GUS		86	54	38	2,3	2,5	30
Industriestaaten		27	10	6	5,0	3,6	40
Entwicklungsländer		167	105	87	2,3	1,3	17
Am wenigst. entwick. Länder		244	182	155	1,5	1,1	15
Welt		147	95	79	2,2	1,3	17

* Zu den Ländern in den einzelnen Regionen siehe Seite 256 ff.

Durchschnittliche jährliche Zuwachsrate des BIP pro Einw. in %		Fruchtbarkeitsrate gesamt			Fruchtbarkeitsrate Durchschnittliche jährliche Senkung in %		
1970–1990	1990–2004	1970	1990	2004	1970–1990	1990–2004	
..	1,3	6,8	6,1	4,9	0,5	1,6	Tansania
4,7	2,9	5,5	2,2	1,9	4,6	1,0	Thailand
..	..	6,3	4,9	7,8	1,3	–3,3	Timor-Leste
–0,2	0,3	7,0	6,4	5,2	0,4	1,5	Togo
..	2,0	5,9	4,6	3,4	1,2	2,2	Tonga
0,5	3,5	3,5	2,5	1,6	1,7	3,2	Trinidad und Tobago
–0,9	0,9	6,6	6,7	6,7	–0,1	0,0	Tschad
..	1,7	2,0	1,8	1,2	0,5	2,9	Tschechische Rep.
2,5	3,2	6,6	3,6	1,9	3,0	4,6	Tunesien
1,9	1,4	5,5	3,0	2,4	3,0	1,6	Türkei
..	0,2	6,3	4,3	2,7	1,9	3,3	Turkmenistan
..	..	..	..	..	..	..	Tuvalu
..	3,8	7,1	7,1	7,1	0,0	0,0	Uganda
..	–3,5	2,1	1,8	1,1	0,8	3,5	Ukraine
2,9	2,7	2,0	1,8	1,3	0,5	2,3	Ungarn
0,9	0,8	2,9	2,5	2,3	0,7	0,6	Uruguay
..	–0,1	6,5	4,2	2,7	2,2	3,2	Usbekistan
–0,6x	–0,8	6,3	4,9	4,0	1,3	1,4	Vanuatu
..	..	..	..	..	..	..	Vatikan
–1,6	–1,3	5,4	3,4	2,7	2,3	1,6	Venezuela
–4,8x	–2,1x	6,6	4,4	2,5	2,0	4,0	Ver. Arab. Emirate
2,2	2,1	2,2	2,0	2,0	0,5	0,0	Ver. St. v. Amerika
..	5,8	7,0	3,7	2,3	3,2	3,4	Vietnam
..	1,6	2,3	1,9	1,2	1,0	3,3	Weißrussland
–1,2	–0,5	5,7	5,7	4,9	0,0	1,1	Zentralafrik. Rep.
6,2x	3,1	2,6	2,4	1,6	0,4	2,9	Zypern
							*Weltregionen**
0,0	0,6	6,8	6,3	5,4	0,4	1,1	Afrika südl. d. Sahara
..	0,7	6,8	6,0	5,1	0,6	1,2	Ost- und Südafrika
–0,5	0,2	6,8	6,7	5,8	0,1	1,0	West- und Zentralafrika
0,4	1,2	6,8	5,0	3,2	1,5	3,2	Naher Osten u. Nordafrika
2,1	3,7	5,8	4,3	3,2	1,5	2,1	Südasien
5,6	6,2	5,6	2,5	1,9	4,0	2,0	Ostasien u. Pazifik
1,4	1,3	5,3	3,2	2,5	2,5	1,8	Lateinamerika u. Karibik
..	0,1	2,8	2,3	1,7	1,0	2,2	Mittel- und Osteuropa, GUS
2,3	1,9	2,3	1,7	1,6	1,5	0,4	Industriestaaten
2,6	3,5	5,8	3,6	2,9	2,4	1,5	Entwicklungsländer
–0,1	1,8	6,7	5,9	4,9	0,6	1,3	Am wenigst. entwick. Länder
2,4	2,1	4,7	3,2	2,6	1,9	1,5	Welt

Definitionen siehe Seite 259 ff., Hauptquellen siehe Seite 264 ff.

.. keine Daten verfügbar

x Daten beziehen sich auf andere Jahre oder Zeiträume, weichen von der Standarddefinition ab oder beziehen sich nur auf einen Teil des Landes

Weltregionen – Ländergruppen

Afrika südl. der Sahara	Angola	Guinea	Malawi	Senegal
	Äquatorialguinea	Guinea-Bissau	Mali	Seychellen
	Äthiopien	Kamerun	Mauretanien	Sierra Leone
	Benin	Kap Verde	Mauritius	Simbabwe
	Botsuana	Kenia	Mosambik	Somalia
	Burkina Faso	Komoren	Namibia	Südafrika
	Burundi	Kongo, Dem. Rep.	Niger	Swasiland
	Elfenbeinküste		Nigeria	Tansania
	Eritrea	Kongo, Rep.	Ruanda	Togo
	Gabun	Lesotho	Sambia	Tschad
	Gambia	Liberia	São Tomé und Princípe	Uganda
	Ghana	Madagaskar		Zentralafrik. Rep.
Naher Osten und Nordafrika	Ägypten	Jemen	Marokko	Tunesien
	Algerien	Jordanien	Oman	Ver. Arab. Emirate
	Bahrain	Katar	Palästina	
	Dschibuti	Kuwait	Saudi-Arabien	
	Irak	Libanon	Sudan	
	Iran	Libyen	Syrien	
Südasien	Afghanistan	Bhutan	Malediven	Pakistan
	Bangladesch	Indien	Nepal	Sri Lanka
Ostasien und Pazifik	Brunei	Korea, Rep. (Südk.)	Niue (NZ)	Thailand
	China	Laos	Palau	Timor-Leste
	Cookinseln (NZ)	Malaysia	Papua-Neuguinea	Tonga
	Fidschi	Marshallinseln		Tuvalu
	Indonesien	Mikronesien	Philippinen	Vanuatu
	Kambodscha	Mongolei	Salomonen	Vietnam
	Kiribati	Myanmar	Samoa	
	Korea, DVR (Nordk.)	Nauru	Singapur	
Lateinamerika und Karibik	Antigua und Barbuda	Costa Rica	Honduras	St. Kitts u. Nevis
		Dominica	Jamaika	St. Lucia
	Argentinien	Dominikan. Rep.	Kolumbien	St. Vincent u. d. Grenadinen
	Bahamas	Ecuador	Kuba	
	Barbados	El Salvador	Mexiko	Suriname
	Belize	Grenada	Nicaragua	Trinidad und Tobago
	Bolivien	Guatemala	Panama	
	Brasilien	Guyana	Paraguay	Uruguay
	Chile	Haiti	Peru	Venezuela
Mittel- und Osteuropa, GUS	Albanien	Georgien	Rumänien	Türkei
	Armenien	Kasachstan	Russ. Föderation	Turkmenistan
	Aserbaidschan	Kirgisistan		Ukraine
	Bosnien u. Herzegow.	Kroatien	Serbien und Montenegro	Usbekistan
		Mazedonien		Weißrussland
	Bulgarien	Moldau	Tadschikistan	

Industriestaaten	Andorra	Irland	Malta	Schweiz
	Australien	Island	Monaco	Slowakei
	Belgien	Israel	Neuseeland	Slowenien
	Dänemark	Italien	Niederlande	Spanien
	Deutschland	Japan	Norwegen	Tschechische Rep.
	Estland	Kanada	Österreich	Ungarn
	Finnland	Lettland	Polen	Vatikan
	Frankreich	Liechtenstein	Portugal	Ver. Staaten v.
	Griechenland	Litauen	San Marino	Amerika
	Großbritannien	Luxemburg	Schweden	Zypern
Entwicklungsländer	Afghanistan	Ghana	Madagaskar	Seychellen
	Ägypten	Grenada	Malawi	Sierra Leone
	Algerien	Guatemala	Malaysia	Simbabwe
	Angola	Guinea	Malediven	Singapur
	Antigua und	Guinea-Bissau	Mali	Somalia
	Barbuda	Guyana	Marokko	Sri Lanka
	Äquatorialguinea	Haiti	Marshallinseln	St. Kitts und Nevis
	Argentinien	Honduras	Mauretanien	St. Lucia
	Armenien	Indien	Mauritius	St. Vincent u. d.
	Aserbaidschan	Indonesien	Mexiko	Grenadinen
	Äthiopien	Irak	Mikronesien	Südafrika
	Bahamas	Iran	Mongolei	Sudan
	Bahrain	Israel	Mosambik	Suriname
	Bangladesch	Jamaika	Myanmar	Swasiland
	Barbados	Jemen	Namibia	Syrien
	Belize	Jordanien	Nauru	Tadschikistan
	Benin	Kambodscha	Nepal	Tansania
	Bhutan	Kamerun	Nicaragua	Thailand
	Bolivien	Kap Verde	Niger	Timor-Leste
	Botsuana	Kasachstan	Nigeria	Togo
	Brasilien	Katar	Niue (NZ)	Tonga
	Brunei Darussalam	Kenia	Oman	Trinidad und
	Burkina Faso	Kirgisistan	Pakistan	Tobago
	Burundi	Kiribati	Palästina	Tschad
	Chile	Kolumbien	Palau	Tunesien
	China	Komoren	Panama	Türkei
	Cookinseln (NZ)	Kongo, Dem. Rep.	Papua-	Turkmenistan
	Costa Rica	Kongo, Rep.	Neuguinea	Tuvalu
	Dominica	Korea, DVR	Paraguay	Uganda
	Dominikan. Rep.	(Nordk.)	Peru	Uruguay
	Dschibuti	Korea, Rep.	Philippinen	Usbekistan
	Ecuador	(Südk.)	Ruanda	Vanuatu
	Elfenbeinküste	Kuba	Salomonen	Venezuela
	El Salvador	Kuwait	Sambia	Ver. Arab. Emirate
	Eritrea	Laos	Samoa	Vietnam
	Fidschi	Lesotho	São Tomé u.	Zentralafrik. Rep.
	Gabun	Libanon	Príncipe	
	Gambia	Liberia	Saudi-Arabien	
	Georgien	Libyen	Senegal	

Am wenigsten entwickelte Länder	Afghanistan	Guinea	Malawi	São Tomé u. Príncipe
	Angola	Guinea-Bissau	Malediven	Senegal
	Äthiopien	Haiti	Mali	Sierra Leone
	Äquatorialguinea	Jemen	Mauretanien	Somalia
	Bangladesch	Kambodscha	Mosambik	Sudan
	Benin	Kap Verde	Myanmar	Tansania
	Bhutan	Kiribati	Nepal	Timor-Leste
	Burkina Faso	Komoren	Niger	Togo
	Burundi	Kongo, Dem. Rep.	Ruanda	Tschad
	Dschibuti	Laos	Salomonen	Tuvalu
	Eritrea	Lesotho	Sambia	Uganda
	Gambia	Liberia	Samoa	Vanuatu
		Madagaskar		Zentralafrik. Rep.

Definitionen

Akute Infektion der Atemwege (ARI)
Prozentualer Anteil der Kinder unter 5 Jahren, die in den vergangenen zwei Wochen unter ARI litten, sowie der Kinder, die eine angemessene ärztliche Behandlung erhielten.

Alphabetisierungsrate bei Erwachsenen
Prozentualer Anteil der Personen über 15 Jahre, die lesen und schreiben können.

Anteil der Bevölkerung, der weniger als 1 US-$ pro Tag zur Verfügung hat
Einkommensgrenze (absolute Armutsgrenze), unterhalb derer eine Mindestversorgung mit lebensnotwendigen Nahrungsmitteln sowie mit den notwendigen Dingen des täglichen Bedarfs nicht mehr gewährleistet ist. Basis ist weniger als 1 US-$ pro Tag in internationalen Preisen von 1985, bereinigt anhand der Kaufkraftparität.

Anwendung empfängnisverhütender Mittel
Prozentualer Anteil der verheirateten Frauen zwischen 15 und 49 Jahren, die zurzeit empfängnisverhütende Mittel anwenden.

Auszehrung
Leichte und schwere Auszehrung – unterhalb von zwei Standardabweichungen unter dem mittleren der jeweiligen Körpergröße entsprechenden Gewicht der erfassten Bevölkerungsgruppe.

Besuchsrate von Grundschulen und weiterführenden Schulen (Werte bereinigt)
Prozentualer Anteil der Kinder der Altersgruppe, die dem amtlichen Schulalter entspricht und die Grundschule bzw. weiterführende Schule tatsächlich besucht. Daten stammen aus nationalen Erhebungen.

BNE (Bruttonationaleinkommen, auch Bruttoszialprodukt)
Jährliche von den Bürgern eines Staates erbrachte volkswirtschaftliche Gesamtleistung. Sie setzt sich zusammen aus dem Bruttoinlandsprodukt (BIP) sowie den von Inländern im Ausland erwirtschafteten Einkommen abzüglich der von Ausländern im Inland bezogenen Einkommen. Das BNE pro Einw. erhält man, wenn das BNE durch die Mitte des Jahres errechnete Bevölkerungszahl geteilt wird.

BSP (Bruttosozialprodukt) → BNE (Bruttonationaleinkommen)

DPT 1/3
Prozentualer Anteil der Kinder, die ein bzw. drei Mal gegen Diphtherie, Pertussis (Keuchhusten) und Tetanus geimpft wurden.

Einkommensverteilung
Prozentsatz des Gesamteinkommens der Haushalte, der den oberen 20% und den unteren 40% zufließt.

Einschulungsrate für Grundschulen und weiterführende Schulen (Werte bereinigt)
Zahl der eingeschulten Kinder, die zu der Altersgruppe gehören, die dem amtlichen Einschulungsalter für Grund- bzw. weiterführende Schulen entspricht, geteilt durch die Gesamtzahl dieser Altersgruppe.

Einschulungsrate für Grundschulen und weiterführende Schulen (gesamt)
Zahl der Kinder, die eine Grundschule oder weiterführende Schule besuchen, unabhängig davon, ob sie der entsprechenden Altersgruppe angehören, geteilt durch die Gesamtzahl der Altersgruppe, die dem amtlichen Alter der jeweiligen Schulstufe entspricht. Aus dieser Definition erklärt sich, warum in manchen Ländern der Wert über 100 liegt.

Ernährungsbedingter Entwicklungsstillstand
Leichter und schwerer Entwicklungsstillstand – unterhalb von zwei Standardabweichungen unter dem mittleren der jeweiligen Körpergröße entsprechenden Gewicht der erfassten Bevölkerungsgruppe.

Fruchtbarkeitsrate (gesamt)
Gesamtzahl der Kinder, die von einer Frau zur Welt gebracht werden unter der Annahme, dass sie bis zum Ende des gebärfähigen Alters lebt und in jeder Altersstufe so viele Kinder bekommt, wie es der jeweils altersspezifischen Fruchtbarkeitsrate der Bevölkerung entspricht.

Früh- und Mangelgeburten
Gewicht bei der Geburt unter 2500 g.

Geburten mit ausgebildeten Geburtshelferinnen
Prozentualer Anteil der Geburten, bei denen Ärzte, Hebammen, Krankenschwestern, qualifizierte Geburtshelferinnen oder traditionelle qualifizierte Geburtshelferinnen anwesend sind.

Geburtenrate (Rohwerte)
Jährliche Anzahl von Geburten pro 1000 Einwohner.

Geburtenregistrierung
Prozentualer Anteil der Kinder unter 5 Jahren, die zum Zeitpunkt der Erhebung in ein Geburtenregister eingetragen waren: Vorlage der Geburtsurkunde oder nach Aussage der Mutter oder einer anderen Pflegeperson.

Hepatitis B
Prozentualer Anteil der Kinder, die drei Mal gegen Hepatitis B geimpft wurden.

HiB (Haemophilus influenzae)
Prozentualer Anteil der Kinder, die drei Mal mit dem Typ B-Vakzin gegen Haemophilus influenzae geimpft wurden.

HIV/Aids

Infizierte insgesamt
Geschätzte Anzahl der Erwachsenen und Kinder, die Ende 2003 mit HIV infiziert waren (oder bereits an Aids und den Folgen erkrankt waren).

Infizierte Erwachsene
Prozentualer Anteil der Erwachsenen (15–49 Jahre), die Ende 2003 mit HIV infiziert waren (oder bereits an Aids und den Folgen erkrankt waren).

Infizierte Schwangere
Prozentualer Anteil von HIV-positiven Schwangeren im Alter von 15–24 Jahren, ermittelt aufgrund von Bluttests, die anonym in ausgewählten Schwangerschaftsvorsorgekliniken durchgeführt wurden.

Wissen über Schutz vor HIV durch Kondome
Prozentualer Anteil von jungen Männern und Frauen (15–24 Jahre), denen bekannt ist, dass Kondome vor HIV-Ansteckung schützen.

Wissen, dass auch gesund aussehende Personen HIV-infiziert sein können
Prozentualer Anteil von jungen Männern und Frauen (15–24 Jahre), denen bekannt ist, dass auch eine gesund aussehende Person HIV-infiziert sein kann.

Umfassendes Wissen über HIV
Prozentualer Anteil von jungen Männern und Frauen (15–24 Jahre), die über die zwei wichtigsten Schutzmaßnahmen vor sexueller Übertragung von HIV (Anwendung von Kondomen und Beschränkung auf einen vertrauensvollen und nicht infizierten Sexualpartner) Bescheid wissen und denen bekannt ist, dass auch eine gesund aussehende Person HIV-infiziert sein kann.

Verwendung von Kondomen bei riskantem Geschlechtsverkehr
Prozentualer Anteil von jungen Männern und Frauen (15–24 Jahre), die bei letztem riskanten Geschlechtsverkehr in den letzten zwölf Monaten Kondome benutzt haben.

Aids-Waisen
Geschätzte Zahl der Kinder (0–17 Jahre), die Ende 2003 ein oder beide Elternteile durch Aids verloren haben.

Schulbesuchsrate von Aids-Waisen
Anteil von Kindern (10–14 Jahre) in der Schule, die beide biologischen Eltern verloren haben, in Prozent der Kinder des gleichen Alters, die zumindest noch Vater oder Mutter haben.

Kinder, die die 5. Klasse erreichen
Prozentualer Anteil der Erstklässler, der die 5. Klasse erreicht.

Kinderarbeit
Prozentualer Anteil der Kinder zwischen 5 und 14 Jahren, die zum Zeitpunkt der Erhebung gearbeitet haben. Darunter fallen Kinder a) im Alter von 5–11 Jahren, die in der Woche vor der Erhebung mindestens eine Stunde wirtschaftlicher Aktivitäten ausgeübt oder mindestens 28 Stunden Hausarbeit verrichtet haben, und b) Kinder im Alter von

12–14 Jahren, die in der Woche vor der Erhebung mindestens 14 Stunden wirtschaftlicher Aktivitäten ausgeübt oder mindestens 42 Stunden Hausarbeit verbunden mit wirtschaftlichen Aktivitäten verrichtet haben. Nähere Informationen zu den verschiedenen Variablen siehe unter www.childinfo.org

Kinderehen
Prozentualer Anteil der Frauen zwischen 20 und 24 Jahren, die vor ihrem 18. Lebensjahr verheiratet waren oder in einer eheähnlichen Beziehung lebten.

Kindersterblichkeitsrate (SRUJ5)
Jährliche Anzahl der Todesfälle von Kindern unter 5 Jahren, bezogen auf 1000 Lebendgeburten. Dieser Wert gibt das Sterblichkeitsrisiko zwischen der Geburt und dem 5. Geburtstag eines Kindes an. Die Millenniums-Deklaration der Vereinten Nationen von 2000 gab als Ziel vor, die Kindersterblichkeitsrate um zwei Drittel (67 %) im Zeitraum von 1990 bis 2015 zu senken (prozentualer Rückgang siehe Tabelle 10).

Lebenserwartung zum Zeitpunkt der Geburt
Anzahl der Jahre, die ein Neugeborenes zu leben hat, wenn es dem Sterblichkeitsrisiko ausgesetzt ist, das zum Zeitpunkt der Geburt für den Durchschnitt der Bevölkerung gilt.

Mädchenbeschneidung
Genitale Verstümmelung von Frauen. Traditionelles Ritual in vielen afrikanischen und einigen asiatischen Ländern.
Nähere Informationen dazu unter www.measuredhs.com und www.prb.org.

Müttersterblichkeitsrate
Jährliche Anzahl der Todesfälle von Frauen durch schwangerschafts- und geburtsbedingte Ursachen, bezogen auf 100 000 Lebendgeburten. Die offiziellen Daten basieren auf nationalen Angaben, die nicht alle Fälle von Müttersterblichkeit oder falsch klassifizierte Todesfälle enthalten und daher ungenau oder unvollständig sind.

Niedriges Geburtsgewicht
Bei Früh- oder Mangelgeburten: 2500 g oder darunter.

ODA
Staatliche Entwicklungshilfe

ORT-Anwendung
Prozentualer Anteil aller Fälle von Durchfallerkrankungen von Kindern unter 5 Jahren, die in den letzten zwei Wochen mit Salzlösungen für die orale Rehydratationstherapie (ORT) oder entsprechenden selbst hergestellten Lösungen oder erhöhter Flüssigkeitszufuhr in Verbindung mit fortgesetzter Nahrungsaufnahme behandelt wurden.

Säuglingssterblichkeitsrate
Jährliche Anzahl der Todesfälle von Kindern unter einem Jahr, bezogen auf 1000 Lebendgeburten. Dieser Wert gibt das Sterblichkeitsrisiko zwischen der Geburt und dem 1. Geburtstag eines Kindes an.

Schuldendienst
Summe der Zins- und Tilgungszahlungen für Auslandsschulden des Staates bzw. für Schulden, die durch staatliche Bürgschaften abgesichert sind.

Schwangerschaftsvorsorge
Anteil der Frauen zwischen 15 und 49 Jahren, die zumindest einmal während der Schwangerschaft von geschultem Personal (Ärzte, Krankenschwestern, Hebammen) untersucht worden sind.

Staatliche Impfschutzmaßnahmen
Prozentualer Anteil der Kinder, die an von der Regierung durchgeführten kostenlosen Impfungen gegen TBC, DPT, Masern und Polio (Kinderlähmung) teilnehmen.

Städtische Bevölkerung
Prozentualer Anteil der Bevölkerung, der in städtischen Gebieten wohnt, gemäß der letzten nationalen Volkszählung.

Sterberate (Rohwerte)
Jährliche Anzahl der Todesfälle pro 1000 Einwohner.

Todesfallrisiko von Müttern
Das kumulierte Risiko für die gesamte Zeit, in der Frauen gebärfähig sind.

Untergewicht
Leichtes und schweres Untergewicht – unterhalb von zwei Standardabweichungen unter dem mittleren, dem jeweiligen Alter entsprechenden Gewicht der erfassten Bevölkerungsgruppe; schweres – unterhalb von drei Standardabweichungen unter dem mittleren, dem jeweiligen Alter entsprechenden Gewicht der erfassten Bevölkerungsgruppe.

Vitamin-A-Gaben
Prozentualer Anteil der Kinder im Alter von 6 bis 59 Monaten, denen im Jahr 2003 eine hohe Dosis von Vitamin A verabreicht worden ist.

Hauptquellen

Alphabetisierungsrate von Erwachsenen
Organisation der Vereinten Nationen für Erziehung, Wissenschaft und Kultur (UNESCO) und UNESCO Institute of Statistics (UIS)

Anteil der Bevölkerung, der weniger als 1 US-$ pro Tag zur Verfügung hat
Weltbank

Anteil der Kinder an der Bevölkerung
Bevölkerungsabteilung der UN

Anwendung empfängnisverhütender Mittel
Demographic and Health Service (DHS), Multiple Indicator Cluster Surveys (MICS), UNICEF, Bevölkerungsabteilung der UN

Auszehrung
UNICEF, Weltgesundheitsorganisation (WHO), DHS, MICS

Besuch der Grundschule (Werte bereinigt)
DHS, MICS

Bevölkerung
Bevölkerungsabteilung der UN

BNE bzw. BIP pro Einw.
Weltbank

Einkommensverteilung
Weltbank

Einschulungsrate für Grundschulen und weiterführende Schulen (bereinigt)
DHS, MICS

Einschulungsrate für Grundschulen und weiterführende Schulen (gesamt)
UIS

Ernährungsbedingter Entwicklungsstillstand
UNICEF, DHS, MICS

Fruchtbarkeitsrate
Bevölkerungsabteilung der UN

Geburten mit ausgebildeten Geburtshelferinnen
(DHS), MICS, WHO, UNICEF

Geburtenrate
Bevölkerungsabteilung der UN

Geburtenregistrierung
DHS, MICS

Haushalte, die jodiertes Salz verwenden
UNICEF, DHS, MICS

HIV/Aids
Infizierte insgesamt
Joint United Nations Programme in HIV/Aids (UNAIDS), Report

on the Global HIV/Aids Epidemic 2004
Infizierte Erwachsene
UNAIDS, Report on the Global HIV/Aids Epidemic 2004
Infizierte Schwangere
UNAIDS, Report on the Global HIV/Aids Epidemic 2004
Wissen über Schutz vor HIV durch Kondome
DHS, MICS, Behavioural Surveillance Surveys (BSS) und Reproduction Health Surveys (RHS), 1998–2003 und www.measuredhs.com/hiv.data
Wissen, dass auch gesund aussehende Personen HIV-infiziert sein können
DHS, BSS, RHS und MICS, 1998–2003, www.measuredhs.com/hiv.data
Umfassendes Wissen über HIV
DHS, BSS, RHS und MICS, 1998–2003, www.measuredhs.com/hiv.data
Verwendung von Kondomen bei riskantem Geschlechtsverkehr
DHS, BSS, RHS und MICS, 1998–2003, und www.measuredhs.com/hiv.data
Aids-Waisen
UNAIDS, UNICEF und USAID, Children on the Brink, 2004
Schulbesuchsrate von Aids-Waisen
MICS und DHS, 1998–2003, www.measuredhs.com/hiv.data

Impfungen
UNICEF, WHO

Inflationsrate
Weltbank

Kinder, die die 5. Klasse erreichen
UNESCO, DHS, MICS

Kinderarbeit
DHS, MICS

Kinderehen
DHS, MICS, nationale Erhebungen

Kindersterblichkeitsrate (SRJU5)
UNICEF, Bevölkerungs- bzw. Statistikabteilung der UN

Lebenserwartung
Bevölkerungsabteilung der UN

Mädchenbeschneidung
DHS 1998–2002, MICS 1999–2001

Malaria
DHS, MICS

Müttersterblichkeitsrate
WHO, UNICEF

ORT-Anwendung
DHS, Multiple Indicator Cluster Surveys (MICS)

Säuglingssterblichkeitsrate
UNICEF, Bevölkerungs- bzw. Statistikabteilung der UN

Schulbesuchsrate von Grundschulen und weiterführenden Schulen
DHS, MICS

Schuldendienst
Weltbank

Schwangerschaftsvorsorge
UNICEF, Bevölkerungsabteilung der UN, DHS, MICS

Staatliche Entwicklungshilfe (ODA)
Organisation für wirtschaftliche Zusammenarbeit und Entwicklung (OECD)

Staatliche Impfschutzmaßnahmen
UNICEF, WHO

Staatsausgaben für Gesundheit, Bildung und Verteidigung
Internationaler Währungsfonds (IWF)

Städtische Bevölkerung
Bevölkerungsabteilung der UN

Sterbefälle unter 5 Jahren
UNICEF, WHO, Bevölkerungs- bzw. Statistikabteilung der UN

Sterberate
Bevölkerungsabteilung der UN

Stillen
UNICEF, WHO, DHS, MICS

Telefon- und Internet-Nutzer
International Telecomunications Union

Todesfallrisiko von Müttern
WHO, UNICEF

Untergewicht
UNICEF, WHO, DHS, MICS, andere Haushaltsbefragungen

Vitamin-A-Gaben
UNICEF, WHO

Zugang zu Trinkwasser und Sanitäreinrichtungen
UNICEF, WHO, DHS, MICS

UNICEF weltweit

UNICEF Hauptverwaltung
UNICEF House
3 United Nations Plaza,
New York, NY 10017, USA
www.unicef.org

UNICEF Regionalbüro Europa
Palais des Nations,
CH-1211 Genf 10, Schweiz

UNICEF Regionalbüro
für Mittel- und Osteuropa,
die Gemeinschaft unabhängiger
Staaten (GUS)
und die baltischen Staaten
Palais des Nations,
CH-1211 Genf 10, Schweiz

UNICEF Regionalbüro
für Ost- und Südafrika
P. O. Box 44145,
Nairobi, Kenia

UNICEF Regionalbüro
für West- und Zentralafrika
P. O. Box 29720
Dakar-Yoff, Dakar, Senegal

UNICEF Regionalbüro
für Lateinamerika und die Karibik
Apartado 3667
Balboa Ancón
Panama City, Panama

UNICEF Regionalbüro
für Ostasien und Pazifik
P. O. Box 2–154,
Bangkok 10200, Thailand

UNICEF Regionalbüro
für den Nahen Osten
und Nordafrika
P. O. Box 1551,
Amman 11821, Jordanien

UNICEF Regionalbüro
für Südasien
P. O. Box 5815, Lekhnath Marg
Kathmandu, Nepal

In Deutschland, der Schweiz und Österreich geben weitere Auskünfte über die Arbeit von UNICEF:

Deutsches Komitee für UNICEF
Höninger Weg 104
D-50969 Köln
Tel.: 0221-93650-0
E-mail: mail@unicef.de
www.unicef.de

Schweizerisches Komitee für
UNICEF
Baumackerstr. 24
CH-8050 Zürich
Tel.: 0041-1-3172266
E-mail: unicef@unicef.ch
www.unicef.ch

Österreichisches Komitee für
UNICEF
Hietzinger Hauptstr. 55
A-1130 Wien
Tel.: 0043-1-8792191
E-mail: info@unicef.at
www.unicef.at

Martin Dornes

Der kompetente Säugling

Die präverbale Entwicklung des Menschen

Band 11263

In den letzten Jahren hat sich in der Säuglingsforschung eine geradezu revolutionäre Umwälzung vollzogen. Mit neuartigen Methoden und Fragestellungen sind Psychoanalytiker, Psychologen und Kinderpsychiater bei ihren Untersuchungen von Säuglingen zu erstaunlichen Ergebnissen gekommen. Wurde der Säugling früher als ein Wesen angesehen, das seinen körperlichen Bedürfnissen passiv ausgeliefert ist und die Welt und sich selbst nur unscharf wahrnimmt, so scheint heute klar, daß seine Fähigkeiten weit unterschätzt wurden. In den verschiedenen Kapiteln des Buches beschreibt der Autor die neueren Erkenntnisse über die Kompetenz von Säuglingen: Sie sehen, hören, riechen, fühlen und interagieren von Geburt an sehr viel mehr und sehr viel differenzierter, als bisher angenommen wurde. Die Bedeutung dieser Befunde für die psychoanalytische Theorie und Therapie wird ausführlich diskutiert. Der Autor plädiert für eine Intensivierung des interdisziplinären Dialogs zwischen der Psychoanalyse und den Nachbarsdisziplinen.

Fischer Taschenbuch Verlag

fi 1303 / 4

Martin Dornes

Die frühe Kindheit

Entwicklungspsychologie der ersten Lebensjahre

Band 13548

Die Bedeutung der Kindheit für die weitere Persönlichkeitsentwicklung ist eines der großen Themen der Psychologie des 20. Jahrhunderts. Freuds Behauptung, das Kind sei der Vater des Mannes, ist sowohl auf Zustimmung als auch auf Widerspruch gestoßen. Heute kann kaum noch ein Zweifel daran bestehen, daß Erfahrungen in der Kindheit ganz erheblich die späteren Denk- und Gefühlsgewohnheiten beeinflussen. Allerdings haben sich inzwischen die Akzente verlagert: Nicht mehr die psychosexuelle Entwicklung steht, wie zu Freuds Zeiten, im Zentrum des Interesses, sondern die Schicksale von Aggression und Bindungsfähigkeit. Martin Dornes beschreibt die Eigenarten der Denk- und Gefühlsprozesse kleiner Kinder. Außerdem befaßt er sich mit der Entstehung und Entwicklung von Aggression, den Ursachen und Folgen der Kindesmißhandlung, der Angst im Säuglingsalter sowie der Frage, ob schon Säuglinge *unbewußt* denken und fühlen.

Fischer Taschenbuch Verlag

fi 1298 / 5

Martin Dornes

Die emotionale Welt des Kindes

Band 14715

Die emotionale Entwicklung von Säuglingen und Kleinkindern: Martin Dornes' neueste, aufregend zu lesenden Forschungen schließen unmittelbar an seine erfolgreichen Bücher »Der kompetente Säugling« und »Die frühe Kindheit« an und bilden zugleich den Abschluß der Trilogie.

Fischer Taschenbuch Verlag

fi 14715 / 2